Peter Dannenberg

Cluster-Strukturen in landwirtschaftlichen Wertschöpfungsketten in Ostdeutschland und Polen

WIRTSCHAFTSGEOGRAPHIE

begründet von

W. Gaebe, R. Grotz, H. Nuhn, L. Schätzl, E. W. Schamp

herausgegeben von

B. Braun, M. Fromhold-Eisebith, J. Glückler,
R. Sternberg

Bd. 43

Verantwortlicher Herausgeber

B. Braun

LIT

Peter Dannenberg

Cluster-Strukturen in landwirtschaftlichen Wertschöpfungsketten in Ostdeutschland und Polen

Am Beispiel des Landkreises Elbe-Elster
und des Powiats Pyrzyce

LIT

Als Dissertationsschrift an der Humboldt-Universität zu Berlin erstellt und gedruckt mit Unterstützung der Deutschen Forschungsgemeinschaft

Danksagung
Mein Dank gilt zunächst der Deutschen Forschungsgemeinschaft, die mir im Rahmen der Forschergruppe 497 „Strukturwandel und Transformation im Agrarbereich" die notwendigen finanziellen Mittel zur Verfügung stellte. Für die Unterstützung bei den Erhebungen möchte ich mich bei den studentischen Hilfskräften Katarzyna Pawlowicz, Alina Pralat und Magdalena Wolna bedanken ohne die eine Befragung in Polen nicht zuletzt aufgrund der Sprachbarrieren nicht möglich gewesen wäre. Ein herzliches Dankeschön spreche ich auch allen Experten und Landwirten aus, die sich die Zeit genommen haben meine Fragen zu beantworten. Stellvertretend möchte ich hier Dr. Christian Lis, und Dr. Wojtek Kuzminski vom Instytut Analiz Diagnoz i Prognoz Gospodarczych in Stettin nennen, deren Fachwissen und Kontakte für mich von außerordentlichen Wert waren.
Eine große Unterstützung waren mir auch meine Kollegen aus der Forschergruppe und hierbei insbesondere Christian Schleyer und Henry Wüstemann, mit denen ich mich intensiv austauschen konnte und mit denen verschiedene Projekte in den Untersuchungsregionen verwirklicht wurden. Großer Dank gebührt Professor Dr. Elmar Kulke für die Betreuung meiner Arbeit. Dank gilt aber auch dem gesamten Kollegen Kreis des Arbeitsbereichs Wirtschaftsgeographie der Humboldt-Universität zu Berlin. Besonders hervorheben möchte ich dabei die freundschaftliche Zusammenarbeit mit Daniela Schüler, Regine Lindner, Katja Ecke, Daniel Krüger, Dr. Niklas Martin und Dr. Sebastian Kinder.
Den größten Dank möchte ich natürlich meinen Eltern Helga und Helmut Dannenberg und meiner Freundin Mara Höffgen aussprechen, die mir immer zur Seite standen.

Bibliografische Information der Deutschen Nationalbibliothek
Die Deutsche Nationalbibliothek verzeichnet diese Publikation in der Deutschen Nationalbibliografie; detaillierte bibliografische Daten sind im Internet über http://dnb.d-nb.de abrufbar.

ISBN 978-3-8258-0690-3
Zugl.: Berlin, Humboldt-Univ., Diss., 2006

Auslieferung/Verlagskontakt:
Fresnostr. 2 48159 Münster
Tel. +49 (0)251–62 03 20 Fax +49 (0)251–23 19 72
e-Mail: lit@lit-verlag.de http://www.lit-verlag.de

I Inhalt

1 Einleitung **9**

1.1 Herausforderungen in Landwirtschaft und ländlichen Räumen **9**

1.2 Einführung in die theoretische Diskussion **11**

1.3 Zielsetzung und Aufbau der Arbeit **14**

2 Theoretische Ansätze zu Vernetzungen und ländlichen Räumen **18**

2.1 Zur Bildung von Clustern im Wirtschaftsraum **18**

2.1.1 Begrifflichkeit und Grundüberlegungen zu Clustern 18

2.1.2 Industriedistrikte und innovative Milieus 23

2.1.3 Konzept der geographischen Industrialisierung nach Storper und Walker 27

2.1.4 Konzept der geographischen Konzentration in Branchen-Clustern nach Porter 31

2.2 Ansätze zu Warenketten **36**

2.2.1 Grundüberlegungen und Auswahl der relevanten Ansätze 36

2.2.2 Konzept der Filières 37

2.2.3 Konzept der Global Commodity Chains nach Gereffi 41

2.3 Ansätze zu ländlichen Räumen **47**

2.3.1 Ansätze zur Produktion von Agrargütern 48

2.3.2 Gesamtheitliche Ansätze zu ländlichen Räumen und ihrer Funktion 53

2.4 Verknüpfung der Ansätze zur Untersuchung regionaler Agrarsysteme **58**

2.4.1 Verknüpfung der Ansätze zu Clustern und ländlichen Räumen 59

2.4.2 Integration der Warenkettenansätze in das Modell des regionalen Agrarsystems 62

2.4.3 Ableitung der Annahmen und detaillierten Forschungsfragen 66

3 Methodik und Analyse der Ausgangsbedingungen **69**

3.1 Methodik und Datengewinnung **69**

3.1.1 Methodischer Rahmen 69

3.1.2 Vorgehensweise bei der Befragung 70

3.1.3 Aufbau des Fragebogens 72

3.1.4 Erläuterungen zum Datensatz 74

3.1.5 Datenauswertung 75

3.2 Rahmenbedingungen und Wandel in Ostdeutschland und Polen **76**

3.2.1 Sozialismus und Wandel in der ostdeutschen Landwirtschaft 77
3.2.2 Die polnische Landwirtschaft vor dem Beitritt in die EU 79
3.2.3 Strukturwandel und Transformation im Agrarbereich der EU 80
3.2.4 Politische Rahmenbedingungen zur Zeit der Untersuchung 2003-2006 83
3.2.5 Zusammenfassende Gegenüberstellung und Strukturierung 87
3.3 Spezifische Situation in den Untersuchungsräumen 89
3.3.1 Auswahl der Untersuchungsräume 90
3.3.2 Räumliche Lage und Raumstruktur 91
3.3.3 Sozioökonomische Struktur und Bedeutung der Landwirtschaft 93
3.3.4 Struktur der Landwirtschaft 95
3.3.5 Regionale Förderprogramme in den Untersuchungsräumen 98

4 Untersuchung der Vernetzungsstrukturen 103
4.1 Akteure und Strukturen der materiellen Vernetzungen 103
4.1.1 Materielle Vernetzungen mit Zulieferern 104
4.1.2 Materielle Vernetzungen mit Abnehmern 106
4.1.3 Unterschiede nach Betriebsmerkmalen und -typen 110
4.2 Akteure und Strukturen der immateriellen Vernetzungen 112
4.2.1 Immaterielle Vernetzungen als Wissensquelle bei betrieblichen Entscheidungen 113
4.2.2 Immaterielle Vernetzungen mit Dienstleistern innerhalb des Kerngeschäfts 115
4.2.3 Immaterielle Vernetzungen mit Dienstleistern außerhalb des Kerngeschäfts 119
4.2.4 Immaterielle Vernetzungen mit Zulieferern und Abnehmern 121
4.2.5 Immaterielle Vernetzungen mit weiteren Akteuren im ländlichen Raum 124
4.2.6 Unterschiede nach Betriebsmerkmalen und -typen 126
4.3 Machtbeziehungen der Landwirtschaftsbetriebe in der Warenkette 131
4.3.1 Verhandlungsposition der Betriebe nach Einschätzung der Betriebsleiter 132
4.3.2 Vertragliche Bindung und Angebot an Vernetzungspartnern 134
4.3.3 Machtverhältnisse nach Betriebsmerkmalen, -typen und Wahl des Absatzweges 136
4.4 Einfluss der Vernetzungen auf die Wettbewerbsfähigkeit der landwirtschaftlichen Betriebe (Clusteranalyse) 139

4.4.1 Gruppierung nach Wettbewerbsfähigkeit 139
4.4.2 Die Bedeutung immaterieller Vernetzungen für die Wettbewerbsfähigkeit 143
4.4.3 Die Bedeutung lokaler Warenketten-Vernetzungen für die Wettbewerbsfähigkeit 147

4.5 Allgemeine Erkenntnisse zur Wirkung der Vernetzungen auf die Wettbewerbsfähigkeit der Landwirtschaft im Strukturwandel 150

4.5.1 Bedeutung und Raummuster materieller und immaterieller Vernetzungen 151
4.5.2 Machtverhältnisse 155
4.5.3 Soziale Vernetzungen und Embeddedness 160
4.5.4 Die Bedeutung einzelner Akteure mit wichtigen Eigenschaften und Fähigkeiten 162
4.5.5 Auswirkungen von Strukturwandel und Transformation 164

5 Handlungsempfehlungen für politische Entscheidungsträger 170

5.1 Grundsätzliche Probleme und Strategiebildung 170

5.2 Bildung und Ausbildung 174

5.3 Weiterbildung und Beratung 176

5.4 Erweiterung der Märkte 178

5.5 Verbesserung der Ordnungs- und Regulierungsinfrastruktur 184

5.6 Clustermanagement, Förderung von Kooperation und intermediäre Aufgaben 185

5.7 Weitere Ansatzpunkte und Grenzen der politischen Handlungsempfehlungen 192

6 Fazit 194

II Tabellen

Tab. 1: Industriedistrikte und innovative Milieus ... 27
Tab. 2: Gegenüberstellung der relevantesten Aspekte der theoretischen Ansätze ... 59
Tab. 3: Vergleich der Grundgesamtheit und der erfassten Betriebe nach Rechtsform ... 74
Tab. 4: Derzeitig dominierende Ansätze der regionale Wirtschaftspolitik nach Rehfeld (2005) ... 86
Tab. 5: Situation der Landwirtschaftsbetriebe Ostdeutschlands und Polens vor 1989 ... 87
Tab. 6: Aktuelle Situation Landwirtschaftsbetriebe Polens und Ostdeutschlands ... 88
Tab. 7: Kurzüberblick über die Merkmale der Untersuchungsräume ... 91
Tab. 8: Strukturdaten in den Untersuchungsräumen im Vergleich ... 94
Tab. 9: Regionale Verteilung der Zulieferer der befragten landwirtschaftlichen Betriebe. 105
Tab. 10: Regionale Verteilung der Vernetzungen mit Zulieferern nach Umsatz (in%) ... 106
Tab. 11: Regionale Verteilung der Abnehmer der befragten landwirtschaftlichen Betriebe 107
Tab. 12: Regionale Verteilung der Vernetzungen mit Abnehmern nach Umsatz (in %) ... 108
Tab. 13: Bedeutung des Zugangs zu wirtschaftlichen Informationen für die Wettbewerbsfähigkeit des Betriebes (Einschätzung der Betriebsleiter) ... 113
Tab. 14: Ratgebertypen bei betrieblichen Entscheidungen ... 114
Tab. 15: Anteil landwirtschaftlicher Betriebe, die immaterielle Zusammenarbeit mit dem jeweiligen Dienstleister für wichtig/ sehr wichtig halten (in %) ... 117
Tab. 16: Mitgliedschaften in Vereinen, Verbänden und ähnlichen Organisationen ... 124
Tab. 17: Verhandlungsposition zwischen landwirtschaftlichen Betrieben und Zulieferern bzw. Abnehmern ... 132
Tab. 18: Die wichtigsten Abnehmergruppen der Betriebe ... 137
Tab. 19: Machtverhältnisse der Betriebe nach dominierender Abnehmerart ... 138
Tab. 20: Betriebsgruppenklassifizierung nach Wettbewerbsfähigkeitsindikatoren ... 141
Tab. 21: Zusammenhang zwischen Wettbewerbsfähigkeit und lokalen Vernetzungen ... 148
Tab. 22: Eigenschaften von Betriebsleitern, die die Einbindung des Betriebes in ein Netzwerk prägen ... 164
Tab. 23: Ziele, Instrumente und ihre Wirkungen im Überblick ... 191

III Abbildungen

Abb. 1: Aufbau und Arbeitsschritte der Arbeit ... 17
Abb. 2: Idealisierter Zusammenhang zwischen räumlicher Nähe und Wettbewerbsfähigkeit einer Wirtschaftsregion ... 21
Abb. 3: Innovatives Milieu ... 25
Abb. 4: Raumwirksame Effekte industrieller Entwicklungspfade ... 30
Abb. 5: Bestimmungsfaktoren des nationalen Vorteils (Diamant nach Porter) ... 33
Abb. 6: Formen von Produktionsclustern nach Krätke/Scheuplein ... 34
Abb. 7: Der kalifornische Wein-Cluster ... 35
Abb. 8: Unterschiedliche Betrachtungsebenen: einfache Kette und Warenkette mit horizontalen Beziehungen nach dem Filière-Konzept am Beispiel der Backwarenerzeugung ... 38
Abb. 9: Modell des Filière ... 39
Abb. 10: Grundtypen von "filières agro-alimentaires" nach Hugon (1988) ... 41
Abb. 11: Global Commodity Chain ... 42
Abb. 12: Käuferdominierte Commodity Chain ... 45
Abb. 13: Mögliches Wirkungsgefüge des Strukturwandels in der Landwirtschaft ... 52
Abb. 14: Funktionen des ländlichen Raumes nach Henkel (2004) ... 55
Abb. 15: Entwicklung von Strukturproblemen in ländlichen Räumen nach Wießner (1999) . 56
Abb. 16: Agrarsystem im ländlichen Raum nach Kulke (2004) ... 60
Abb. 17: Modell des Agrarsystems nach erster Verfeinerung ... 62
Abb. 18: Zusammenhang zwischen regionalem Agrarsystem und landwirtschaftlicher Warenkette ... 63
Abb. 19: Verfeinertes Modell des regionalen Agrarsystems ... 64
Abb. 20: Karte der Untersuchungsräume Elbe-Elster und Pyrzyce im regionalen Umfeld ... 93
Abb. 21: Regionale Verteilung der Zulieferer der befragten landwirtschaftlichen Betriebe . 109
Abb. 22: Regionale Verteilung der Vernetzungen mit Zulieferern nach Umsatz ... 109
Abb. 23: Regionale Verteilung der Abnehmer der befragten landwirtschaftlichen Betriebe 109
Abb. 24: Regionale Verteilung der Vernetzungen mit Abnehmern nach Umsatz ... 110
Abb. 25: Materielle Vernetzungen der regionalen Agrarsysteme in den Untersuchungsregionen ... 112
Abb. 26: Regionale Verteilung der Dienstleister der befragten Betriebe ... 118
Abb. 27: Regionale Verteilung der Dienstleister zu denen immaterielle Vernetzungen außerhalb des Kerngeschäfts bestehen ... 120

Abb. 28: Immaterielle Vernetzungen der untersuchten regionalen Agrarsysteme 131
Abb. 29: Anteile der Betriebe, die Dienstleister für mittel bis sehr wichtig für ihre Wettbewerbsfähigkeit halten (in%) 144
Abb. 30: Anteile der Betriebe, die Zusammenarbeit mit Dienstleistern außerhalb des Kerngeschäfts für mittel bis sehr wichtig für ihre Wettbewerbsfähigkeit halten (in %) 145
Abb. 31: Anteile der Betriebe, die immaterielle Zusammenarbeit mit weiteren Akteuren betreiben (in%) 146
Abb. 32: Typische Vernetzungen bei wettbewerbschwachen landwirtschaftlichen Betrieben 153
Abb. 33: Typische Vernetzungen bei wettbewerbsstarken landwirtschaftlichen Betrieben .. 154
Abb. 34: Ungünstige Machtverhältnisse landwirtschaftlicher Betriebe 157
Abb. 35: Günstigere Machtverhältnisse landwirtschaftlicher Betriebe 159
Abb. 36: Bedeutende immaterielle Vernetzungen landwirtschaftlicher Betriebe/Betriebsleiter 162
Abb. 37: Strukturwandel und immaterielle Vernetzungen in der Landwirtschaft 166

IV Übersicht-Kästen

Kasten 1: Unterschiedliche Cluster Definitionen 18
Kasten 2: Zwischenfazit zu den Clusteransätzen 36
Kasten 3: Zwischenfazit zu den Warenketten-Ansätzen 47
Kasten 4: Definitionen des Begriffs „ländlicher Raum" 53
Kasten 5: Unterscheidung der Vernetzungen nach Wirkungswegen 57
Kasten 6: Zwischenfazit zu den Ansätzen zu ländlichen Räumen 58
Kasten 7: Prioritäten des INTERREG Programms in Pyrzyce 101
Kasten 8: Zwischenfazit zur spezifischen Situation in den Untersuchungsräumen 102
Kasten 9: Zwischenfazit zu materiellen Vernetzungen 111
Kasten 10: Zwischenfazit zu immateriellen Vernetzungen 130
Kasten 11: Zwischenfazit zu Machtbeziehungen 138
Kasten 12: Zwischenfazit zu Vernetzungen und Wettbewerbsfähigkeit 150
Kasten 13: Zwischenfazit zu Vernetzung & Wettbewerbsfähigkeit der Betriebe 169
Kasten 14: Zwischenfazit zu den Ansatzpunkten für die Politik 193

V Abkürzungsverzeichnis

α	Signifikanzniveau
Abb.	Abbildung
abs.	absolut
bzw.	beziehungsweise
DDR	Deutsche Demokratische Republik
DFG	Deutsche Forschungsgemeinschaft
DPST	Protokoll des Deutsch-Polnischen Symposiums in Stettin am 28.02.2006
e.B.	eigene Berechungen
e.D.	eigene Darstellung
EDV	elektronische Datenverarbeitung
e.E.	eigene Erhebungen
EE	Elbe-Elster
EG1	1. Geführtes Expertengespräch
e.V.	eingetragener Verein
et al.	et alteri
EU	Europäische Union
evtl.	eventuell
GAP	gemeinsame europäische Agrarpolitik
GCC	Global Commodity Chain
i.d.R.	in der Regel
K.	Kapitel
LWEE1	1. Geführtes Interview mit einem Landwirt in Elbe-Elster
LWPY1	1. Geführtes Interview mit einem Landwirt in Pyrzyce
LPG	landwirtschaftliche Produktionsgenossenschaft
PY	Pyrzyce
s.	siehe
Tab.	Tabelle
u.a.	unter anderem
&	und
vgl.	vergleiche
WSEE	Protokoll des Workshops in Elbe-Elster am 13.01.2005
WSPY	Protokoll des Workshops in Pyrzyce am 05.03.2005
z.B.	zum Beispiel
z.T.	zum Teil

1 Einleitung

1.1 Herausforderungen in Landwirtschaft und ländlichen Räumen

Seit dem Beginn des 19. Jahrhunderts fand in Europa ein sektoraler Wandel statt, in dem sich die europäischen Länder von Agrargesellschaften über Industriegesellschaften bis hin zu Dienstleistungsgesellschaften entwickelten. Als Ursachen dieses Wandels lassen sich im Wesentlichen ein Einkommensanstieg auf der Nachfrageseite und eine Erhöhung der Arbeitsproduktivität auf der Angebotsseite identifizieren (vgl. K. 2.3.1; Kulke 2004, S. 23f).

Auf der Nachfrageseite stiegen im Zuge der Entwicklung der Volkswirtschaften insgesamt die Einkommen und dadurch auch die Nachfrage nach höherwertigen Gütern an, während Grundbedarfsgüter, wie Lebensmittel nur geringfügig stärker nachgefragt wurden.

Die Arbeitsproduktivität der verschiedenen Wirtschaftssektoren stieg. In den landwirtschaftlichen Wertschöpfungsketten führten neue Technologien zu einer Steigerung von Effizienz und Qualität. Transportprobleme wurden beispielsweise durch neue Kühlsysteme fasst vollständig überwunden. Ging früher ein großer Teil der landwirtschaftlichen Produkte direkt vom Bauernhof an den Endverbraucher bzw. war nur eine Handelsebene zwischengeschaltet, so hat heute die industrielle Verarbeitung unter fortschreitender Einbeziehung technologischer und wissenschaftlicher Erkenntnisse den Landwirt meist in die Rohstofferzeugung zurückgedrängt (Henkel 2004, S. 101).

Durch die komplexer werdenden Wertschöpfungsprozesse, in die immer mehr Akteure eingebunden sind, stehen landwirtschaftliche Betriebe heute in intensiven Vernetzungen und zum Teil auch in Abhängigkeiten zu außerlandwirtschaftlichen Branchen, d.h. zu Zulieferern, Abnehmern und Dienstleistern der Landwirtschaft (Whatmore 1994, S. 52). Die gestiegene Bedeutung verschiedener neuerer industrieller Fertigungsschritte (z.B. Homogenisierung, Stabilisierung und Konservierung) sowie verschiedener Dienstleistungen (z.B. Marketing und Logistik) führte dazu, dass direkter bzw. fast direkter Absatz der Landwirtschaft meist nur noch in wenigen Nischenbereichen existiert. Zugleich lässt sich ein starker, mit diesen Veränderungen interdependenter, räumlicher Wandel der Organisation weiter Teile landwirtschaftlicher Produktionsketten feststellen (Berthold 1993, S. 151). Besonders bei Weiterverarbeitern (z.B. in der Milchindustrie) kam es zu Konzentrationstendenzen, so dass heute oft wenige große überregionale Nachfrager einer großen Anzahl von Landwirtschaftsbetrieben gegenüberstehen (Nachfrageoligopol; vgl. Baßeler/Heinrich/Koch 1995, S. 182; Nuhn 1993b).

Mit der steigenden Arbeitsproduktivität bei gleichzeitig wenig veränderter Nachfrage nach landwirtschaftlichen Produkten ging ein drastischer Beschäftigtenabbau einher. Waren um 1900 in Deutschland rund 80% der Erwerbspersonen in der Landwirtschaft tätig, so reduzierte sich dieser Wert bis 1960 auf 12%. Von 1960 bis 2000 sank dieser Anteil noch einmal auf 1,3% (Statistische Ämter des Bundes und der Länder 2005).

Neben diesen betriebsinternen (Veränderung der Arbeitsproduktivität innerhalb der landwirtschaftlichen Betriebe) und betriebsexternen (Veränderung der Märkte und der Arbeitsproduktivität anderer Wirtschaftsbereiche) Strukturwandel führten in der Europäischen Union auch Verordnungen, wie die des Rates der Europäischen Wirtschaftsgemeinschaft zur freien Produktion der Landwirtschaft (1964) zu einem weiteren politisch induzierten landwirtschaftlichen Strukturwandel (vgl. K. 3.2; Nuhn 1993a).

Mit der politischen Wende in Osteuropa 1989, spätestens aber mit der deutschen Wiedervereinigung 1990 und dem EU-Beitritt Polens 2004 entwickelten sich auch in Ostdeutschland und Polen freiere Märkte und privatwirtschaftliche Strukturen. Die landwirtschaftlichen Betriebe stehen seither unter einem starken Wettbewerbsdruck, der zu einem Rückgang der bis dato noch höheren Beschäftigtenzahlen in der Landwirtschaft führte und auch weiterhin besonders in Polen Beschäftigtenabbau und Betriebsschließungen bedingt (Henkel 2004; EU 2004; Dabek 2003, S. 158).

Vor allem infolge der unterschiedlichen politischen und landwirtschaftlichen Rahmenbedingungen[1] begegnen beide Regionen dem Strukturwandel unterschiedlich. Dabei sind ländliche Räume, in denen die Landwirtschaft und ihre vernetzten Bereiche heutzutage immer noch wichtiger und in Polen zum Teil sogar wichtigster Arbeitgeber sind, besonders betroffen. Hier führen Beschäftigtenabbau und Strukturwandel in der Landwirtschaft sowie begrenzte Erwerbsmöglichkeiten in anderen Wirtschaftsbereichen zu selektiver Abwanderung, negativer Bevölkerungsentwicklung, sinkendem Nachfragepotenzial und damit auch zu einem Rückgang außerlandwirtschaftlicher Aktivitäten (Wießner 1999, S. 301). Zudem übernimmt die Landwirtschaft in ländlichen Regionen weitere wichtige Aufgaben, indem sie die Landschaft gestaltet und daher den ländlichen Raum als Lebens- und Erholungsraum prägt (Henkel 2004, S. 39). Umgekehrt stellen die ländlichen Räume oft eine wertvolle Umgebung für die landwirtschaftlichen Betriebe dar, indem sie z.B. wichtige Wirtschaftspartner, aber auch weitere Akteure beherbergen, mit denen sich die landwirtschaftlichen Betriebe austauschen und von den sie lernen können (Camagni 1991, S. 3).

---

[1] z.B. Dominanz kollektiver Großbetriebe in Ostdeutschland gegenüber dem Vorherrschen kleiner Familienbetriebe in Polen

Den beschriebenen Problemen (Wettbewerbsdruck, externe Abhängigkeiten, Rückgang der Absatzmöglichkeiten) und den damit verbundenen Schrumpfungsprozessen (Betriebsschließungen und Beschäftigtenabbau) in der Landwirtschaft konnte bisher oft nicht ausreichend begegnet werden. Auf Grund der dargestellten Verflechtungen von Landwirtschaft und ländlichen Räumen stellen diese Probleme jedoch sowohl für die Landwirtschaft als auch für viele ländliche Räume in Ostdeutschland und Polen eine zentrale Herausforderung dar.

Auch in der gemeinsamen europäischen Agrarpolitik (GAP) wurde bisher nach Ansicht vieler Experten (z.B. Balmann 1994; Brasche 2002; Müller et al. 2002) nur zögerlich oder unzureichend auf die beschriebene Herausforderung reagiert. So konzentrierte sich noch 2005 der größte Teil der EU-Förderung auf die direkte Subventionierung der Landwirtschaft, während den sich verändernden Strukturen landwirtschaftlicher Wertschöpfungsketten und ihrer Vernetzungen in ländlichen Räumen bisher nur wenig Beachtung geschenkt wurde (vgl. K. 3.2.4). *Effektive Konzepte für eine nachhaltige und umfassende Verbesserung der Wettbewerbsfähigkeit landwirtschaftlicher Betriebe fehlen bisher weitestgehend* (vgl. WSEE; WSPY).

Ausgehend von diesen Problembereichen besteht folglich erstens ein Bedarf nach wissenschaftlichen Erkenntnissen über die beschriebenen Strukturen und Prozesse.

Aus diesen lassen sich zweitens an die Herausforderungen angepasste Handlungsempfehlungen für eine über die Landwirtschaft hinausgehende Wirtschaftspolitik in ländlichen Räumen entwickeln, die den gesamten Bereich der dargestellten Vernetzungen mit einschließen. Erste Ansätze einer solchen sektorübergreifenden Politik stellen z.B. die EU-Förderprogramme „Leader“ und „INTERREG“ dar. Insgesamt besteht jedoch gerade in Mittel- und Osteuropa angesichts erheblicher wirtschaftlicher und sozialer Probleme in Landwirtschaft und ländlichem Raum weiterhin eine große Nachfrage nach politischen Handlungsempfehlungen in diesen Bereichen (Wiesner 1999, S. 301; Dabek 2003, S. 158).

Die Erkenntnisgewinnung über die Landwirtschaft und ihre Vernetzungen und die Ableitung von Handlungsempfehlungen für eine dieses System umfassende Wirtschaftspolitik in ländlichen Räumen sind die Kernaufgaben der vorliegenden Arbeit.

1.2 Einführung in die theoretische Diskussion

In der Wissenschaft lassen sich derzeit zwei große *Forschungsströmungen zu Landwirtschaft und ländlichen Räumen* ausmachen. So beschäftigt sich ein Großteil der Arbeiten aus landwirtschaftlicher Forschung, Agrarpolitik und Agrargeographie mit der Art und Verteilung der Produktion von Agrargütern sowie den Strukturen und der

Entwicklung landwirtschaftlicher Betriebe (z.B. Arnold 1997; Stamer/Fratscher 1995). Auf der anderen Seite stehen regionalwirtschaftspolitische Betrachtungen der Gesamtheit ländlicher Räume, die den sektoralen Schwerpunkt weniger auf die Landwirtschaft, sondern mehr auf industrielle Entwicklungen, Fremdenverkehr und Dienstleistungen legen (z.B. Eglitis 1999; Kiel 1996).

Insgesamt beschäftigen sich nur wenige jüngere Ansätze (z.B. Wießner 1999; Henkel 2004) ausführlicher mit räumlichen Vernetzungen landwirtschaftlicher Betriebe im Strukturwandel und ihrer Bedeutung für den ländlichen Raum. Häufig liegt der Fokus auf der Landwirtschaft selbst, ohne die Vernetzungen und das System von verwandten Betrieben, in das die landwirtschaftlichen Betriebe eingebunden sind, angemessen zu berücksichtigen. Für die Einbindung der Landwirtschaft in Produktionsketten und deren Bedeutung für ländliche Räume höher entwickelter Staaten liegen erst wenige Untersuchungen vor (Knappe 2001). Ebenso bleiben die Chancen und Risiken für ländliche Räume, die sich durch technischen Fortschritt und Innovation in einer zunehmend globalisierten Welt mit immer freieren Märkten ergeben, i.d.R. unberücksichtigt. Häufig wird für ländliche Räume die These einer fortschreitenden Peripherisierung vertreten (Arnold 1997; Kujath 2003, S. 4). Die Ansätze zu ländlichen Räumen stellen somit eine erste, jedoch nicht ausreichende Grundlage zur Analyse und Entwicklung von Handlungsmöglichkeiten für die beschriebene Problemstellung dar.

Demgegenüber gewinnen in der regionalwirtschaftlichen Forschung und in der regionalen Wirtschaftspolitik weltweit Ansätze an Bedeutung, die auch für die dargestellten Entwicklungen im Agrarbereich neue Untersuchungs- und Handlungsmöglichkeiten aufzeigen können. So bildet gegenwärtig die Erklärung von Globalisierungs- und Regionalisierungsprozessen einen wissenschaftlichen Arbeitsschwerpunkt in weiten Teilen der Humangeographie. Untersuchungen zeigen, dass in einem System weltweiter Vernetzungen räumlich konzentrierte Cluster von miteinander vernetzten wirtschaftlichen Aktivitäten immer stärkeres Gewicht erlangen (Schätzl 2001, S. 230ff; Cooke/ Morgan 1998, S. 74ff). Die Analyse dieser Cluster, die sich also auf Wertschöpfungssysteme bezieht und sich nicht nur auf einzelne Sektoren beschränkt, führte zu den derzeit in der Wirtschaftsgeographie viel diskutierten *Clusteransätzen* (vgl. K. 2.1). Diese gehen davon aus, dass räumliche Nähe von Betrieben eines Produktionsbereichs einschließlich seiner ergänzenden Einheiten (Zulieferer, Abnehmer und Dienstleister) nicht nur zu klassischen Agglomerationsvorteilen (z.B. niedrige Transport- und Transaktionskosten; vgl. Kulke 2004, S. 240f) führen. Vielmehr bietet räumliche Nähe auch die Möglichkeit, durch persönliche Treffen immaterielle Austauschbeziehungen (z.B. Wissensaustausch) aufzubauen, welche die Wettbewerbsfähigkeit der Betriebe fördern. Clusteransätze wurden bisher vor allem im Bereich von Industrie und Dienstleistungen intensiv diskutiert und untersucht (Kulke 2004; Schamp 2000). In der Landwirtschaft fanden sie mit Ausnahme der Betrachtung spezieller landwirtschaftlicher Qualitätsgüter (z.B. Weine; vgl. Abb. 7) und des Modells des Agrarsystems im ländlichen Raum (vgl. Abb. 16) bisher jedoch nur wenig Beachtung.

Im Modell des Agrarsystems nach Kulke (2004) konnten Ansätze zu ländlichen Räumen und Clusteransätze verknüpft und somit die unterschiedlichen Vernetzungen und Beziehungen zwischen landwirtschaftlichen und außerlandwirtschaftlichen Aktivitäten berücksichtigt werden. Das Modell liefert damit eine erste Grundlage zur Analyse, ob und inwieweit in ländlichen Räumen durch die Organisation lokaler agrarer Wertschöpfungsbereiche regionale Cluster auftreten, die die Wettbewerbsfähigkeit der ländlichen Räume steigern. Ausgehend von den Clusteransätzen könnte die Identifizierung und Förderung solcher Cluster dazu beitragen, die beschriebenen negativen Entwicklungen in ländlichen Räumen entscheidend zu mindern.

Neben den Clusteransätzen gewinnen Untersuchungen zu globalen Verflechtungen und weltweit vernetzten *Warenketten* an Bedeutung (Lenz 1997; Gereffi 2001a). „Unter einer Warenkette ist grundsätzlich die Verbindung vom Rohmaterial über verschiedene Bearbeitungsstufen bis zum Verkauf des Fertigprodukts zu verstehen" (Dannenberg/Kulke 2005, S. 4). Abgesehen von diesen materiellen Input-Output-Beziehungen kommt es in Warenketten auch zu Informationsflüssen und zu unterschiedlichen Machtverhältnissen zwischen den Akteuren der Kette, z.B. wenn sich die Akteure durch ihr Wissen, ihre Größe und Marktmacht (z.B. in einem Monopol) unterscheiden. Für die Landwirtschaft konnten in verschiedenen empirischen Untersuchungen käuferdominierte Ketten nachgewiesen werden (Nuhn 1993b). D.h. die landwirtschaftlichen Betriebe sehen sich oft hohen externen Abhängigkeiten und ungünstigen Machtverhältnissen (z.B. gegenüber großen Handelsketten wie Aldi; vgl. Dannenberg/Kulke 2005, S. 4) ausgesetzt. Insbesondere für kleine Betriebe ergeben sich hierbei auf Grund ihrer begrenzten Marktmacht und nicht nur räumlich beschränkter Bezugs- und Distributionsmöglichkeiten häufig besonders schwierige Abhängigkeitsverhältnisse (vgl. K. 2.2).

Die Ansätze zu Warenketten stellen somit eine wichtige analytische Ergänzung zu den Clusteransätzen dar, da sie sich u.a. mit Machtbeziehungen zwischen Betrieben beschäftigen und nicht nur regionale, sondern auch überregionale Vernetzungen betrachten. Durch Verwendung beider Ansätze ist es folglich möglich, die Betrachtung regionaler und überregionaler Vernetzungen zu verbinden.

Für die Untersuchung der Vernetzungen landwirtschaftlicher Betriebe sind also alle drei beschriebenen Ansatzgruppen (1. zu Landwirtschaft und ländlichen Räumen, 2. zu Clustern, 3. zu Warenketten) nötig. Nach einer spezifischen Betrachtung und Verknüpfung werden die Ansätze genutzt, um eine differenzierte Analyse regionaler Vernetzungen der Landwirtschaft durchzuführen. Im Rahmen der Analyse können die besonderen Bedingungen der Landwirtschaft im ländlichen Raum berücksichtigt und die regionalen Vernetzungen nicht regional begrenzten Vernetzungen gegenübergestellt werden. *Die Übertragung der ursprünglich für den Industriebereich konzipierten Clusteransätze auf den sich im Wandel befindenden Agrarbereich und die Verknüpfung dieser Ansätze mit denen zu Landwirtschaft und ländlichen Räumen sowie zu Warenketten in einem erweiterten Modell des Agrarsystems stellt den innovativen Ansatz dieser Arbeit dar.*

Dies ermöglicht die Ableitung neuer allgemeiner Erkenntnisse und daraus die beschriebenen angemessenen Handlungsempfehlungen für politische Entscheidungsträger. Für Deutschland wie für Polen existiert bisher keine derartige Analyse.

1.3 Zielsetzung und Aufbau der Arbeit

Die vorliegende Arbeit entstand im Rahmen der interdisziplinären DFG-Forschergruppe 497 „Strukturwandel und Transformation im Agrarbereich“ und stellt die wesentlichen Ergebnisse des Teilprojekts 4 „Regionalwirtschaftliche Bedeutung des Agrarsektors“ vor (DFG-Forschergruppe 497 2006).

Ziele und daraus resultierende übergeordnete Fragen

Zur Untersuchung und Lösung der vorgestellten Problembereiche bilden die Ansätze zu Clustern, Warenketten und ländlichen Räumen die theoretische Grundlage. So werden die Ansätze zu ländlichen Räumen vor allem genutzt, um den landwirtschaftlichen Produktionskomplex mit seinen vertikalen und horizontalen Vernetzungen im ländlichen Raum gegliedert zu analysieren und verschiedene Einflussfaktoren und Wirkungen im Strukturwandel darzustellen. Die Clusteransätze bieten die Möglichkeit, die unterschiedlichen Vernetzungen in ihrer Art (z.B. materiell oder immateriell, formell oder informell) und Intensität zu unterscheiden und ihren Einfluss auf die Wettbewerbsfähigkeit der Betriebe zu untersuchen. Die Warenkettenansätze zeigen schließlich Vergleichsmöglichkeiten von intra- und interregionalen Vernetzungen auf und lassen darüber hinaus eine Analyse der Machtbeziehungen zwischen den einzelnen Akteuren zu.

Für die vorliegende Untersuchung gilt es, diese Ansätze zu verknüpfen und für die Analyse der derzeitigen Entwicklungen und Problembereiche ländlicher Räume im Strukturwandel in Ostdeutschland und Polen zu nutzen. Auf Grundlage dieser Verknüpfung (K. 2.4) erfolgt *die Ableitung von konkreten Annahmen und daraus resultierenden detaillierteren Fragestellungen (K. 2.4), auf denen die empirischen Erhebungen, die Diskussion der Ergebnisse und die Struktur des Fazits dieser Arbeit fußen.*

Insgesamt orientiert sich die Arbeit an drei übergeordneten Zielen:

Erstes Ziel (Empirie): Darstellung und Analyse der Vernetzungen der Landwirtschaft im Strukturwandel. Mit welchen außerlandwirtschaftlichen Bereichen, auf welche Art und in welcher Dimension (z.B. räumlich, quantitative Umfänge, qualitative Bedeutung) sind die landwirtschaftlichen Betriebe mit anderen Akteuren vernetzt und welchen Einfluss besitzen diese Vernetzungen auf die Wettbewerbsfähigkeit der Betriebe?

Zweites Ziel (Theorie): Ableitung allgemeiner Erkenntnisse zu einem verfeinerten Modell des regionalen Agrarsystems. In welchem Maße lassen sich die verschiedenen Ansätze zu einem Modell des regionalen Agrarsystems verknüpfen und welche neuen allgemeinen Erkenntnisse über landwirtschaftlich geprägte Cluster lassen sich aus den Ergebnissen der empirischen Untersuchung ziehen?

Drittes Ziel (Politik): Ableitung möglicher Ansatzpunkte einer clusterorientierten Wirtschaftspolitik für Landwirtschaft und ländliche Räume. Welche Möglichkeiten bietet eine clusterorientierte Wirtschaftspolitik, um die Wettbewerbsfähigkeit potenzieller Cluster aus Landwirtschaft und vernetzten Bereichen in ländlichen Räumen zu verbessern und dadurch den Strukturwandel für Landwirtschaft und ländliche Räume positiver zu gestalten?

Aufbau der Arbeit

Entsprechend der Zielstellung beginnt die Arbeit mit einem theoretischen Teil, in dem die für die Untersuchung genutzten Ansätze diskutiert und verknüpft werden (vgl. Abb. 1; K. 2). Das Ergebnis dieser Verknüpfung, ein verfeinertes Modell des Agrarsystems, bietet dann den Forschungsrahmen für die Empirie. Der empirische Teil beschäftigt sich zunächst mit den Rahmenbedingungen in Ostdeutschland und Polen im Strukturwandel und den spezifischen Situationen in den Untersuchungsräumen Elbe-Elster in Brandenburg und Pyrzyce in Zachodniopomorskie (vgl. K. 3). Im Anschluss daran findet eine Analyse der Strukturen und Vernetzungen der dort ansässigen landwirtschaftlichen Betriebe statt (vgl. K. 4).

Die wichtigste Grundlage dieser Untersuchung stellen dabei eigene empirische Erhebungen dar. Diese wurden durch den Einsatz eines Methodenmixes aus sekundärstatistischen Analysen, Expertengesprächen, standardisierten Befragungen und Interviews mit Betriebsleitern gewonnen. Nur der parallele Methodeneinsatz sorgt für ein differenziertes Bild räumlich gegliederter qualitativer und quantitativer Vernetzungen. Die Befragungen erlauben eine Analyse der quantitativen Vernetzungen. Zur Gewinnung von Informationen über die als immer wichtiger zu bewertenden qualitativen Vernetzungen sind zusätzliche Interviews erforderlich. Die Ergebnisse werden dabei nach Betriebstypen (z.B. nach Größenklassen, Produkten) gegliedert und deren signifikante

Unterschiede hinsichtlich der Vernetzungen (übliche statistische Testverfahren) analysiert. Dies soll zeigen, inwieweit zwischen den Betriebstypen Unterschiede in der Art, in der Intensität und im Raummuster (lokal[2] bis international) externer Verflechtungen bestehen und inwiefern regionale Clusterstrukturen in den Untersuchungsräumen existieren. Zudem ist eine differenzierte Analyse der unterschiedlichen Betriebstypen und ihrer Vernetzungen, wie auch der regionalen Rahmenbedingungen insgesamt notwendig, um differenzierte Handlungsempfehlungen für politische Entscheidungsträger zu entwickeln. Aufbauend auf diesen Ergebnissen zeigt eine Clusteranalyse typische Vernetzungen auf und analysiert deren Einfluss auf die Wettbewerbsfähigkeit der landwirtschaftlichen Betriebe (vgl. K. 4.4).

Aus den gewonnenen Daten und Informationen werden allgemeine Erkenntnisse abgeleitet und verschiedene weitere Verfeinerungen des Agrarsystemmodells vorgenommen (vgl. K. 4.5). Diese betrifft konkret die Bedeutung materieller und immaterieller Vernetzungen, die Wirkung unterschiedlicher Machtverhältnisse, die Rolle von sozialen Vernetzungen und Embeddedness, den Einfluss einzelner Akteure und die Auswirkungen von Strukturwandel und Transformation auf die Wettbewerbsfähigkeit landwirtschaftlicher Betriebe. Darauf aufbauend folgt die Abgabe von Handlungsempfehlungen in Kapitel 5. Die Arbeit schließt mit einem Fazit (vgl. K. 6).

---

2 Die kleinste Betrachtungsebene ist dabei die Kreisebene, Raummuster innerhalb des Clusters werden also nicht dargestellt, sondern als lokale Vernetzungen zusammengefasst.

Abb. 1: Aufbau und Arbeitsschritte der Arbeit

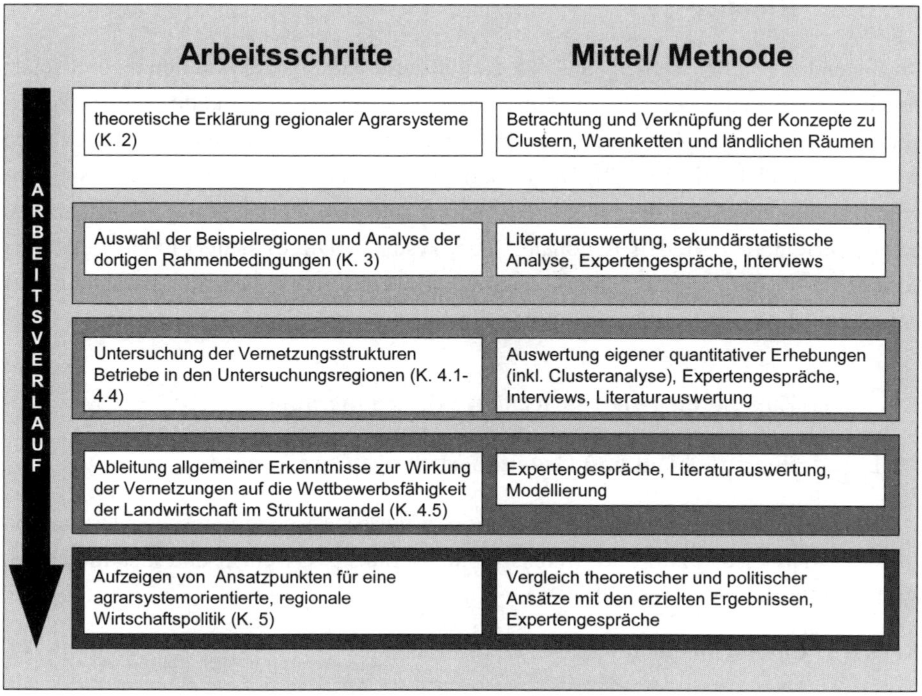

Quelle: e.D.

2 Theoretische Ansätze zu Vernetzungen und ländlichen Räumen

Im folgenden Kapitel werden zunächst die für diese Arbeit ausgewählten theoretischen Ansätze zur Bildung von Clustern im Wirtschaftsraum, zu Warenketten und zu ländlichen Räumen themenbezogen vorgestellt und ihre für die Untersuchung relevanten Aspekte diskutiert (K. 2.1-2.3). Darauf aufbauend erfolgt in Kapitel 2.4 eine synoptische Gegenüberstellung der relevanten Aspekte und eine Verknüpfung der Ansätze zu einem verfeinerten Modell regionaler Agrarsysteme. Dieses neue Modell bildet die Grundlage für die Ableitung der Annahmen und detaillierten Forschungsfragen dieser Arbeit und stellt den Forschungsrahmen für die empirische Untersuchung dar.

2.1 Zur Bildung von Clustern im Wirtschaftsraum

2.1.1 Begrifflichkeit und Grundüberlegungen zu Clustern

Der Begriff „Cluster“ wird in der derzeitigen wirtschaftsgeographischen Diskussion sowie in Wirtschaft und Politik intensiv und vielfältig verwendet und diskutiert (vgl. Kasten 1; Porter 1991; Rehfeld 2005).

Kasten 1: Unterschiedliche Cluster Definitionen

Swann/Prevezer (1998, S. 1) 'A cluster means a large group of firms in related industries at a particular location.'
Enright (1996, S. 191) 'A regional cluster is an industrial cluster in which member firms are in close proximity to each other.'
Rosenfeld (1997, S. 4) 'A cluster is very simply used to represent concentrations of firms that are able to produce synergy because of their geographical proximity and interdependence, even though their scale of employment may not be pronounced or prominent.'
Porter (1998, S. 199) 'A cluster is a geographically proximate group of interconnected companies and associated institutions in a particular field, linked by commonalities and complementarities.'
Feser (1998, S. 26) 'Economic clusters are not just related and supporting industries and institutions, but rather related and supporting institutions that are more competitive by virtue of their relationships.'

Es fällt auf, dass einige Definitionen, wie etwa die erste von Swann und Prevezer (1998, S. 1) einen großen Spielraum lassen, der es praktisch jedem Wirtschaftsraum, in dem mehrere Betriebe eines verwandten Wirtschaftsbereichs existieren, möglich macht, sich als Cluster zu definieren. Andere Definitionen, wie etwa die von Porter (1998) und Feser (1998) grenzen den Begriff hingegen strenger ein.

Für die vorliegende Untersuchung zu Clusterstrukturen in landwirtschaftlichen Warenketten ist es daher notwendig, eine klare Definition von Clustern festzulegen, um sich somit begrifflich klar abzugrenzen. Auf Grundlage der oben genannten Definitionen und der im folgenden dargestellten Konzepte geschieht dies anhand der folgenden Kriterien:

1. Struktur: Eine überdurchschnittlich hohe Konzentration von Betrieben eines Wirtschaftsbereichs im regionalen Vergleich
2. Interaktion: Ein hohes Maß an materiellen und/oder immaterielle Vernetzungen mit anderen Akteuren innerhalb der Region im Vergleich zu Vernetzungen mit Akteuren außerhalb der Region

Sind diese beiden Kriterien erfüllt, liegt im Rahmen dieser Arbeit ein *Cluster – bei einer landwirtschaftlichen Basis* auch *regionales Agrarsystem* genannt – vor. Die Clusteransätze beschäftigen sich neben Struktur und Interaktion aber auch mit der Entwicklung von Wettbewerbsfähigkeit. Diese ist nach Feser (vgl. Kasten 1) in Clustern auf Grund intensiver Vernetzungen höher als in anderen Wirtschaftsräumen. Die Clusteransätze besitzen gerade auch aus diesem Grund eine besondere Relevanz für die Arbeit.

Als Konzepte, aus denen die aktuelle Clusterdiskussion hervorgeht, werden das Konzept der Industriedistrikte (Marshall 1920), das der innovativen Milieus (auch kreatives Milieu genannt; vgl. z.B. Maillat/Lecoq 1992), das der geographischen Industrialisierung (Storper/Walker 1989) und vor allem das Konzept der geographischen Konzentration in Branchen-Cluster (Porter 1991) genannt. Schon im frühen 20. Jahrhundert veröffentlichte Marshall (1920) einen Ansatz zu „Industriedistrikten", der auf der Bedeutung räumlicher Nähe eines oder mehrerer ähnlicher industrieller Produktionsbereiche basierte. Seit den 1980er Jahren haben ähnliche Ansätze in der Wirtschaftsgeographie und ihren Nachbardisziplinen sowie in der regionalen Wirtschaftspolitik, insbesondere im Bereich der Industrie und höherwertigen Dienstleistungen, erneut an Bedeutung gewonnen. So werden diese Ansätze seitdem genutzt, um die Struktur und den Erfolg wachstumsintensiver Regionen zu analysieren und zu erklären. Die Untersuchungen bezogen sich zuerst auf regionale Konzentrationen von High-Tech-Branchen; mittlerweile wird jedoch davon ausgegangen, dass auch Betriebe aus klassischen Branchen, einschließlich der Landwirtschaft, Cluster bilden können (Krätke/Scheuplein 2001; Dannenberg/Kinder 2004).

Die modernen Clusteransätze gehen davon aus, dass räumliche Nähe von Betrieben eines Produktionsbereichs und von ergänzenden Einheiten nicht nur zu klassischen Agglomerationsvorteilen führt, sondern auch die Möglichkeit immaterieller Austauschbeziehungen (z.B. Informationsaustausch und Erfahrungen) eröffnet (Dannenberg/Kulke 2005, S. 1f). Solche Beziehungen können wesentlich dazu beitragen, Innovationen und Best-Practice-Lösungen der in den Cluster eingebundenen Unternehmen zu erzielen bzw. zu steigern und ihre Wettbewerbsfähigkeit zu erhöhen. Nach den

Clusteransätzen geschieht der immaterielle Austausch in personalen und organisatorischen Verflechtungen[3] bzw. Netzwerken räumlicher, kultureller, institutioneller und organisatorischer Nähe. Begünstigender „Faktor für die Entwicklung solcher Netzwerke ist die Einbettung in ein gemeinsames, kulturelles, soziales und politisches Umfeld (Local Embeddedness)“ (Kulke 2004, S. 112f). Die sozialen Netzwerke zwischen den Akteuren beeinflussen dabei das Potential an Chancen und Gelegenheiten zum immateriellen Austausch und stellen eine Form des sogenannten „Social Capitals“ dar (Bathelt/Glückler 2002, S. 57).

Die personalen und organisatorischen Netzwerke und deren regional-soziokulturelle Einbettung sind die wesentlichen gemeinsamen Merkmale der Clusteransätze (Kulke 2004, S. 112). Für das Verständnis der Clusteransätze und besonders für das der Vernetzungen in der Landwirtschaft und im ländlichen Raum – die durch besonders intensive soziale Vernetzungen geprägt sind (Arnold 1997, S. 70) – ist es daher notwendig, diese Bereiche näher zu betrachten. Bevor in Kapitel 2.1.2-2.1.4 die wichtigsten Ansätze zu regionalen Clustern erläutert werden, erfolgt deshalb an dieser Stelle ein Exkurs zu Social Capital, Embeddedness und dem damit verwandten Bereich des „Lock-Ins“.

Exkurs: Social Capital, Embeddedness und Lock-In

Social Capital entsteht durch das Zusammenwirken von Institutionen, Beziehungen und Normen einer Gesellschaft in einer Region, die zu einer sozialen Zusammengehörigkeit führen. Diese soziale Zusammengehörigkeit beeinflusst verschiedene u.a. ökonomische Entwicklungen (Heliwell/Putnam 1995; Uzzi 1999, S. 499f). So ermöglicht es die Bildung von Verpflichtungen und Erwartungen zwischen Akteuren, die als Formen eines Kredits angesehen werden können. Zudem lassen sich über soziale Beziehungen zusätzliche Informationen erlangen. Auch können Akteure durch eine gemeinsame Identität und wiederholte Interaktionen gemeinsame Normen und Werte bilden (Bathelt/Glückler 2002, S. 168). Ein gewachsenes Social Capital kann sich somit positiv auf das regionale Wirtschaftsgeschehen auswirken. Nach Chloupkova und anderen (Chloupkova/Svendsen/Svendsen 2003, S. 241ff) führte demgegenüber der Sozialismus dazu, dass in den ehemaligen sozialistischen Ländern, wie Polen ein Großteil des vorhandenen Social Capitals zerstört wurde und stattdessen bis heute eine geringe Bereitschaft zur Zusammenarbeit besteht.

Der Begriff *„Embeddedness“* entstammt im Wesentlichen einem Konzept von Granovetter (1973). In ihm führen gemeinsame Werte, Kultur, Wirtschaftsstrukturen, Institu-

---

[3] „Als wesentliche Ursache des Bedeutungsgewinns der personalen und organisatorischen Verflechtungen in jüngerer Vergangenheit gilt die im Zuge des postfordistischen Produktionsmodells entstandene flexible Produktion und Spezialisierung“ (Kulke 2004, S. 113).

tionen und historisches Erbe zu einer Einbettung („Embeddedness“) der Akteure (Individuen, Organisationen, soziale Gruppen) in das politische, wirtschaftliche und soziale Umfeld und tragen damit indirekt zur Steigerung der Wettbewerbsfähigkeit der eingebundenen Betriebe bei (vgl. Abb. 2; Vatne/Taylor 2000, S. 6).

Abb. 2: Idealisierter Zusammenhang zwischen räumlicher Nähe und Wettbewerbsfähigkeit einer Wirtschaftsregion

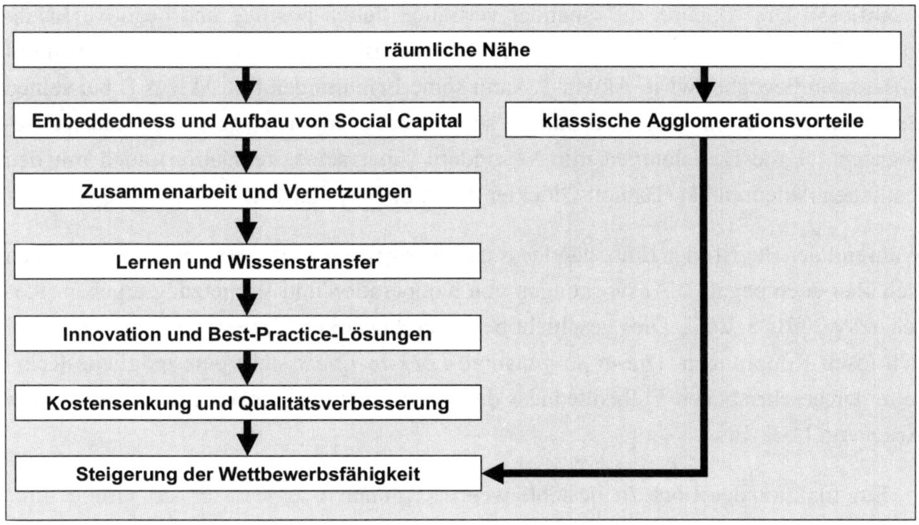

Quelle: e.D.

Das Umfeld erleichtert den Dialog, schafft Vertrauen und fördert auf Gegenseitigkeit beruhende Zusammenarbeit. Granovetter definiert “Embeddedness” wie folgt:

„By Embeddedness I mean that economic action, outcomes, and institutions are affected by actors´ personal relations, and by the structure of the overall network relations. I refer to these respectively as the relational and the structural aspect of embeddedness.” (Granovetter 1990, S. 98).

Embeddedness stellt folglich den Einfluss der Beziehungen und der Beziehungsstruktur auf die Akteure dar. Hierbei werden „relationale“ und „strukturelle Embeddedness“ unterschieden (Uzzi 1999, S. 489ff). Die relationale Embeddedness beschreibt, wie das Handeln zwischen zwei Akteuren durch soziale Beziehungen beeinflusst wird. Relationale Embeddedness äußert sich darin, dass die Akteure gemeinsame Grundansichten besitzen. Bei ausgeprägter relationaler Embeddedness ist auf Grund gemeinsamer Ansichten und Werte Vertrauen vorhanden. Dadurch wird die Handlungsunsicherheit der Akteure verringert, da die Wahrscheinlichkeit opportunistischen, egoistischen Verhaltens der anderen Akteure gering ist. Wer als vertrauenswürdiger Partner gilt, erhält dabei Zugang zu Ressourcen und Wissen, die anderen Akteuren verborgen bleiben (Uzzi 1999, S. 481ff).

Werden nicht die Beziehungen von zwei, sondern von mehreren Akteuren betrachtet, spricht man von „struktureller Embeddedness“. Sie beschreibt den Grad der Integration in eine Struktur von Beziehungen. Das Handeln der Akteure ist hier nicht nur von der Beziehung zum anderen Akteur abhängig, sondern wird entscheidend von Dritten beeinflusst. Die Akteure, die einander vertrauen, leiten positive und negative Erfahrungen Dritter weiter, so dass diese einen Vertrauensvorschuss erhalten bzw. ihnen mit Misstrauen begegnet wird. Akteur A kann seine Erfahrungen mit Akteur B bei seinen Beziehungen z.B. mit Akteur C nutzen, so dass das Verhalten von B nicht nur Konsequenzen für die Beziehungen mit A, sondern (über seine Reputation) auch mit den restlichen Akteuren hat (Bathelt/Glückler 2002, S. 161; Glückler 2001, S. 215).

Während der Begriff der Embeddedness üblicherweise positiv verwendet wird, können sich aber auch negative Auswirkungen von Kooperation und Vernetzung ergeben (Koschatzky 2001, S. 267). Dies geschieht bei einer zu starken Verfestigung der ursprünglich losen Kopplungen. Dieser so genannte *Lock-In-Effekt* stellt eine mögliche Kehrseite der beschriebenen Embeddedness dar. Nach Grabher (1993, S. 262) gibt es drei Arten von Lock-Ins:

1. Ein funktionaler Lock-In besteht, wenn Regionen oder Cluster auf Grund ihrer Konzentration auf eine oder wenige Branchen nicht die Möglichkeit haben auf andere Bereiche und Technologiefelder mit höheren Wachstumsraten zu wechseln.
2. Um einen kognitiven Lock-In handelt es sich, wenn eine Region oder ein Cluster sich auf seine eigenen Stärken und die Entwicklungen im Cluster selbst bezieht und dadurch Neuerungen und Entwicklungen von außen nicht oder nur verspätet aufgreift.
3. Ein politischer Lock-In liegt vor, wenn politische Einflussnahme der bestehenden Branchen dazu führt, dass existierende Strukturen sich nicht oder nur langsam ändern und die Entstehung neuer Branchen, Bereiche und Technologiefelder in Folge behindert wird.

Die vorgestellten Erklärungen sind für ein Verständnis der Vernetzungen der Landwirtschaft in ländlichen Räumen insofern wichtig, als hier auf Grund ausgeprägter lokaler sozialer Vernetzungen mit einer erheblichen Bedeutung von Social Capital und Embeddedness zu rechnen ist und auch Lock-In-Effekte nicht auszuschließen sind (Arnold 1997, S. 70; Hall 2006, S. 8ff; Whatmore 1994, S. 56). Auf Basis dieser Erläuterungen lassen sich nun die einzelnen Konzepte in ihrer Relevanz für die vorliegende Arbeit diskutieren.

2.1.2 Industriedistrikte und innovative Milieus

Zwei der am intensivsten diskutierten Ansätze zur Bildung von Clustern im Wirtschaftsraum sind das Konzept der Industriedistrikte und das Konzept des innovativen Milieus. Beide wurden in den 1980er Jahren angewendet, um den Erfolg spezialisierter Regionen in Norditalien, Frankreich und der Schweiz zu erklären.

Das Konzept der *Industriedistrikte* hat seinen Ursprung in den Werken Marshalls (Marshall 1920) und befasst sich mit der Bedeutung regionaler Produktionsnetzwerke für den wirtschaftlichen Erfolg dieser Regionen. Heute wird ein Industriedistrikt i.d.R. wie folgt definiert:

„A set of companies located in a relatively small geographical area; and the said companies work, either directly or indirectly, for the same market; that they share a series of values and knowledge so important that they define a cultural environment; and they are linked to one another by specific relation in a mix of competition and cooperation" (Brusco 1990, S. 1).

Wichtigste Charakteristik der Industriedistrikte ist die räumliche Konzentration der gleichen und/oder miteinander verflochtenen Branchen. Industriedistrikte zeichnen sich durch mehrheitlich kleinere und mittlere spezialisierte Betriebe mit flexibler Produktion und moderner Technologie aus (z.B. hochwertige Schuhe; vgl. Bathelt 1998). Zwischen den einzelnen Betrieben der Branche, ihren Zulieferern und Dienstleistern, aber auch mit anderen Akteuren, wie öffentlichen Einrichtungen, herrscht häufig Arbeitsteilung.

Die Verflechtungen verlaufen horizontal (d. h. auf der gleichen Stufe der Wertschöpfungskette) oder vertikal (d. h. in aufeinander folgenden Schritten der Wertschöpfungskette). Durch die Vernetzungen innerhalb der Industriedistrikte entstehen Lokalisationsvorteile, die zu sinkenden Kosten und/oder zu steigenden Erlösen führen (Sabel 1989; Piore/Sabel 1989). Die einzelnen Akteure leisten dabei nicht nur materielle Inputs, sondern tauschen auch auf ihren speziellen Qualifikationen basierendes Wissen aus. Entscheidend für diese Zusammenarbeit ist das gemeinsame kulturelle Milieu. Dieses erleichtert durch Vertrauen[4] und soziale Kontakte (Social Capital) neben formalen auch informelle Kooperationen, so dass Transaktionskosten sinken, die Pro-

[4] Vertrauen besteht zwischen Wirtschaftsakteuren z.B. "in der freiwilligen Erbringung einer riskanten Vorleistung unter Verzicht auf explizite vertragliche Sicherungs- und Kontrollmaßnahmen gegen opportunistisches Verhalten" (Rippberger 1998, S. 45). Durch gerechtfertigtes Vertrauen kann somit auf den Aufwand dieser Maßnahmen verzichtet werden. Zudem sind die Maßnahmen etwa in Bereichen noch nicht patentierter Innovationen auf Grund der vertraulichen Beziehungen nicht mehr unbedingt nötig. Vertrauen ist somit von großer Bedeutung für wirtschaftliche Zusammenarbeit.

duktkompetenz steigt und die Wettbewerbsfähigkeit der eingebundenen Einheiten wächst. Diese Unterscheidung und Untersuchung von materiellen und immateriellen sowie formalen und informellen Vernetzungen und ihrer Bedeutung für die Wettbewerbsfähigkeit stellt einen wichtigen Analyseansatzpunkt dar, der im Rahmen dieser Arbeit in ähnlicher Form aufgegriffen wird (vgl. K. 2.4).

Im Jahre 1984 entwickelte die "Groupe de Recherche Européen sur les Milieux Innovateurs" (Gremi; Aydalot 1986; Maillat/Lecoq 1992) das Konzept der *innovativen Milieus*. Nach Maillat und Lecoq ist ein innovatives Milieu ein komplexes territoriales System von formalen und informellen Netzwerken. Diese weisen in einem speziellen Tätigkeitsfeld wechselseitige Abhängigkeiten auf und sind fähig, synergetische und innovative Prozesse zu initiieren (Maillat/Lecoq 1992, S. 1). Dabei bestehen vertrauliche Kontakte zwischen unterschiedlichen Akteuren (Produktionseinrichtungen, Forschungs- und Entwicklungseinrichtungen, politischen Institutionen und anderen; vgl. Boschma 2005, S. 63ff). Vernetztes Handeln, kollektives Lernen und Innovation sowie das Verringern von Unsicherheiten während des technologischen Wandels sind somit leichter möglich (Camagni 1991, S. 3). Abbildung 3 zeigt die verschiedenen Verflechtungsdimensionen eines innovativen Milieus.

Abb. 3: Innovatives Milieu

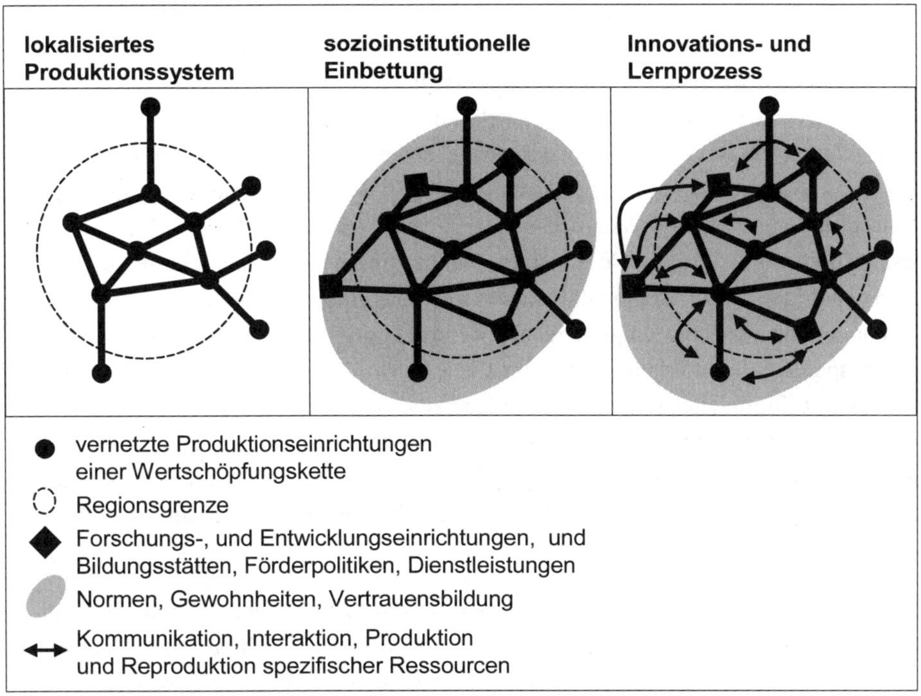

Quelle: e.D.; nach Bathelt/Glückler 2002, S. 191

Der Milieuansatz geht davon aus, dass die Existenz eines vernetzen Milieus die Voraussetzung zu wirtschaftlicher Konkurrenzfähigkeit ist. Das innovative Milieu zeichnet sich aus durch face-to-face Kontakte, die Mobilisierung des intraregionalen Humankapitals, Kooperation zwischen zumeist kleinen und mittleren Unternehmen und flexible Lieferverflechtungen in den regionalen Netzwerken. Persönliche und vertrauensvolle Zusammenarbeit ist für ein innovatives Milieu von fundamentaler Bedeutung, da zwischen den Akteuren nicht kodifiziertes Wissen ausgetauscht wird, welches innovations- und wettbewerbsrelevant ist und nicht an Unbefugte gelangen darf (Morgan/Murdoch 2000, S. 161). Im innovativen Milieu besteht eine Identifikation der Akteure mit „ihrer" Region. Diese ergibt sich zunächst aus den gemeinsamen kulturellen Werten. Durch vertrauensvolle und erfolgreiche Zusammenarbeit wird sie zusätzlich gestärkt (Schätzl 2001, S. 231f). Ein solches regionales und persönliches Netzwerk kann daher durch Telekommunikation kaum ersetzt werden.

In den 1990er Jahren zeigte sich, dass viele Beispielregionen für Industriedistrikte und innovative Milieus trotz der beschriebenen Vorteile nicht vor strukturellen Krisen gefeit waren. Es wurde deutlich, dass ein Milieu oder Industriedistrikt nicht mehr nur einen Vorteil, sondern auch ein Risiko darstellen konnte. Häufig bezogen die Regionen nicht ausreichend externes Wissen, sondern wurden auf Grund ihrer Fokussierung auf bestimmte Technologien pfadabhängig und unflexibel (Thomi/Werner 2001, S. 214f). Es hatten sich Lock-In-Effekte eingestellt. Bei den wenigen Milieus und Industriedistrikten, die sich krisenfrei entwickeln konnten, stellte sich hingegen heraus, dass diese nicht allein auf endogene Faktoren gebaut hatten. Vielmehr besaßen sie neben den regionalen Strukturen auch transregionale Netzwerke, die Innovation, technischen Fortschritt und strukturelle Veränderungen förderten. Experten gehen daher davon aus, dass Milieus und industrielle Distrikte langfristig nicht alleine überleben können (Cooke/Morgan 1998). Regionale Akteure müssen demnach zusätzlich in überregionale Innovationsnetzwerke eingebunden sein, um Zugriff auf externe Wachstums- und Wissenspotenziale zu erlangen und der Gefahr des Lock-Ins zu entgehen. Merkmale langfristig erfolgreicher innovativer Milieus sind demnach Außenkontakte, Offenheit und Aufnahmebereitschaft für außerregionale Impulse wie z.B. neue Technologien und Märkte (Fromhold-Eisebith 2001, S. 36). Inwiefern solche Merkmale auch für die Wettbewerbsfähigkeit landwirtschaftlicher Betriebe notwendig sind, gilt es in den Untersuchungsregionen zu prüfen.

Die Konzepte der Industriedistrikte und innovativen Milieus gehen von der Bedeutung raumwirksamer externer Effekte aus. Während die Vorteile räumlicher Nähe im Industriedistrikt-Konzept eher statisch als Lokalisationsvorteile interpretiert werden, werden sie im Konzept innovativer Milieus prozesshaft dargestellt. Konkret stehen kollektive Lernprozesse in meist informellen Netzwerkverbindungen im Vordergrund. Beim Vergleich des Konzepts der innovativen Milieus mit dem Industriedistrikt-Konzept ist zu beachten, dass der Milieuansatz bisher vor allem auf Regionen mit innovativen und modernen Branchen angewandt wurde. Die Übertragbarkeit auf den Agrarbereich würde folglich eine Erweiterung der Anwendung darstellen (vgl. Tab. 1). Demgegenüber wurde das Konzept der Industriedistrikte auf verschiedene Branchen übertragen.

Trotzdem ist die am häufigsten geübte Kritik sowohl an den Industriedistrikten, als auch an den innovativen Milieus, das Problem der Übertragbarkeit und der Verallgemeinerung (Bathelt/Glückler 2002, S. 193). So wird kritisiert, die untersuchten Regionen seien nicht typisch, da es sich meist um Erfolgsregionen handelt, die durch spezielle politische, wirtschaftliche Einflüsse sowie Verhaltensweisen von Menschen geprägt sind. Die Übertragbarkeit der Ergebnisse auf andere Regionen ist daher eingeschränkt (Romero 2005, S. 31). Das heißt, die Identifizierung wesentlicher Merkmale von Industriedistrikten und innovativen Milieus in ländlichen Räumen, die diese spezifischen Einflüsse nicht besitzen, ist also nicht zwingend zu erwarten und würde die Ansätze auf ein breitere empirische Grundlage stellen.

Insgesamt stellen beide Ansätze, besonders auf Grund ihrer differenzierten Betrachtung unterschiedlicher Arten von Vernetzungen in räumlicher Nähe und deren Bedeutung für den Erfolg der Region, einen wichtigen Teil des Analyserahmens dieser Arbeit dar.

Tab. 1: Industriedistrikte und innovative Milieus

Konzept	Industriedistrikte	Innovative Milieus
Merkmale	• regional integrierte Produktions- und Dienstleistungsverbünde • vertikale Kooperationsbeziehungen • kleine hochspezialisierte Betriebe derselben Branche • arbeitsteilige Produktion (flexible Spezialisierung) • vorwiegend Inkrementalinnovationen	• kollektive Realisierung von Innovationen (meist inkremental) durch regionales kooperatives Lernen • branchenübergreifende und informelle Kontakte • gemeinsame Identität erleichtert Kooperationen und reduziert Unsicherheit • interregionale Netzwerke ergänzen intraregionale Kontakte • Offenheit und Aufnahmebereitschaft für Impulse von außerhalb
Räumliche Ausprägung	• kleine räumliche Einheiten (ca. 10-20 Tausend Arbeitskräfte)	• kleine, nicht metropolitane Regionen, zum Teil strukturell benachteiligt
Empirische Grundlage	• wachstumsintensive Regionen in Norditalien und anderen Ländern in den 1980er Jahren	• Analyse erfolgreicher Regionalentwicklungen in Frankreich, der Schweiz und Italien
Übertragbarkeit	• branchenübergreifend übertragbar • keine Aussage über Entstehungsbedingungen • weltweit nur wenige Regionen mit Merkmalen von industriellen Distrikten	• Anwendung meist nur im Bereich moderner und innovativer Produktion • besondere Entstehungsspezifik (Identität) schränkt Übertragbarkeit ein • Quantifizierbarkeit innovativer Milieus (Netzwerke) schwierig

Quelle: e.D.; Maillat/Crevoisier/Lecoq 1991; Koschatzky 2001, S. 207; Dannenberg/Kulke 2005, S. 2f

2.1.3 Konzept der geographischen Industrialisierung nach Storper und Walker

Das Konzept des innovativen Milieus geht – wie auch die traditionelle industrielle Standortlehre – davon aus, dass die Existenz eines Milieus eine Voraussetzung für wirtschaftliche Konkurrenzfähigkeit bildet. Demgegenüber nehmen Vertreter der „kalifornischen Schule", wie Scott, Storper und Walker an, dass Wachstumsindustrien ihr innovatives Umfeld selbst gestalten und formen (Scott 1988; Storper/Walker 1989). Sie bieten so einen Ansatzpunkt für die Untersuchung des Einflusses eingebundener Clusterbetriebe auf die Innovations- und Wettbewerbsfähigkeit anderer, mit diesen direkt oder indirekt in Beziehung stehender, Clusterbetriebe (vgl. K. 4.5.4).

In ihrem „Konzept der geographischen Industrialisierung“ analysieren Storper und Walker den Verlauf industrieller Entwicklungspfade. Demnach kreieren wachsende industrielle Wirtschaftsbereiche und Unternehmen (so genannte Pionierbetriebe) einer Region die Ressourcen dieser Region und nicht andersherum. Durch Produkt-, Prozess-, und Organisationsinnovation einer Wachstumsindustrie entstehen Wettbewerbsvorteile, wirtschaftliche Dynamik und die Anhäufung von Kapital. Diese führen in der Region zu einer Vielzahl und Vielfalt von Standortvorteilen und einer Diversifikation des Marktes. Pionierbetriebe und -sektoren generieren somit ihr eigenes Umfeld und gleichzeitig das ihrer Region mit. Demzufolge ist der zentrale Motor regionaler Entwicklung nicht die Ansiedlung bestimmter Wirtschaftsbereiche auf Grund bereits bestehender Ressourcenausstattung, sondern die geographische Industrialisierung durch den ressourcenschaffenden Wachstumsprozess der Betriebe eines Wirtschaftsbereiches (Storper/Walker 1989, S. 96).

Diese Betrachtung dynamischer Betriebe als Gestalter und Entwickler stellt einen wichtigen Ansatz für die Analyse der Struktur und der Wettbewerbsfähigkeit von Wirtschaftsräumen im Wandel dar, die auch auf ländlich geprägte Räume angewandt werden kann (Scott 1988; Storper/Walker 1989).

Storper und Walker gehen davon aus, dass die meisten dynamischen Industriezweige in der Anfangsphase ihrer Entwicklung keine fest vorgegebenen Anforderungen an die Produktions- und Standortstrukturen z.B. im Hinblick auf Qualifikationsmuster, Märkte und Ressourcen stellen[5]. Demnach gibt es a priori nur wenige Regionen, die für diese Unternehmen als potenzielle Standorte nicht in Frage kommen. Fehlende Materialressourcen und Arbeitskräfte werden in der Lokalisationsphase durch langfristige Lieferverträge bzw. die Rekrutierung qualifizierter Arbeitskräfte aus anderen Regionen ersetzt. Hieraus entstehende zusätzliche Kosten können durch überdurchschnittlich hohe Gewinne kompensiert werden. Zeitgleich werden eigene Verflechtungsnetzwerke innerhalb der Standortregion für Zulieferprodukte generiert. Die benötigten Zulieferprodukte sind in der Anfangsphase so neuartig, dass sie entweder unternehmensintern oder in engem Kontakt mit kundenorientierten Zulieferern aus der Region hergestellt werden. Dabei werden die Zulieferer durch diese komplementären immateriellen Ströme von Informationen und Wissen selbst innovativer und können wachsen (Appelbaum 2004, S. 5). Im Unterschied zu einer kostenminimalen Standortwahl bei vollständigem Wettbewerb kann eine neue Industriebranche auf Grund temporärer Monopolmacht ihren Standort relativ frei wählen (Bathelt/Glückler 2002, S. 208). Dies erklärt, dass sich Industrien, wie die Halbleiterindustrie im Silicon Valley, im Wider-

---

[5] Ausnahmen bilden allerdings Wirtschaftsbereiche die wie z.B. der Bergbau an natürliche Ressourcen gebunden sind.

spruch zur traditionellen Standortlehre, in Regionen mit anfangs scheinbar ungünstigen Produktionsbedingungen ansiedelten.

Storper und Walker beschreiben insgesamt vier aufeinander folgende raumwirksame Effekte industrieller Entwicklungspfade (Storper/Walker 1989, S. 70ff).

So entstehen in der beschriebenen Lokalisationsphase (I.; vgl. Abb. 4) Standorte eines neuen Sektors in verschiedenen Regionen außerhalb älterer Industrieregionen. Auf Grund unterschiedlicher regionaler Entwicklungsverläufe entwickeln sich einige Standorte schnell, während andere nur langsam wachsen oder scheitern. Es folgen selektive Clusterungsprozesse (II.), bei denen die Unternehmen und mit ihnen die Cluster-Regionen die schnell wachsen, dauerhafte Wettbewerbsvorteile erlangen. Mit zunehmender Ballung in den Cluster-Regionen entstehen Lokalisationsvorteile und komplexe Verflechtungsbeziehungen. In einer späteren Phase können jedoch Lokalisationsnachteile, Stagnations- und Schrumpfungsprozesse auftreten. Unternehmen versuchen durch Dispersion (III.) neue Wachstumsperipherien zu erschließen, das heißt z.B. durch Vordringen in neue Regionen, neue Märkte zu erreichen. Radikale Neuorientierungen können zu einer vollständigen Verlagerung der Wachstumskerne (IV.) führen. So kann z.B. ein neues Zentrum im Wettbewerb zu dem bereits existenten Zentrum entstehen.

Abb. 4: Raumwirksame Effekte industrieller Entwicklungspfade

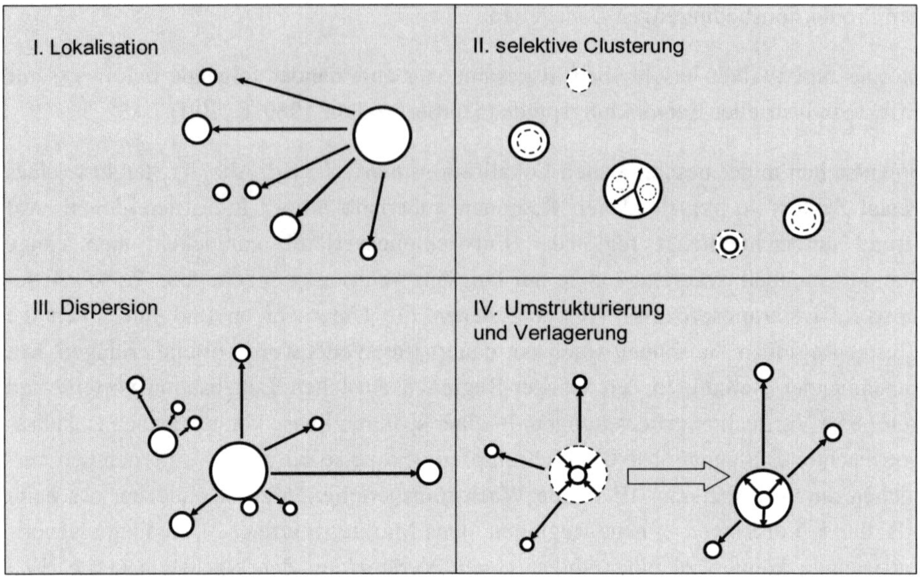

Quelle: e.D.; Storper/Walker 1989, S. 71

Periphere Regionen müssen demnach trotz schwacher Ressourcenausstattung nicht auf Dauer strukturschwach sein, genauso wie Wachstumsregionen nicht langfristig vor Schrumpfung resistent sind. Nicht alle Peripherien besitzen das Potenzial zu einer zukünftigen Wachstumsperipherie. Gewisse Standortvorbedingungen, wie z.B. die Verfügbarkeit flexibler Zulieferer oder das Vorhandensein weicher Standortfaktoren, müssen auch in den Peripherien vorhanden sein (Bathelt 2002, S. 208; Gerling/Schmidt 2000, S. 15f).

Mit der Analyse der Entwicklung und Schaffung von Netzwerkstrukturen gerade auch in peripheren Regionen stellt das Konzept der Branchen-Cluster eine wichtige Ergänzung zum Analyserahmen der Arbeit besonders im Hinblick auf die Untersuchung der Vernetzungen im Strukturwandel dar. Denkbar sind demnach auch in ländlichen Räumen dynamische Akteure die ihr wirtschaftliches Umfeld und seine Strukturen mitgestalten und folglich positiven Einfluss auf den gesamten Wirtschaftsraum nehmen (vgl. K. 4.5.4).

2.1.4 Konzept der geographischen Konzentration in Branchen-Clustern nach Porter

Einen weiteren nutzbaren Ansatz für die Clusterstrukturen in landwirtschaftlichen Warenketten stellt das Konzept der geographischen Konzentration in Branchen-Clustern dar. Porter (z.B. 1991; 1998) geht davon aus, dass die wettbewerbsfähigen Branchen eines Landes nicht gleichmäßig auf die Wirtschaft dieses Landes verteilt sind. Vielmehr sind sie in Gruppen aus Branchen verbunden, die durch verschiedenartige „Bande" in Beziehung zueinander stehen (Porter 1991, S. 155). Bei diesen Branchen-Clustern kommt es zu einer räumlichen Konzentration der Unternehmen, mit spezialisierten Zulieferern, Abnehmern, Dienstleistern und einflussreichen Institutionen. Die räumliche Konzentration erfolgte in Porters Konzept ursprünglich auf nationaler Ebene. Die Territorien einer räumlichen Konzentration können aber auch Metropolen oder Regionen sein. Die Märkte der Betriebe innerhalb dieser Konzentration erstrecken sich jedoch in jedem Fall weit über das jeweilige Territorium hinaus (Bathelt/Glückler 2002, S. 149).

Bestimmungsfaktoren der Wettbewerbsfähigkeit

Porter (1991) benennt insgesamt vier Bestimmungsfaktoren, bzw. -faktorenbündel, welche die Umgebung prägen, in denen Firmen konkurrieren, und die die Wettbewerbsfähigkeit dieser Firmen beeinflussen:

1. Faktorbedingungen: Zu ihnen gehört die Verfügbarkeit der richtigen Produktionsfaktoren in ausreichender Qualität und Quantität. Porter unterscheidet dabei 1. Basic Factors (natürliche Ressourcen, unqualifizierte und halbqualifizierte Arbeitskräfte), 2. Advanced Factors (materielle und immaterielle Infrastruktur) und 3. Specialized Factors wie z.B. ein branchenspezifisches Kreditwesen oder ein spezialisiertes Forschungsinstitut. In Abhängigkeit vom Entwicklungsstand des jeweiligen Wirtschaftsbereichs sind dabei zunächst die Basic, später die Advanced und schließlich die Specialized Factors von besonderer Bedeutung. Für landwirtschaftliche Betriebe im Strukturwandel könnte dies bedeuten, dass sich ihre Ansprüche und damit auch ihre Vernetzungen und deren Bedeutung im Laufe der Entwicklung ändern. Dabei reicht das bloße Vorhandensein von Faktoren nicht aus, um einen Wettbewerbsvorteil zu erzielen, sondern es kommt auch auf den produktiven Einsatz der Faktoren und die Schaffung faktorbildender Prozesse an. Schließlich können sogar selektive Faktornachteile eine positive Wirkung haben, wenn sie Investitions- und Modernisierungsprozesse in Gang setzen.

2. Nachfragebedingungen: Die Analyse der Inlandsnachfrage nach Produkten oder Dienstleistungen der Branche und der dabei erzeugte Qualitätsdruck stellen eine wesentliche Erweiterung der Betrachtung gegenüber den vorangestellten Konzepten dar. So führt der Qualitätsdruck der Nachfrageseite dazu, dass die Produzenten zu Innovationen und deren Umsetzung gedrängt werden. Cluster entstehen, weil sie die Produktivität der Unternehmen erhöhen, mit der sich diese im Wettbewerb behaupten. Dies liegt zum einen an den Faktorkonditionen. Es entstehen etwa durch die Kumulation von Unternehmen eines gleichen Wirtschaftssegments oder einer Branche auch ein spezialisierter Arbeitskräftepool und eine entsprechende Binnennachfrage. Zudem ist es einfacher und wirtschaftlicher, in einer räumlichen Konzentration die notwendige spezialisierte Infrastruktur aufzubauen. Günstigstenfalls kommt es zu einem sich selbst verstärkenden Prozess, bei dem sich immer mehr dem Cluster wirtschaftlich nahe stehende Unternehmen ansiedeln und spin-offs (Ausgründungen) entstehen. Für landwirtschaftliche Betriebe ist jedoch fragwürdig, ob der beschriebene Qualitätsdruck tatsächlich positiv zu bewerten ist oder dieser externe Druck in Abhängigkeiten gegenüber den Abnehmern führt (vgl. K. 2.2.3)

3. Verwandte und unterstützende Branchen: Zulieferbranchen und verwandte Branchen, die international wettbewerbsfähig sind, verschaffen Kosten-, Koordinations- und Verflechtungsvorteile und können dadurch zu Wettbewerbsvorteilen eines Wirtschaftsbereichs führen. Dabei können enge Beziehungen zwischen Produzenten und Zulieferern Innovationsprozesse unterstützen (Bathelt/Glückler 2002, S. 149).

4. Unternehmensstrategie und Konkurrenz innerhalb des Wirtschaftsraums: Ein gemeinsames Charakteristikum territorial begrenzter wettbewerbsfähiger Volkswirtschaften ist, dass auf Grund gegenseitiger Konkurrenz zwischen den Unternehmen dieser Volkswirtschaft ein starker Wettbewerb herrscht. Porter sieht diesen Wettbewerb wegen seiner regionalen Natur als motivierender an als den Konkurrenzkampf mit „fremden“ ausländischen Unternehmen. Dieser Wettbewerb treibt die Unternehmen zu ständiger Innovation an, führt somit die Unternehmen des Territoriums (das heißt des Clusters oder des Staates) zu höherer Qualität und macht sie insgesamt wettbewerbsfähiger. Statische Standortvorteile werden also aufgehoben und die Unternehmen zur Entwicklung dynamischer Vorteile gezwungen. Im Idealfall kann diese Entwicklung auf den ganzen Cluster übergreifen (Porter 1991, S. 95f; Munnich 2002, S. 6f).

In Porters Konzept stehen die vier Faktorbündel nicht nebeneinander, sondern verstärken sich in einem wechselseitigen System (vgl. Abb. 5):

„Die Wirkung des Bestimmungsfaktors hängt vom Zustand der anderen ab. Günstige Nachfragebedingungen ergeben z.B. keinen Wettbewerbsvorteil, wenn der Konkurrenzzustand nicht ausreicht, die Unternehmen zu einer Reaktion zu veranlassen" (Porter 1991, S. 96).

Im Konzept der Branchen-Cluster führt der Austausch von Wissen zu gemeinsamen Lernprozessen. Durch daraus resultierende verbesserte Lösungen und Innovationen der Produkte und Prozesse kann die Wettbewerbsfähigkeit der in den Cluster eingebundenen Einheiten gesteigert werden. Nach Porter tragen Cluster so entscheidend dazu bei, durch erhöhte Produktivität, die Wettbewerbschancen der teilhabenden Firmen und der gesamten regionalen Wirtschaft zu verbessern.

Abb. 5: Bestimmungsfaktoren des nationalen Vorteils (Diamant nach Porter)

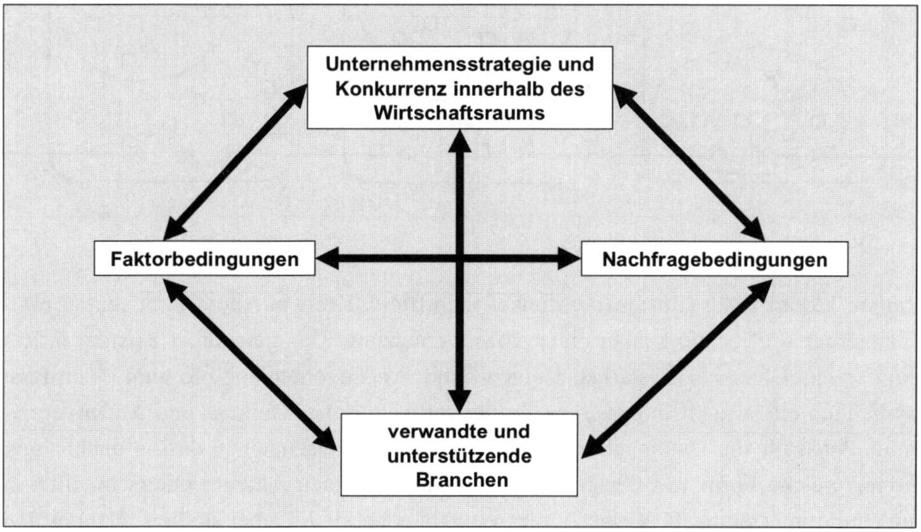

Quelle: e.D.; Porter 1991, S. 95

Die Bestimmungsfaktoren, stellen für Porter die entscheidende politische Eingriffsmöglichkeit dar. Politik kann und soll zu einem besseren Bestand dieser Faktoren beitragen und dadurch die Unternehmen fördern und ermutigen, ihre Wettbewerbsvorteile auszubauen. Eine solche staatliche Förderung geschieht nicht über einzelne Branchen, sondern im Rahmen einer gesamtheitlichen Förderung des Systems. Auch die vorliegende Arbeit orientiert sich in ihren politischen Handlungsempfehlungen an Porters Ansatz, dessen Empfehlungen in Kapitel 5 detaillierter aufgegriffen werden.

Integration der Akteure in Produktionscluster

Eine Ergänzung zu Porters Konzept stellen jüngere Untersuchungen zu verschiedenen Formen von Clustern dar. Krätke und Scheuplein (2001) unterscheiden drei Formen von Produktionsclustern, die sich durch unterschiedliche Integration der Akteure in intraregionale und interregionale Vernetzungen auszeichnen (vgl. Abb. 6).

Abb. 6: Formen von Produktionsclustern nach Krätke/Scheuplein

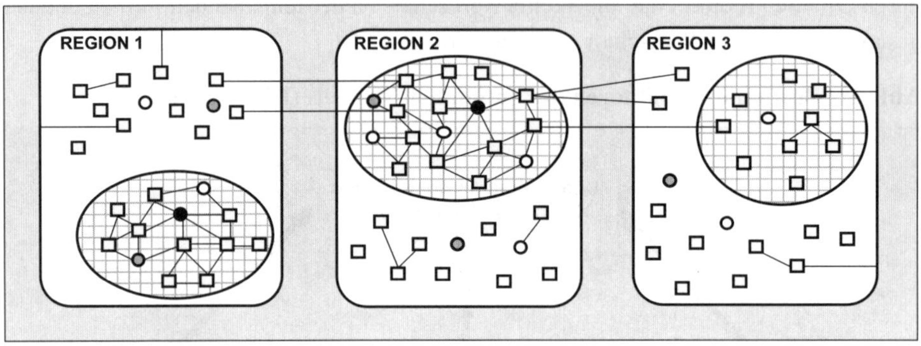

Quelle: Krätke/Scheuplein 2001, S. 59

Region 1 zeigt einen Cluster (der dunkel schraffierte Kreis in Abb. 6) mit starker regionsinterner Verflechtung, aber ohne Außenvernetzung. Demgegenüber existiert in Region 2 ein Cluster mit starker Binnen- und Außenvernetzung. Region 3 umfasst schließlich einen nicht integrierten Cluster mit schwacher Binnen- und Außenvernetzung. Auch für die Untersuchungsregionen ist davon auszugehen, dass – unabhängig davon, welche Form von Cluster vorliegt – die einzelnen Akteure unterschiedlich in intra- und interregionale Vernetzungen eingebunden sind. Dabei stellten Giuliani und Bell (2005) am Beispiel eines Weinclusters im chilenischen Colchagua Valley fest, dass insbesondere Firmen mit hohen Absorbierungskapazitäten (z.B. aufgrund von Bildung, Erfahrung der Beschäftigten; vgl. Giuliani/Bell 2005, S. 53) öfter Außenvernetzungen besitzen.

Ausgehend von den Erkenntnissen aus Kapitel 2.1.2 ist zu erwarten, dass Wissenstransfer und Lernprozesse (die die Wettbewerbsfähigkeit fördern; vgl. Abb. 2) dort intensiver und vielfältiger verlaufen, wo Betriebe intensiv in der Region und nach außen vernetzt sind. Die Untersuchung der Gründe, für die Integration der Unternehmen in Vernetzungen kann folglich einen Beitrag zur Erklärung ihrer Wettbewerbsfähigkeit leisten.

Übertragbarkeit

Obwohl Porters Clusterkonzept heute i.d.R. für hochtechnologische Industrien und Wachstumsbranchen angewandt wird, ist diese Einschränkung von Porter nicht vorgesehen. Generell hält Porter die übliche Kategorisierung von Branchen – etwa in High- oder Low-Tech, wachsend oder gesättigt – für nicht zielführend. Sie kann durch die Fixierung auf spezielle Branchen sogar den Blick auf potenziell stärkere Branchen verbauen. Auch „reife, traditionelle" Branchen können durch die Einführung moderner Verfahrenstechnologien, die Steigerung des Wissensgehalts sowie Innovationen, die Produktivität steigern und internationale Wettbewerbsfähigkeit zurückerlangen (Porter 1991, S. 642). Das Konzept der Branchen-Cluster lässt sich folglich auch auf landwirtschaftlich geprägte Cluster übertragen werden, wie insbesondere Porters eigene Analysen des kalifornischen Wein-Clusters (Porter 1998, S. 78ff; Abb. 7), und die Untersuchungen von Giuliani und anderen (Giuliani/Bell 2005; Giuliani/Pietrobelli/Rabelotti 2005; Giuliani 2004) zum chilenischen Wein-Cluster zeigen.

Abb. 7: Der kalifornische Wein-Cluster

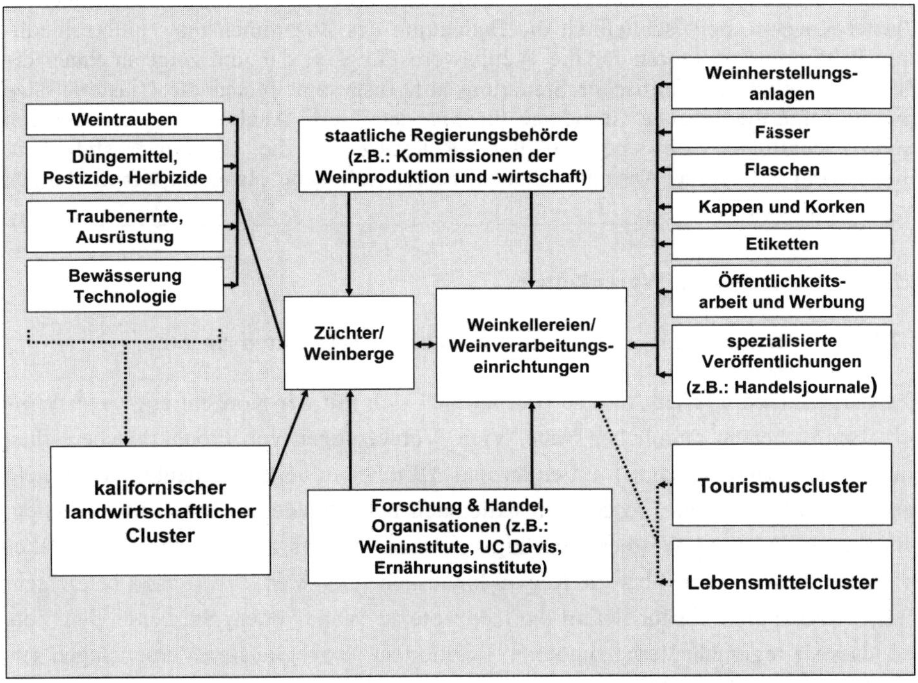

Quelle: e.D.; Porter 1998, S. 79

Insgesamt weisen Kritiker daraufhin, dass in Porters Clusteransatz die für Lernprozesse wichtigen und in der Landwirtschaft besonders ausgeprägten sozialen und kulturellen Prozesse unterbewertet werden (Bathelt/Glückler 2002, S. 151; Arnold 1997, S.

70). Durch die Verknüpfung des Branchen-Clusteransatzes mit Ansätzen, die diese Prozesse berücksichtigen[6] wird dieser Kritik für die vorliegende Analyse Rechnung getragen.

Kasten 2: Zwischenfazit zu den Clusteransätzen

Die Clusteransätze differenzieren die Vernetzungen in materielle und immaterielle sowie intra- und interregionale Akteure. Dabei liefern die Clusteransätze wichtige Ansatzpunkte zur Analyse der Wettbewerbsfähigkeit von Betrieben in räumlicher Nähe. Neben der Betrachtung von Lokalisationsvorteilen immaterielle Vernetzungen, in denen Wissen ausgetauscht wird und Lernprozesse entstehen, als Erklärung für die Wettbewerbsfähigkeit im Vordergrund. Diese Vernetzungen werden durch ein bestimmtes Umfeld in räumlicher Nähe begünstigt. Neben Vernetzungen im Nahbereich sind aber auch weiter reichende Vernetzungen wichtig, um eine langfristige Wettbewerbsfähigkeit zu gewährleisten.

Das Konzept der geographischen Industrialisierung macht deutlich, dass einzelne dynamische Betriebe sich ihr Umfeld auch selber schaffen können und sich so wettbewerbsrelevante Wirtschaftsstrukturen entwickeln können. Die Rolle einzelner Akteure konnte dargestellt und struktureller Wandel berücksichtigt werden. Das Branchen-Cluster-Konzept stellt schließlich die Bedeutung des Zusammenspiels unterschiedlicher Bestimmungsfaktoren für die Wettbewerbsfähigkeit dar und zeigt an ihnen die Eingriffsmöglichkeit politischer Steuerung auf. Insgesamt bieten die Clusteransätze eine wichtige theoretische Grundlage für eine detaillierte Analyse der Vernetzungen landwirtschaftlicher Betriebe und ihrer Relevanz für die Wettbewerbsfähigkeit. Gleichzeitig zeigen sie Ansatzmöglichkeiten für politische Handlungsempfehlungen (vgl. Kapitel 5) auf.

2.2 Ansätze zu Warenketten

2.2.1 Grundüberlegungen und Auswahl der relevanten Ansätze

Die dargestellten Cluster-Ansätze beschäftigen sich mit der Konzentration von Wirtschaftsbereichen in räumlicher Nähe. Viele Vernetzungen von Produktionsbereichen (auch in der Landwirtschaft) mit ergänzenden Einheiten verlaufen heute jedoch nicht nur in räumlicher Nähe, sondern in nationalen und globalen Wertschöpfungsketten. Um die Qualität und Wettbewerbsfähigkeit eines Clusters zu bewerten, ist es daher erforderlich, auch seine über die Region hinausgehenden Vernetzungen zu betrachten. Einen Ansatzpunkt hierfür liefern die Konzepte zu Warenketten. Sie bieten den Vorteil, dass sie regionale Vernetzungen in Relation zu überregionalen Vernetzungen setzen. So können die qualitativen und quantitativen Bedeutungen der Vernetzungen im Vergleich gemessen werden (Dies erfolgt für die Vernetzungen der Landwirtschaftsbetriebe in den Untersuchungsregionen in Kapitel 4).

---

[6] Dies sind insbesondere die Ansätze zu innovativen Milieus und zur Agrarproduktion.

Ausgangspunkt zu den Ansätzen von Warenketten ist die Erkenntnis, dass von der Herstellung bis zum Kauf eines Produktes heutzutage verschiedene Wertschöpfungsaktivitäten stattfinden, die zu einem großen Teil außerhalb des Kernbereichs der Produktion liegen (z.B. Handel, Buchführung). Aus diesem Grund ist die Beschränkung einer Analyse auf traditionelle Sektoren wie Landwirtschaft, Industrie und Handel wenig hilfreich. Es wurden daher Untersuchungsverfahren entwickelt, um einfache Produktionsketten oder ihre Kernbereiche einschließlich der angelagerten Dienstleistungen, d. h. des gesamten Produktionssystems (bzw. der Warenkette oder der Filière) angemessen zu erfassen. Zu ihnen zählen die Ansätze zu Warenketten wie z.B. die Ansätze der Global Production Networks, der Global Commodity Chains, der Value-Chains oder der Filières (Leslie/Reimer 1999, S. 402f; Henderson et al. 2001). Für diese Arbeit lassen sich auf Grund der Reichweite ihres Bezugsgegenstandes und ihrer Definition die Ansätze der Filières und der Global Commodity Chains besonders gut nutzen (Nuhn 1993a, S. 137ff; Raikes/Jensen/Ponte 2000, S. 1f).

2.2.2 Konzept der Filières

In den 1970-80er Jahren entwickelten frankophone Forscher das Konzept der Filières, um komplexe Verflechtungen von Akteuren eines Produktionsprozesses (insbesondere in landwirtschaftlich geprägten Entwicklungsländer) zu erfassen (Hugon 1988; Raikes/Jensen/Ponte 2000, S. 13). Untersuchungsgegenstand des Filières-Konzepts sind die Produktion und Distribution der Produkte unter Betonung der vertikalen Anordnung[7]. Ziel ist es, die Organisation und räumliche Gliederung von (landwirtschaftlicher) Produktion über die Gesamtheit der eingebundenen Betriebe hinweg zu erklären (Schamp 2000, S. 29f). Besondere Beachtung erfuhr das Konzept dadurch, dass es Warenketten in Segmente untergliedert, welche jeweils einen geschlossenen Produktionsabschnitt darstellen, an dessen Eingang und Ausgang Marktbeziehungen bestehen. Die Akteure dieser Marktbeziehungen stehen dabei in unterschiedlichen Machtverhältnissen zueinander und können dadurch Einfluss auf den jeweils schwächeren Marktpartner ausüben (Hugon 1988; Hassan/Simoni 2001).

Im Zentrum der Betrachtung der Filières stehen Verflechtungen zwischen der Transformation von Material, der Zwischenlagerung und dem Transport bis zum Verkauf. Ausgangspunkt der Analyse kann dabei sowohl das Endprodukt als letztes Glied, als auch der Rohstoff als erstes Glied der Kette sein. Im Konzept der Filières werden die Verflechtungen nicht wie bei einfachen Warenkettenansätzen nur in einer Richtung (z.B. vom Landwirt zum Konsumenten) untersucht. Vielmehr werden auch nicht verti-

[7] d.h. von der Rohstoffgewinnung bis hin zum Endmarkt

kal verlaufende Beziehungen etwa zu horizontal angelagerten Diensten (z.B. Reparaturdienste und Versicherungen) in die Betrachtung eingeschlossen. Dies macht das Beispiel der Backwarenerzeugung deutlich (Neiberger 1998, S. 38; Schamp 2000, S. 30f):

Abb. 8: Unterschiedliche Betrachtungsebenen: einfache Kette und Warenkette mit horizontalen Beziehungen nach dem Filière-Konzept am Beispiel der Backwarenerzeugung

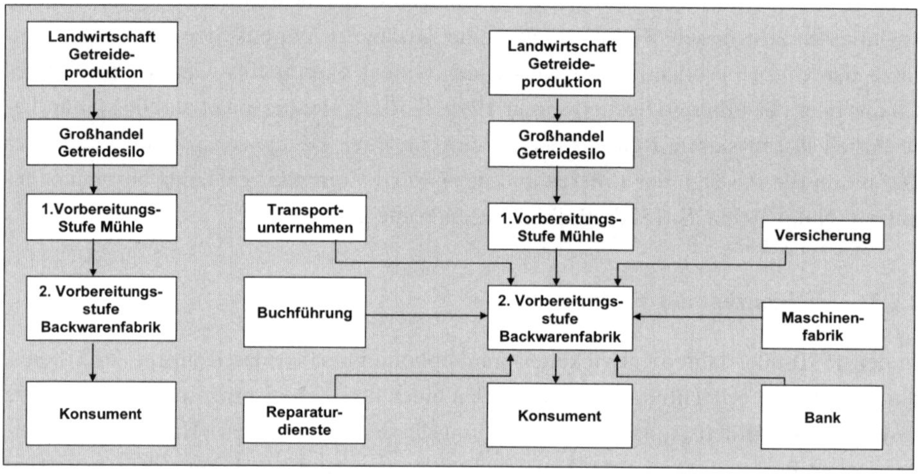

Quelle: e.D.; Neiberger 1998, S. 38

Es wird also nicht ein einzelner Wirtschaftssektor, sondern die gesamte wirtschaftliche Aktivität, die sich auf die Produktion eines Produkts bezieht, betrachtet. Dies geschieht unabhängig davon, ob es sich um eine Produktions- oder eine Dienstleistungsaktivität (Lenz 2005, S. 18ff; Nuhn 1993a, S. 137) handelt.

Das Filière-Konzept unterteilt die Schritte der Warenkette in *Segmente* (vgl. Abb. 9). Dabei lassen sich potenzielle und tatsächliche Segmente unterscheiden. Als potenzielle Segmente gelten nach Lenz (2005, S. 19) die funktionalen Abschnitte einer Kette. Ein solches Segment ist abgeschlossen, wenn an seinem Ende ein Produkt vorliegt, für das prinzipiell ein Zwischen- oder Endmarkt existiert. Das Produkt muss jedoch nicht unbedingt auf den Markt gebracht werden, sondern kann z.B. innerhalb eines Unternehmens weiterverarbeitet werden. Tatsächliche Segmente sind hingegen selbstständige Betriebe oder Unternehmen, die ein oder mehrere potenzielle Segmente beinhalten können und als Akteure auf Märkten auftreten.

Abb. 9: Modell des Filière

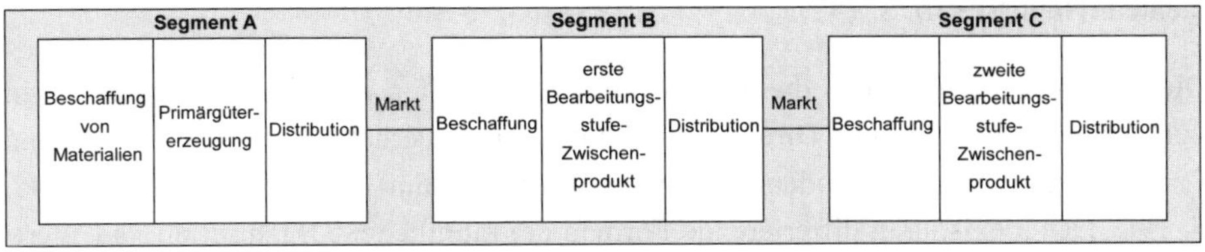

Quelle: e.D.; Kulke 2004, S. 63; nach Lenz 1997

Zwischen den Akteuren der Marktbeziehungen bestehen unterschiedliche *Machtverhältnisse*. Stärkere Marktpartner können dadurch Einfluss auf das Segment des schwächeren Marktpartners nehmen (z.B. auf Preise, Produkte und Produktionsmethoden; vgl. Kulke 2004, S. 63). Zudem können starke Markpartner den Grad der materiellen (z.B. durch Finanzkapital) und immateriellen (z.B. durch Informationen) Integration einzelner Segmente und Marktpartner in die Warenkette kontrollieren und koordinieren (Raikes/Jensen/Ponte 2000, S. 18; Vorley 2001, S. 3).

Während in den ursprünglichen Betrachtungen der Filières die nahtlose Verbindung zwischen den Segmenten durch Transport- und Logistik-Aktivitäten gegeben ist, ergänzt z.B. Lenz (2005, S. 20) den Ansatz durch eine *räumliche Gliederung,* nach der sich Reichweiten und Raumbezüge innerhalb der Warenketten unterscheiden lassen.

Im Bereich der landwirtschaftlichen Warenketten im Strukturwandel lassen sich in Europa und den USA sowohl Veränderungen der Machtverhältnisse als auch Veränderungen in der Raumstruktur feststellen (Vorley 2001, S. 3; Bojar 2005, S. 49). So beschreibt Nuhn (1993b, S. 146ff) die Auslagerung von Bearbeitungsschritten (z.B. auf Grund neuer Verfahren der Verarbeitung) aus landwirtschaftlichen Betrieben in die Industrie am Beispiel der Milchwirtschaft. Diese führte zu Veränderungen sowohl in den landwirtschaftlichen Betrieben als auch in den Industriebetrieben. Im Bereich der verarbeitenden Industrie kam es zu einer Konzentration der Verarbeitung auf wenige große Betriebe an wenigen Standorten, die eine Realisierung von „economies of scale" ermöglichen (Kulke 2004, S. 63; Nuhn 1993b, S. 147). Durch das dadurch wachsende Ungleichgewicht von wenigen großen Verarbeitern wie z.B. Nestlé und Unilever auf der einen Seite (Nachfrageoligopol; vgl. Baßeler/Heinrich/Koch 1995, S. 193f) entwickelt sich für die vielen kleinen landwirtschaftlichen Betriebe auf der anderen Seite ein zunehmender Verlust an Selbstbestimmung[8]. Dies ist insbesondere dann der Fall, wenn Absatzalternativen (z.B. Direktvermarktung) oder andere Einkommensalternativen (z.B. Fremdenverkehr) fehlen (Kulke 2004, S. 63). Zugleich bewirkt die Konzentration auch eine Schwächung der Wirtschaftsstruktur ländlicher Räume, da sie bisher

---

[8] z.B. im Bereich von Qualität und Menge der erzeugten Produkte

einem Großteil der immer weniger werdenden Verarbeitungsbetriebe als Standort dienten (Nuhn 1993b, S. 143).

Die Filières-Ansätze geben die Möglichkeit, Warenketten nach Organisationsformen (z.B. lange Lieferkette oder Direktvermarktung), Machtverhältnissen, Reichweiten und Raumbezügen zu unterscheiden und zu analysieren (Nuhn 1993a, S. 139; Lenz 2005, S. 19f). Dabei existieren differierende Formen der räumlichen Organisation von Wertschöpfungsketten bezogen auf:

- die Distanzen,
- die Zahl der wertschöpfenden Schritte,
- die Zahl und das Gewicht der eingebundenen Akteure,
- sowie die Funktion von Intermediären (z.B. Logistik-Dienstleister).

So zeigt das Filières-Modell von Hugon (vgl. Abb. 10), wie sich mit Reichweiten und Raumbezügen auch die Organisationsformen und Regulationskräfte unterscheiden. Hugon betont ebenso wie Nuhn (1993a, S. 139), dass auch der *Staat* Einfluss auf die Warenkette nehmen und diese sogar (wie in Abb. 10 auf der nationalen Ebene dargestellt) dominieren kann. Insgesamt bleibt zu berücksichtigen, dass die Art der Vernetzungen und die Wettbewerbsfähigkeit eines Betriebs auch von der Art der Warenkette abhängen, in die er eingebunden ist.

Abb. 10: Grundtypen von "filières agro-alimentaires" nach Hugon (1988)

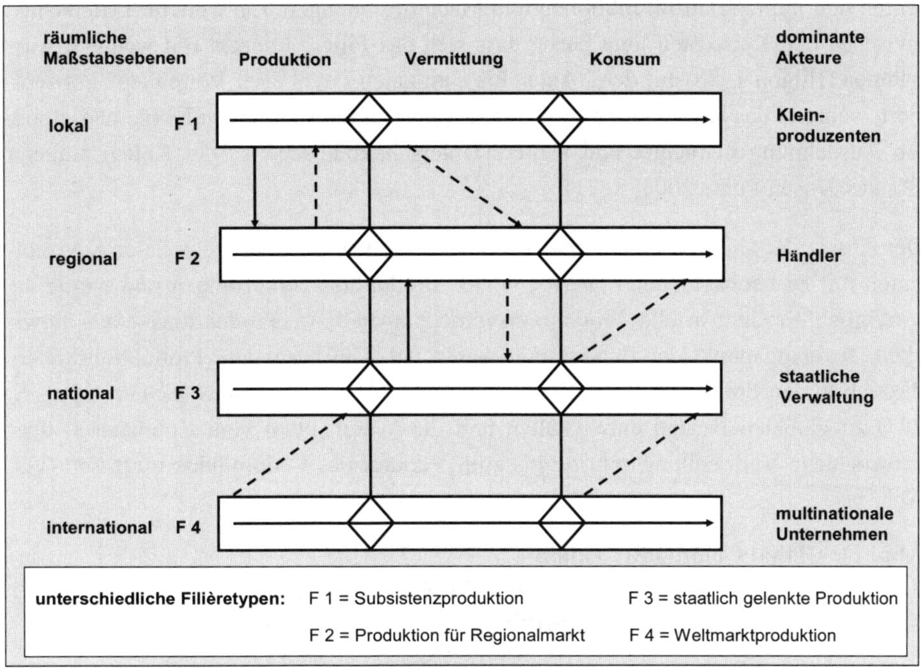

Quelle: e.D.; Hugon 1988, S. 673; vgl. auch Nuhn 1993a, S. 140

Für die Untersuchung in Polen und Ostdeutschland stellt die Analyse der Warenketten und ihrer Segmente im Strukturwandel und der sich damit ändernden Macht- und Raumstrukturen innerhalb der Kette einen wichtigen Bestandteil dar. Dabei ist zu prüfen, welche Macht- und Raumstrukturen bei den Vernetzungen der landwirtschaftlichen Betriebe im Strukturwandel vorherrschen und wie sie Einfluss auf Betriebe nehmen.

2.2.3 Konzept der Global Commodity Chains nach Gereffi

Insgesamt sind die Betrachtungen von Kontrolle und Koordination innerhalb einer Warenkette im Konzept der Filières eher technischer Natur und beziehen sich vor allem auf die Abläufe von materiellen Flüssen. Anders bzw. stärker als in den Filières-Arbeiten werden im Konzept der Global Commodity Chains (GCC) *immaterielle Verflechtungen* wie Informationsflüsse einbezogen und die *Machtbeziehungen* detailliert erklärt. Zudem beinhaltet das Konzept der GCC Überlegungen zu räumlichen Clustern.

Dabei beschäftigt sich das Konzept der GCC genauer mit der Rolle von Schlüsselakteuren und ihren Kontrollfunktionen und Machtbeziehungen. Ein weiterer Unterschied zwischen den Konzepten liegt darin, dass sich das Filièreskonzept mit wenigen Ausnahmen (Hugon 1988) auf den lokalen bis nationalen Level einer Warenkette konzentriert, während das Konzept der GCC Warenketten in ihrer gesamten Länge und globalen Ausdehnung betrachtet und weitere Unterscheidungsebenen der Ketten aufzeigt (Raikes/Jensen/Ponte 2000, S. 21).

Der Ansatz der GCC (Gereffi 1994; 1996) verknüpft Aspekte der regionalen Konzentration mit zu beobachtenden überregionalen Produktionsvernetzungen und wurde ursprünglich für industrielle Produktionsvernetzungen bzw. Produktionsketten entwickelt. Ausgangspunkt der Betrachtung waren dabei insbesondere Produktionsketten, die sich in den Prozessen der Globalisierung und des Postfordismus (Schätzl 2001, S. 207) zu globalen Netzen entwickelten und die Warenketten vom Rohmaterial über verschiedene Verarbeitungsschritte bis zum Verkauf des Endprodukts umfassen (vgl. Abb. 11).

Abb. 11: Global Commodity Chain

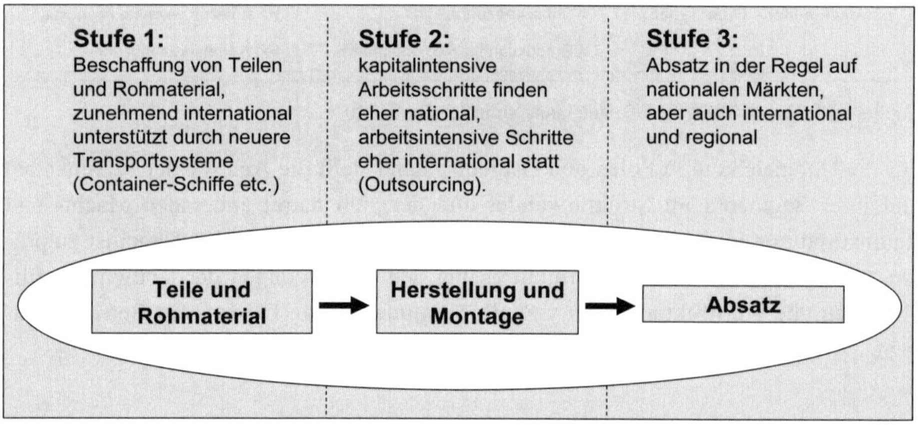

Quelle: e.D.; Rodrigue/Comtois/Slack 2005

Der GCC-Ansatz fand seit den 1990er-Jahren erhebliche Beachtung und wurde anhand verschiedener Fallbeispiele untersucht (z.B. Hughes 2001; Henderson et al. 2001; Gereffi 1994; 1996; Raikes/Jensen/Ponte 2000). Zu ihnen zählen neben verschiedenen Industrie-Warenketten auch Agrar-Warenketten, wie etwa bei Obst und Gemüse. Konstitutive Elemente der Kette sind materielle Input-Outputbeziehungen, die aus einer Folge wertschöpfender Schritte bestehen (vgl. Abb. 11). Neben diesen materiellen Input-Output-Beziehungen kommt es auch zu Informationsflüssen und Machtbeziehungen sowie räumlichen Konzentrationen (territoriality). Global Commodity Chains werden daher als koordinierte, international verteilte Aktivitäten angesehen, an deren Ende fertige Güter stehen (Gereffi 1994, S. 95f).

Die unterschiedlichen Flüsse von und die unterschiedlichen Zugänge zu Informationen prägen dabei auch die ungleichen Machtverhältnisse (z.B. unterschiedliche Verhandlungspositionen oder unterschiedlicher Zugang zu Informationen) innerhalb der Ketten (Schamp 2000, S. 78f). Das GCC-Konzept beschäftigt sich vorrangig mit Produktions- und Handelsnetzwerken, die durch mächtige Akteure gesteuert werden. Der Handel wird dabei als ein integriertes System betrachtet, in das der Einfluss verschiedener Institutionen eingeht und das durch Schlüsselakteure geregelt wird. Innerhalb dieses Systems kommt es auf Grund unterschiedlicher Machtverhältnisse zu Abhängigkeiten, asymmetrischem Informationsaustausch, eingeschränkten Wettbewerbsverhältnissen, aber auch zu gegenseitigen Lerneffekten. Dabei besitzen räumliche Cluster mit starken Vernetzungen zu außerhalb der engeren Warenkette stehenden Akteuren (z.B. zu Dienstleistern, Institutionen, Bildungseinrichtungen) Wettbewerbs- und Machtvorteile innerhalb der Warenkette.

Bei den Betrachtungsebenen der GCCs unterscheidet Gereffi (1994, S. 96f) 1. die Input-Output-Struktur, 2. den territorialen Umfang, 3. die Governance-Struktur (Steuerungsstruktur) aber in späteren Werken (Gereffi 1999, S. 37ff) auch 4. den institutionellen Rahmen (d. h. das regionale, nationale und internationale politische Umfeld in den verschiedenen Phasen der Warenkette). Input-Outputstruktur und räumliche Ausprägung der GCCs wurden hauptsächlich genutzt, um ihren Aufbau zu beschreiben.

Der Governance-Struktur galt bisher die größte Aufmerksamkeit, da man durch sie das Auftreten von Eintrittsbarrieren und die Koordination der Verkettungen darstellen kann. Im Zentrum der Betrachtung der Governance-Struktur stehen die vertraglichen Bindungen zwischen formal unabhängigen Firmen und dabei insbesondere Bindungen, die über ein gewöhnliches Maß hinaus zu einem Abhängigkeitsverhältnis führen. Diese können sich in einer direkten Einflussnahme in Produktionsabläufe und Standortentscheidungen z.B. durch die Abnehmer (=Kunden) ausdrücken. Solche Einflussnahmen können zum einen zwischen Firmen und ihren eigenen Ausgründungen bestehen. Sie können aber auch durch ursprünglich über den freien Markt geführte Transaktionen zwischen bis dahin unabhängigen Unternehmen entstehen.

Die institutionelle Betrachtungsweise diente bisher zweierlei Aspekten. Der erste ist die Abgrenzung der Bedingungen unter denen es den einzelnen Handelnden möglich ist, untergeordnete Handelnde zu koordinieren und Kontrolle über den Markt und den Zugang zu technischen und marktrelevanten Informationen auszuüben. Zum zweiten diente die Analyse des institutionellen Rahmens dazu aufzuzeigen, inwieweit die untergeordnete Teilnahme kleinerer Unternehmen an einer GCC die Zutrittsmöglichkeiten zu Märkten verbessern kann. Dabei soll dargestellt werden, inwiefern es solchen Unternehmen möglich ist, durch „learning by doing“ und Informationsgewinn in der Hierarchie der Kette aufzusteigen. Die Partizipation an einer GCC kann demnach für untergeordnete Markteilnehmer notwendig, wenn auch nicht ausreichend sein, um sich zu verbessern (Gereffi 1996; Raikes/Jensen/Ponte 2000, S. 6f). Die Akzeptanz der durch die kontrollierenden Teilnehmer aufgestellten Regeln ist dem Konzept nach eine Voraussetzung für die Teilnahme an einer GCC und insbesondere für diejenigen, die sich Fortschritt und Aufstieg in der Kette versprechen. Ohne eine Akzeptanz der Mitgliedschaft in einer GCC und der damit verbundenen Disziplin können die Firmen nicht an den Lernprozessen durch die Vernetzungen mit den führenden Formen im Netz profitieren. Dies ist aber notwendig, um sich selbst innerhalb der GCC[9] zu verbessern. Während GCCs im Inneren genutzt werden können, um Social Capital aufzubauen und zu verwenden, können sie auch systematisch genutzt werden, um Mitglieder, die gewisse Konditionen nicht akzeptieren, auszuschließen oder anderen Marktteilnehmern den Eintritt zu verwehren. Da dies i.d.R. für die Betroffenen zumindest zu erhöhten Kosten führt, verdeutlicht es die Machtstellung und Disziplinierungsgewalt einer funktionierenden GCC. Für landwirtschaftliche Betriebe ist es somit entscheidend, in welcher Position und in welcher Art von Warenkette sie sich befinden.

Gereffi (2001b, S. 32) und Gibbon (2001, S. 2) unterscheiden in Abhängigkeit von der Governance-Struktur im wesentlichen zwei Arten von GCCs, die produzentengesteuerten und die käuferdominierten GCCs. In produzentengesteuerten GCCs (z.B. Automobil- oder Luftfahrtindustrie) bestehen hohe Eintrittsbarrieren in den Produktionsprozess. Dabei besitzen die Produzenten auf Grund moderner Technologie oder eines hohen Markenwertes gewissermaßen ein Monopol, in dem ein oder wenige Anbieter mit großer Marktmacht vielen Nachfragern mit geringem Einfluss gegenüber stehen.

Auf Grund des hohen Investmentrahmens sind große Produzenten daher die dominierenden Mitglieder dieser Ketten. Die produzentengesteuerten GCCs sind üblicherweise klar strukturiert. Insbesondere die wenig profitträchtigen, vorgelagerten Produktionsschritte werden meist durch Outsourcing an Zulieferer dirigiert (oft in Entwicklungsländer Lateinamerikas oder Süd-Ost-Asiens), die durch strenge Konditionen an die großen Unternehmen gebunden sind. Dabei stehen die Zulieferer im Wettbewerb, um die wenigen dominierenden Unternehmen zu beliefern. Die nachgelagerten Schritte werden ebenfalls durch Outsourcing vom Unternehmen getrennt oder den Händlern überlassen. Diese stehen ebenfalls in engem Wettbewerb untereinander und sind daher wie die Zulieferer auf die Gunst der großen Produzenten angewiesen (Raikes/Jensen/Ponte 2000, S. 6).

---

[9] z.B. durch neuere oder bessere Fähigkeiten oder Statuszuwachs

Bei den käuferdominierten GCCs (vgl. Abb. 12) stehen viele kleine Produzenten wenigen großen Abnehmern gegenüber und befinden sich dadurch in der schwächeren Position. Die beherrschende Rolle im Machtgefüge übernehmen hier Abnehmer wie große Handelsketten (z.B. Aldi) und internationale Konsumgüterkonzerne (z.B. die großen Kaffee-Marken), die Design und Marketing bestimmen. Für neue Abnehmer sind die Eintrittsbarrieren größer. So können die wenigen sich bereits im Markt befindlichen Abnehmer durch Dominanz eigene Produkt- und Preisvorstellungen durchsetzen und damit größere Gewinne erzielen. In diesen Ketten findet oft der gesamte Produktionsprozess in Entwicklungsländern auf niedrigem technischem Niveau und zu niedrigen Löhnen statt (Raikes/Jensen/Ponte 2000, S. 6).

Abb. 12: Käuferdominierte Commodity Chain

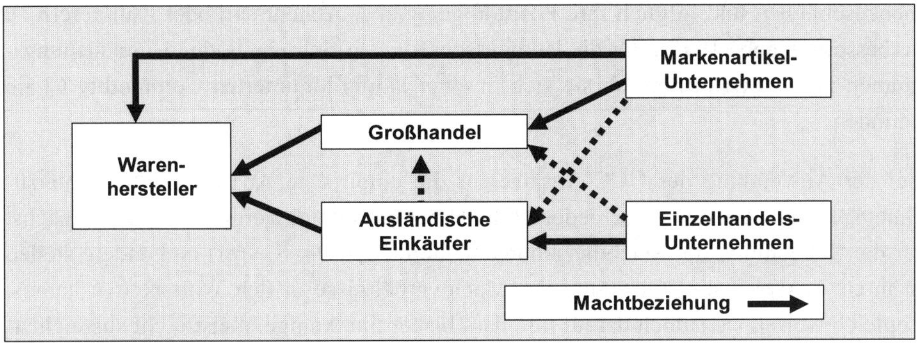

Quelle: e.D.; Gereffi 1994, S. 99

Typische käuferdominierte GCCs bestehen oft im Bereich Bekleidung, Spielzeug sowie fast allen Bereichen des Agrarsektors (Gereffi 1994, S. 99). Dies liegt daran, dass landwirtschaftliche Betriebe bis auf wenige Ausnahmen (z.B. berühmte Weine; Dannenberg/Kulke 2005, S. 4) überwiegend standardisierte Produkte herstellen, bei denen die eher wenigen Abnehmer (i.d.R. große Handelsketten und Verarbeitungsunternehmen) zwischen zahlreichen Anbietern auswählen können (Hasseler 2003, S. 515). So können diese Abnehmer die Landwirte oftmals dominieren und einen hohen Preis- und/oder Qualitätsdruck erzeugen. Kernaktivität und strategischer Punkt in der GCC, indem auch die höchsten Profite anfallen, sind in modernen landwirtschaftlichen Ketten nicht mehr die landwirtschaftliche Produktion, sondern nachgelagerte Bereiche wie Einzelhändler und Weiterverarbeiter[10]. Diese geben den landwirtschaftlichen Betrie-

[10] Da im Rahmen dieser Arbeit nur die direkten Abnehmerbeziehungen der landwirtschaftlichen Betriebe untersucht werden, lässt sich nicht eindeutig klären, in welchem Maße die Weiterverarbeiter selbst dominante Akteure sind und evtl. auch ihre nachgelagerten Handelsbetriebe dominieren. In diesem Fall würde eine produzentengesteuerte Warenkette vorliegen. In den Theorien wird jedoch eher davon ausgegangen, dass die Weiterverarbeiter ihrerseits durch Groß-, oder Einzelhändler dominiert werden. Dies entspricht einer käuferdominierten Warenkette. Für die landwirtschaftli-

ben klare Vorgaben, die diese zu erfüllen haben. Offensichtlich hat die externe Abhängigkeit der Landwirtschaft von ihren Abnehmern in den letzten Jahren auf Grund von Konzentrationstendenzen bei Weiterverarbeitern zugenommen, wobei derzeit kein Ende der Entwicklung absehbar ist. Dies zeigten z.B. die Untersuchungen von Nuhn (1993b) im Bereich der Milchwirtschaft, aber auch aktuelle Proteste von Landwirten gegen den Verkauf von Milch durch große Einzelhandelsketten unter dem Herstellungspreis (vgl. EG23).

Eine stärkere Position innerhalb der Wertschöpfungskette können nach Lenz (2005) hingegen meist nur wenige hoch spezialisierte, meist sehr große Landwirtschaftsbetriebe erreichen. Allerdings besteht für kleinere Betriebe mitunter die Möglichkeit, sich durch strategische Allianzen etwa in Form von Erzeugergemeinschaften zusammenzuschließen und folglich ihre Position gegenüber Abnehmern oder Zulieferern zu verbessern (Gaebe 1995). Für die landwirtschaftlichen Betriebe in den Untersuchungsräumen ist also zu prüfen, ob sie sich in einer käuferdominierten Commodity Chain befinden.

Bei der Anwendung der GCC-Ansätze für die empirische Analyse in den Untersuchungsregionen müssen verschiedene Punkte berücksichtigt werden. Dies gilt zunächst für die Betrachtung der Machtbeziehungen. Gereffi (1994, S. 96ff) und andere stellen in ihren Analysen die Bedeutung der Machtverhältnisse in den Warenketten heraus. Zugleich weisen sie jedoch darauf hin, dass bisher nur wenige, meist nicht ausreichende Methoden und Indikatoren existieren, die sich dazu eignen diese komplexen Beziehungen aufzuzeigen. Um diese Komplexität zu erfassen, werden die Beziehungen daher sowohl über quantitative (standardisierte Befragung) als auch über qualitative Methoden analysiert (vgl. K. 3.1).

Im Bezug auf die Steuerung der Ketten wird in der Literatur diskutiert, inwiefern es wirklich nur produzenten- und käuferdominierte GCCs gibt (Gereffi 2001b, S. 30). So ist nicht klar nachzuvollziehen, warum es nicht auch in anderen Bereichen des Netzes zu Machtbündelung kommen kann und warum nicht auch multipolare GCCs existieren können. Bisher wurde i.d.R. nur von den mächtigen und den schwachen Akteuren der Kette gesprochen. Dies birgt die Gefahr einer Schwarz-Weiß-Betrachtung, obwohl wahrscheinlich die Übergänge der Machtverhältnisse in den meisten GCCs eher fließend sind und sich z.B. mit den verändernden Marktverhältnissen (z.B. wenn eine Monopolstellung fällt) ändern (Henderson et al. 2001, S. 5; Raikes/Jensen/Ponte 2000, S. 13). Für die Untersuchung der Landwirtschaft ist diese Diskussion in zweierlei Hinsicht relevant. Erstens weist sie darauf hin, dass untersucht werden sollte, ob neben

---

chen Betriebe, die im Kern der Untersuchung stehen, ist in beiden Fällen von einer Abnehmerdominanz auszugehen.

den Käufern nicht auch weitere am landwirtschaftlichen Wertschöpfungsprozess beteiligte Bereiche, wie z.B. große Zulieferer, als dominante Akteure auftreten. Angesichts des Strukturwandels in der Landwirtschaft ist zweitens zu berücksichtigen, dass sich Machtverhältnisse auch ändern können, wie Gereffi selbst darstellt (Gereffi 2001b, S. 34). Dies wirft die Frage auf, unter welchen Bedingungen[11] sich Machtverhältnisse ändern, und wie sich zum Beispiel ungünstige Machtverhältnisse für die Landwirtschaft, z.B. durch Erzeugergemeinschaften, verhindern lassen.

Kasten 3: Zwischenfazit zu den Warenketten-Ansätzen

Insgesamt bieten die Warenketten-Ansätze umfangreiche Betrachtungs- und Gliederungsmöglichkeiten und gehen in verschiedenen Bereichen auf den landwirtschaftlichen Produktionsprozess ein. Dabei greifen sie in Ergänzung zu den Clusteransätzen eine Betrachtung der überregionalen Produktionsvernetzungen mit auf, sodass regionale und überregionale Vernetzungen in ihrer Bedeutung verglichen werden können.

Das Konzept der Filières gliedert den Produktionsprozess einer Warenkette in Segmente zwischen denen Marktbeziehungen bestehen. Damit ermöglicht es eine Analyse der Raumstrukturen innerhalb der Warenkette und der Machtverhältnisse zwischen den Marktakteuren. Diese Analyse lässt sich auch für Warenketten im Strukturwandel nutzen. Durch die Berücksichtigung der Rolle des Staates innerhalb von Warenketten bietet das Konzept der Filières (wie auch das Branchen-Cluster Konzept von Porter) eine Analysemöglichkeit zur Betrachtung politischer Rahmenbedingungen.

Das GCC-Konzept stellt eine wesentliche Ergänzung zum Konzept der Filières dar, indem es sich detaillierter mit Machtbeziehungen beschäftigt und die im Rahmen dieser Arbeit wichtigen immateriellen Verflechtungen stärker integriert. Auch die Rolle räumlicher Cluster wird im GCC-Konzept berücksichtigt.

Die Ansätze zu Warenketten leisten somit einen wichtigen Beitrag zum Verständnis von Produktionsvernetzungen der Landwirtschaft und bieten die Möglichkeit zur Entwicklung von Hinweisen für politische Entscheider.

2.3 Ansätze zu ländlichen Räumen

Wie in der Einleitung beschrieben, werden die dargestellten Ansätze zu Clustern bisher kaum für die Landwirtschaft und den ländlichen Raum angewandt. Die Ansätze zu Warenketten setzen sich hingegen intensiv mit landwirtschaftlich geprägten Warenketten auseinander, besitzen dabei jedoch wenig Bezug zu ländlichen Räumen und deren Besonderheiten. Auch insgesamt stehen ländliche Räume bisher weniger im wirtschaftsgeographischen Fokus und werden meist als periphere, wirtschaftlich schwache Regionen mit geringen Chancen auf wirtschaftliche Zukunftsfähigkeit betrachtet (These der Peripherisierung der Peripherie; vgl. Danielzyk/Ossenbrügge 1996; Wießner

[11] z.B. Konzentrationsprozesse, veränderter Zugang zu Wissen

1999). In Forschungsarbeiten und der wirtschaftspolitischen Gestaltung im Bereich der Landwirtschaft und ländlichen Räumen lassen sich derzeit zwei unterschiedliche Ansätze erkennen, die erst in jüngerer Zeit stärkere Verknüpfungen erfahren haben. So beschäftigt sich ein Großteil der Arbeiten mit der Produktion von Agrargütern in landwirtschaftlichen Betrieben (z.B. Arnold 1997; Stamer/Fratscher 1995). Demgegenüber stehen regionalwirtschaftspolitische Betrachtungen ländlicher Räume in ihrer Gesamtheit, die dabei keinen Schwerpunkt auf die Landwirtschaft legen, sondern ländliche Räume mit ihren verschiedenen Funktionen und Merkmalen betrachten (z.B. Eglitis 1999; Henkel 2004; Kiel 1996). Die Vernetzungen zwischen Landwirtschaft und außerlandwirtschaftlichen Aktivitäten in ländlichen Räumen, deren Interdependenz und die daraus resultierenden Möglichkeiten einer Raumwirtschaftspolitik werden dagegen wenig diskutiert (Henkel 2004; Schäkel 1996; Windhorst 2004).

Im Folgenden werden die wichtigsten, für diese Arbeit relevanten Ansätze zu ländlichen Räumen vorgestellt. Ebenso wie bei den Cluster- und Warenkettenansätzen ist auch hier das Ziel ausgewählte Aspekte der Ansätze als Werkzeuge nutzbar zu machen.

2.3.1 Ansätze zur Produktion von Agrargütern

Die landwirtschaftliche Forschung, die Agrarpolitik und die Agrargeographie konzentrieren sich zu einem großen Teil auf die landwirtschaftlichen Betriebe und ihre Produktion, deren strukturelle Merkmale, Dynamik, ihre Einbindung in Commodity Chains und Märkte sowie Maßnahmen zur Steigerung ihrer Konkurrenz- und Leistungsfähigkeit (z.B. Arnold 1997; Stamer/Fratscher 1995). Von besonderer Bedeutung für die Analyse (K. 3 und 4) sind dabei funktionale und institutionelle Gliederung des Agrarbereichs und die Betrachtung der Einflussfaktoren im Strukturwandel.

Gliederung des Agrarbereichs

Seit den 1960er Jahren wird der so genannte Agrarkomplex betrachtet (z.B. Fox 1963, S. 62). Nach Schäkel (1996, S. 6) gliedert er sich in drei Wirtschaftsbereiche:

1. Die der Landwirtschaft vorgelagerten Wirtschaftsbereiche, wie Futtermittel-, Düngemittel-, Pflanzenschutzmittel- und Landmaschinenindustrie und -handel.
2. Die Landwirtschaft mit ihrer Agrarproduktion. Neben Rohstoffen produziert sie auch Dienstleistungen, etwa im Bereich der Landschaftspflege.
3. Der gesamte nachgelagerte Bereich. Zu ihm gehören insbesondere die Verarbeitung und Vermarktung bis zum Endverbraucher.

In dieser funktionalen Unterteilung sind die Wirtschaftsbereiche häufig interdependent miteinander verbunden. Landwarenhandelsunternehmen sind z.B. sowohl im vorgelagerten als auch im nachgelagerten Bereich tätig; d. h. sie bieten den landwirtschaftlichen Betrieben Zuliefererprodukte an und kaufen die produzierten Güter ab. Auch die landwirtschaftlichen Betriebe übernehmen Funktionen im nachgelagerten Bereich (z.B. durch Direktvermarktung).

Schäkel (1996, S. 8) berücksichtigt neben der funktionalen auch eine institutionelle Gliederung. In ihr werden den einzelnen Wirtschaftsbereichen konkret verschiedene Branchen und Industrien zugeordnet:

1. Vorgelagerte Wirtschaftsbereiche: Landmaschinenindustrie, Landmaschinenhandwerk, Pflanzenschutz, Mineraldüngerindustrie, Futtermittelindustrie, Großhandel mit Getreide, Saatgut, Futtermitteln, Düngemitteln, etc.
2. Landwirtschaft
3. Nachgelagerte Wirtschaftsbereiche: Ernährungsindustrie; Ernährungshandwerk; Nahrungsmittelgroßhandel; Lebensmitteleinzelhandel; Gastgewerbe (nur Verpflegungsbereich)

Während Schäkels Betrachtung des Agrarkomplexes die vor- und nachgelagerten Bereiche der Landwirtschaft mit in den Agrarkomplex einbezieht, bleibt der Bereich landwirtschaftlicher Dienstleistungen (der Landwarenhandel wird als Zulieferer bzw. Abnehmer gesehen) weitgehend unberücksichtigt.

Demgegenüber beschäftigen sich Teilbereiche der Agrarwissenschaften und jüngere Betrachtungen der Geographie mit dem sogenannten „Agribusiness[12]“ (Davis/Goldberg 1957; Klohn/Roubitschek 2004, S. 26; Nuhn 1993a, S. 137). Dieses besteht aus der Landwirtschaft, den vor- und nachgelagerten sowie weiteren beteiligten Wirtschaftsbereichen wie z.B. Lebensmittelhandel oder Veterinärwesen. Klohn und Roubitschek (2004, S. 25f) weisen darauf hin, dass dieses Agribusiness in Deutschland 2004 rund 15%[13] des Produktionswertes der Volkswirtschaft ausmachte, wobei in agrarischen Intensivgebieten der Wert deutlich höher liegt. So kann die Gesamtheit der Landwirtschaft und aller damit verflochtenen Branchen des sekundären und tertiären Sektors den überwiegenden Teil der wirtschaftlichen Aktivitäten[14] ländlicher Räume umfassen. Die Landwirtschaft und die mit ihr verknüpften Bereiche gehören demnach auch heute zu den wichtigsten sozioökonomischen Stützpfeilern ländlicher Räume.

---

[12] Das Konzept des Agribusiness wurde bereits in den fünfziger Jahren des 20. Jahrhunderts von Davis und Goldberg entwickelt (vgl. Davis/Goldberg 1957). Es diente zunächst der Beschreibung eines übergreifenden Agrarkomplexes wurde aber in verschiedenen Studien weiterentwickelt, neu definiert und zum Teil auch ideologisch besetzt (vgl. Nuhn 1993a, S. 137f).

[13] Der genaue Anteil ist in der Literatur umstritten und schwankt je nach Abgrenzung des Begriffs Agribusiness (vgl. Hollstein 1999, S. 1; Schäkel 1996, S. 12).

[14] z.B. bezogen auf Beschäftigte oder Produktionswert

Neben diesen *wirtschaftlichen Vernetzungen* weisen Sick (1993), Arnold (1997) und Wawrzyniak (2005) auch auf die große Bedeutung der *Interaktion zwischen den Landwirten und sozialen Gruppen* hin. Nach Arnold wird ein Landwirt i.d.R. mehreren Gruppen angehören, die sein Verhalten beeinflussen. Für Arnold (1997, S. 70) und Wawrzyniak (2005, S. 813) spielen die Interaktion und die soziale Eingebundenheit in der Landwirtschaft eine stärkere Rolle als in anderen Wirtschaftssektoren. Dabei herrschen im ländlichen Raum und im Bereich der Landwirtschaft meist eine geringe Anonymität und gleiche Wertvorstellungen[15], die die soziale Eingebundenheit fördern (Wawrzyniak 2005, S. 813). Für Außenstehende ist es dabei oft schwierig in diese Vernetzungsstrukturen einzudringen, da oft eine große Diskrepanz zwischen den formalen Regeln und den „rules-in-use", also dem tatsächlichen Verhalten der Akteure besteht (vgl. DPST).

Für Sick (1993), Morgan und Munton (1978) steht der *Mensch als Entscheidungsträger* im Vordergrund. Dabei ist zu berücksichtigen, dass landwirtschaftliche Betriebe in Europa oft nur aus dem Betriebsleiter und gegebenenfalls seiner Familie bestehen. Der Betriebsleiter ist abhängig von seiner persönlichen Aufnahmefähigkeit und -bereitschaft sowie den ihm zur Verfügung stehenden Informationen (Morgan/Munton 1978, S. 34). Diese Informationen sind beschränkt, oft zufällig und beruhen auf persönlichen Kontakten, weiter gespannten Interaktionen oder auf einem allgemeinen Informationsfeld. Die Wahrnehmung dieser gewonnenen Informationen führt auf der Grundlage von Erfahrung und Bewertung zu bestimmten Verhaltensweisen und Entscheidungen. Sick betont das Verhalten der einzelnen Entscheidungsträger. So gibt es in jeder Region genügsame („satisfying behavior") Landwirte auf der einen und auf den optimalen Erfolg ausgerichtete („optimizing behavior") Landwirte auf der anderen Seite (Morgan/Munton 1978, S. 35; Sick 1993, S. 76). Innovationen (nach Sick 1993, S. 77), wie z.B. neue Agrarprodukte, technische Hilfsmittel, Anbau- und Vermarktungsmethoden oder neue Lebensformen gehen gerade in der Landwirtschaft oft auf eine einzelne Initialleistung, z.B. eines einzelnen Versuchsbetriebes, zurück. Die Anregungen liefern Informationen und Wissen aus persönlichen Kontakten. Im Idealfall entsteht so eine kettenreaktionsartige Ausbreitung (Sick 1993, S. 75ff).

---

[15] z.B. Landbesitz als hohes Gut, enge Familienbeziehungen

Einflussfaktoren im Strukturwandel

Für die vorliegende Arbeit liefern die Ansätze zur Produktion von Agrargütern nicht nur eine geeignete Gliederung des Agrarbereichs, sondern bieten auch Mittel zur *Betrachtung des Strukturwandels* in der Landwirtschaft. So identifizieren Arnold (1997, S. 19ff) und Hall (2006, S. 13ff) eine Reihe von Faktoren die Einfluss auf die Produktion und/oder die Produktivität nehmen. Zu ihnen zählen:

- Betriebsgrößen,
- Märkte und Vertriebssysteme,
- Eigentums- und Besitzverhältnisse,
- politische, aber auch individuelle und soziale Einflussfaktoren
- und die Persönlichkeit des Betriebsleiters.

Diese Bereiche bieten wichtige Ansatzpunkte zur Analyse der Landwirtschaftsbetriebe im Wandel, da an ihnen wichtige Veränderungen der Betriebe in unterschiedlichen Bereichen des Strukturwandels dargestellt werden können, die auch Einfluss auf die Vernetzungen der Betriebe besitzen (vgl. K. 3.2 und Tab. 5 und 6).

Im Rahmen der vorliegenden Untersuchung werden dabei drei unterschiedliche Bereiche des Strukturwandels unterschieden (vgl. K. 1.1), die die Basis der Betrachtung des landwirtschaftlichen Strukturwandels in Ostdeutschland und Polen (vgl. K. 3.2) bilden:

So lässt sich erstens der *betriebsinterne Strukturwandel* durch Veränderungen der Betriebsgrößen und die auch dadurch beeinflusste Arbeitsproduktivität darstellen. Dabei ist derzeit in allen Industrieländern eine Grundtendenz zu wachsenden Betriebsflächen zu beobachten, die meist mit einem Anstieg der Arbeitsproduktivität verbunden ist (Arnold 1997, S. 62). Neben wachsenden Betriebsgrößen erzeugte aber auch technischer Fortschritt[16] eine Erhöhung der Arbeitsproduktivität (Whatmore 1994, S. 51f). Beide Prozesse verursachten in der Landwirtschaft die Freisetzung von Arbeitskräften (Kulke 2004, S. 26; Kapitel 1.1).

Zweitens vollzieht sich in der Landwirtschaft ein *betriebsexterner Strukturwandel.* Die Märkte für landwirtschaftliche Produkte werden im zunehmenden Maße überregional und es kommt zu Konzentrationen von Abnehmern. Viele landwirtschaftliche Betriebe stehen dabei wenigen großen weiträumig agierenden Abnehmern gegenüber (Nuhn 1993a, S. 137; Whatmore 1994, S. 55; Kapitel 2.2.3). Dabei fordern diese Abnehmer vor allem Produkte in großen Mengen gleich bleibender Qualität, die wiederum oft nur durch einen umfangreichen Einsatz der Produktionsfaktoren Boden und Kapital zu er-

[16] z.B. durch neue Organisationsformen, Einsatz moderner Maschinen, Biotechnologie, Gentechnik

reichen sind. Viele Betriebe, denen dies nicht möglich ist, müssen, schließen (Jäger-Dabek 2003, S. 158).

Darüber hinaus erfolgte drittens ein *politischer Strukturwandel*. Während sich die Agrar- und Regionalpolitik der EU in einem langsamen Wandel befand und befindet, kam es in Polen und Ostdeutschland zu Systembrüchen, in denen die Eigentums- und Besitzverhältnisse, das Wirtschaftssystem sowie wesentliche politische Rahmenbedingungen eine grundlegende Neuordnung erfuhren (vgl. K. 3.2).

Auf Grundlage der vorgestellten Einflussfaktoren und Bereiche des Strukturwandels lässt sich so ein mögliches Wirkungsgefüge ableiten:

Abb. 13: Mögliches Wirkungsgefüge des Strukturwandels in der Landwirtschaft

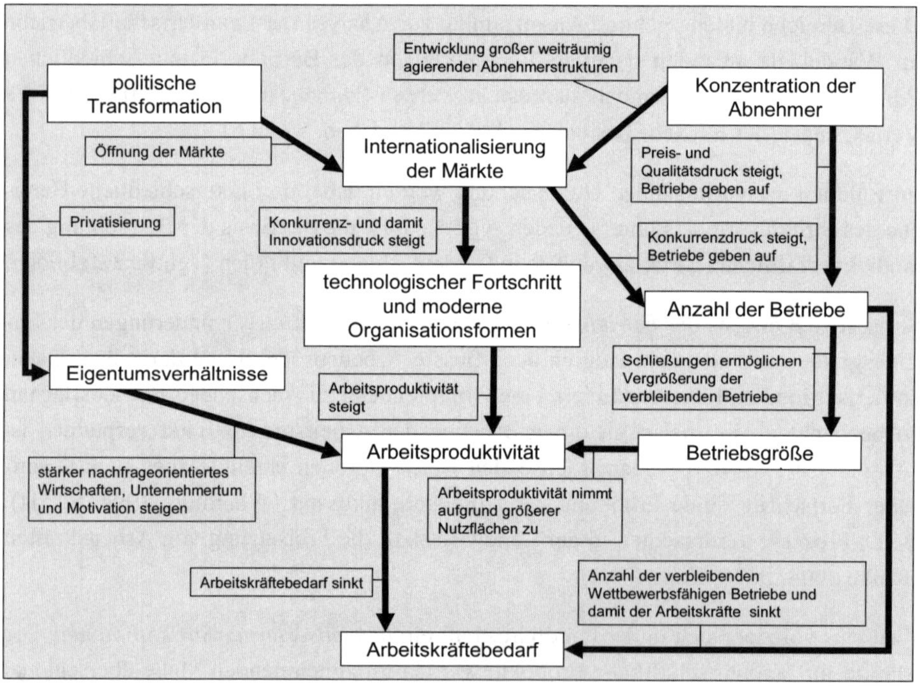

Quelle: e.D.

Die Ansätze zur Produktion von Agrargütern machen die Bedeutung des Agrarbereichs deutlich und analysieren seine komplexen Strukturen. Insgesamt bieten die Ansätze eine Gliederung des Agrarbereichs und seiner vernetzen Akteure, die als strukturelle Basis zur Untersuchung der Vernetzungsstrukturen in Kapitel 4 genutzt wird. Zugleich stellen sie einen Analyserahmen für die Einflussfaktoren und Wirkungszusammenhänge im Agrarbereich im Strukturwandel dar. Dabei zeigen die sich verändernden Abnehmerverflechtungen, dass der Strukturwandel direkt Einfluss auf die Vernetzungen der Landwirtschaft und deren räumliche Ausprägungen nehmen kann. Die Ansätze bieten insgesamt wesentliche Analysemittel, die in Kapitel 3 und 4 genutzt werden.

2.3.2 Gesamtheitliche Ansätze zu ländlichen Räumen und ihrer Funktion

Anders als bei den Ansätzen zur Produktion von Agrargütern in landwirtschaftlichen Betrieben beschäftigen sich die Forschungen zu Raumwirtschaft und regionalen Wirtschaftspolitiken in ländlichen Räumen mit der Gesamtheit ländlicher Räume. Der sektorale Schwerpunkt liegt dabei neben der Landwirtschaft auf industriellen Entwicklungen und der Diskussion von Fremdenverkehrsaspekten und dem Dienstleistungsbereich (Eglitis 1999; Henkel 2004; Kiel 1996). Im Mittelpunkt der Betrachtung stehen räumliche Lage und Entfernung zu Verdichtungsräumen, Bevölkerungs- und Bebauungsdichte, infrastrukturelle Defizite und naturräumliche Merkmale. Insgesamt sind die Ansätze zu ländlichen Räumen häufig historischer, deskriptiver und definitorischer Natur. Dabei haben sich allein im deutschsprachigen Raum im Laufe der Zeit eine Reihe von unterschiedlichen *Definitionen für ländliche Räume* herausgebildet, die im Rahmen dieser Arbeit zur Bildung der Auswahlkriterien der Untersuchungsräume mit herangezogen wurden (s. Kasten 4).

Kasten 4: Definitionen des Begriffs „ländlicher Raum“

Der ländliche Raum ist durch eine Reihe von Charakteristika gekennzeichnet, die ihn von Ballungsgebieten unterscheiden, die aber auch zur weiteren Differenzierung ländlicher Räume dienen können:

„Zusammengefasst ist der ländliche Raum damit ein naturnaher, von der Land- und Forstwirtschaft geprägter Siedlungs- und Landschaftsraum mit geringer Bevölkerungs- und Bebauungsdichte sowie niedriger Zentralität der Orte, aber höherer Dichte zwischenmenschlicher Bindungen“ (Henkel 2004, S. 33).

„Regionen werden oft mit dem Begriff „ländlicher Raum“ belegt. Merkmale dieser Region sind:
- eine geringe Bevölkerungsdichte, eine disperse Siedlungsstruktur und fehlende leistungsfähige Oberzentren
- eine periphere großräumige Lage zu den Hauptwirtschaftszentren und Verdichtungsräumen (...), die durch fehlende oder nicht ausreichende Anbindung an das Fernverkehrsnetz stärker hervortritt
- schwerwiegende Mängel im Bereich der Erwerbs- und Infrastruktur, die durch fehlenden Zugang zum Arbeitsplatzangebot und meist hochwertigen Infrastrukturangebot der Verdichtungsräume verstärkt werden“ (Gatzweiler 1979; in Wießner 1999, S. 300)

„Ländliche Räume sind Standorte der Erzeugung von Nahrungsgütern und Rohstoffen sowie des auf dem Lande ansässigen Gewerbes, Wohngebiete der (kleineren) landwirtschaftlich tätigen und der (größeren) nicht landwirtschaftlich tätigen Bevölkerung, Flächenreserven für Siedlungsausbau, Gewerbe und Verkehrsanlagen, Erholungsräume der städtischen Bevölkerung sowie ökologische Ausgleichsräume“ (Brunotte et al. 2002, S. 301).

In seinem Buch „Der ländliche Raum“ geht Henkel (2004) auf die wesentlichen Aspekte der Ansätze zu ländlichen Räumen ein. Hauptaufgabe seiner Untersuchung ist die Darstellung und Analyse des ländlichen Raumes in der Gegenwart und im zeitlichen Prozess. Dabei liefert er eine Gesamtdarstellung, Erfassung und Analyse des ländlichen Raumes in seiner Komplexität. *Die Agrarproduktion ist dabei nur eine von mehreren Funktionen des ländlichen Raumes* in einer Industriegesellschaft (Henkel 2004, S. 39). Neben ihr besitzt der ländliche Raum weitere Funktionen für die gesamte Gesellschaft (einschließlich seiner Verdichtungsgebiete) wie Erholungs- und Wasserversorgungsfunktion, aber auch „eigene“ Funktionen wie die Siedlungs- und Lebensraumfunktion[17]. Henkel betrachtet hierbei auch die komplementären Beziehungen von landwirtschaftlichen und außerlandwirtschaftlichen Aktivitäten. So können etwa der Fremdenverkehr und die Naherholung vom Vorhandensein der Landwirtschaft profitieren. Dabei finden Austauschbewegungen zwischen Stadt und Land statt (vgl. Abb. 14). Henkel zeigt, dass die Landwirtschaft nicht nur direkt, sondern auch durch diese komplementären Beziehungen von entscheidender Bedeutung für den ländlichen Raum ist.

[17] Während die vorliegende Arbeit im Kern landwirtschaftliche Wertschöpfungsketten und damit die Agrarproduktionsfunktion (vgl. Abb. 10) betrachtet, bietet das Teilprojekt 3 „Produktion von Non Commodity Outputs in landwirtschaftlichen Betrieben“ der Forschergruppe 497 „Strukturwandel und Transformation in der Landwirtschaft“ einen detaillierten Einblick in die verschiedenen Funktionen der Landwirtschaft und des ländlichen Raumes (vgl. DFG-Forschergruppe 497 2006. Weiterführende Betrachtungen finden sich auch in OECD 2001 und Wiggering et al. 2003).

Abb. 14: Funktionen des ländlichen Raumes nach Henkel (2004)

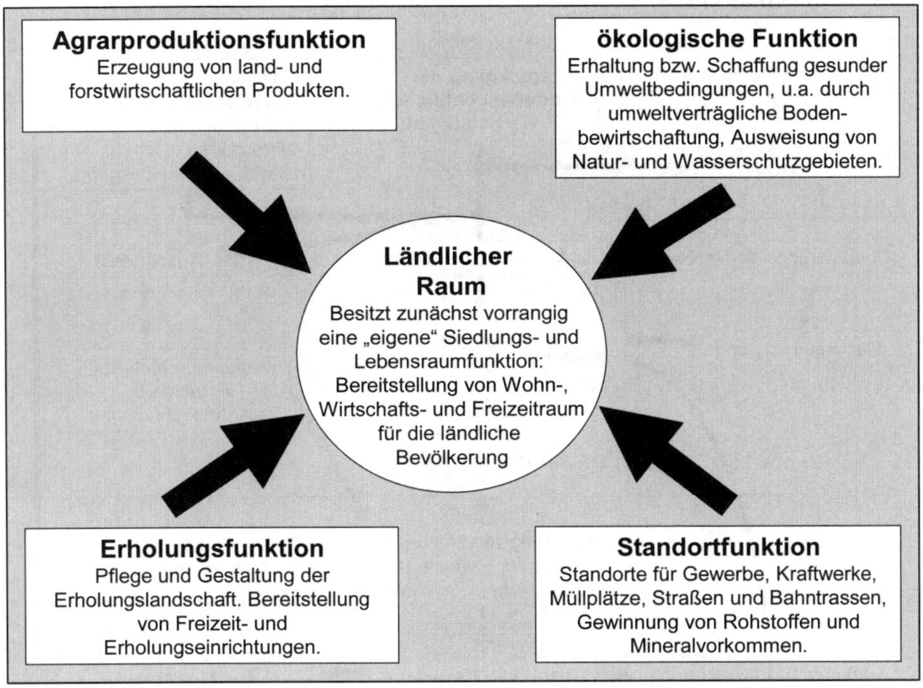

Quelle: e.D.; nach Henkel 2004, S. 39

Henkel betont, dass in einer arbeitsteiligen modernen Gesellschaft enge funktionale Beziehungen zwischen verschiedenen Einheiten (bei ihm Stadt und Land) bestehen, die sich in ihren Leistungen ergänzen. Dabei existieren „äußerst vielschichtige – ökonomische, soziale, kulturelle Austauschbewegungen" (Henkel 2004, S. 40) und eine höhere Dichte zwischenmenschlicher Bindungen (s. Kasten 4).

Die verschiedenen Austauschbeziehungen und die gegenseitige Abhängigkeit verschiedener Akteure und Prozesse im System ländlicher Raum beschreibt auch Wießner (1999; vgl. Abb. 15).

Abb. 15: Entwicklung von Strukturproblemen in ländlichen Räumen nach Wießner (1999)

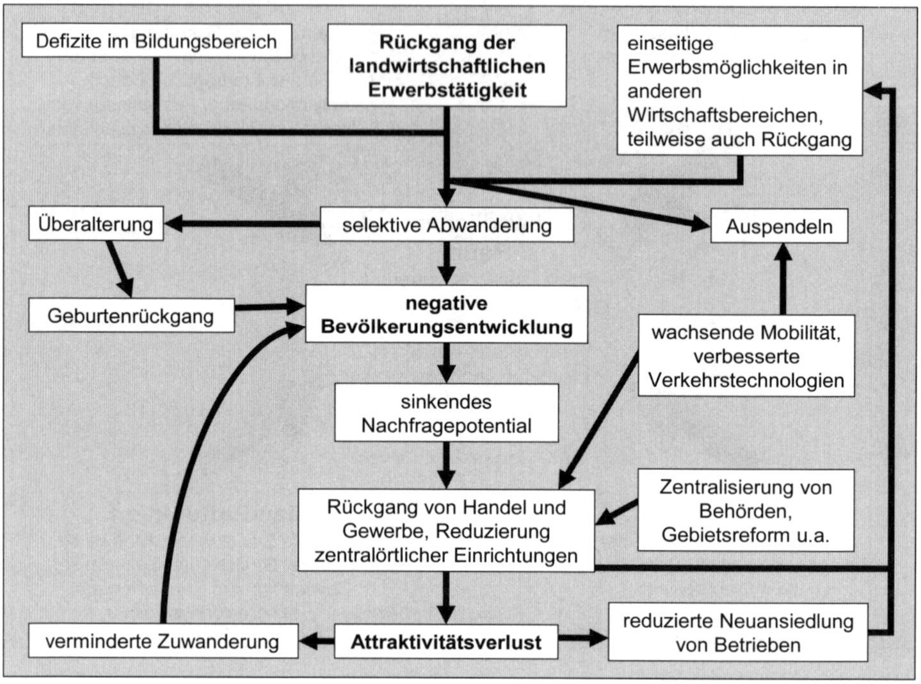

Quelle: e.D.; nach Wießner 1999, S. 301

Im Unterschied zu dem in Abbildung 13 aufgezeigten Wirkungsgefüge des Strukturwandels, in dem die Landwirtschaft im Zentrum der Betrachtung steht, rückt Wiesner (1999) den ländlichen Raum insgesamt in den Fokus. Für ihn ist dabei die Entwicklung von Strukturproblemen, ausgelöst durch die Veränderungen seit Beginn des Industriezeitalters, der wesentliche Prozess im ländlichen Raum. Durch agrartechnologische Innovationen und Intensivierung erfolgte die Freisetzung von Arbeitskräften in der Landwirtschaft, so dass viele ländliche Siedlungen ihre traditionelle Erwerbsbasis verloren. Diese ungünstige Erwerbsstruktur in Kombination mit schlechten Bildungsmöglichkeiten sowie eingeschränkten beruflichen Perspektiven in außerlandwirtschaftlichen Bereichen wandelten die ländlichen Räume in Abwanderungs- und Auspendlerregionen um. Gleichzeitig führt der demographische Wandel zu einem weiteren Bevölkerungsrückgang der in den ländlichen Räumen Ostdeutschlands besonders stark ausgeprägt ist (Gans 2005, S. 16). Dabei verläuft dieser Prozess selektiv dahingehend, dass überproportional viele junge und dynamische Gruppen abwandern. Überalterung, Geburtenrückgänge und eine damit einhergehende reduzierte Nachfrage nach Dienstleistungs- und Versorgungsinfrastruktur sind die Folge. Diese bedingen einen

Rückgang von Handel und Gewerbe sowie eine Reduzierung zentralörtlicher Funktionen (Wießner 1999, S. 301; Eglitis 1999). Insgesamt verläuft die Entwicklung von Strukturproblemen somit zumindest in Teilen zirkulär-kumulativ, da die selektiven Abwanderungen und die damit verbundene negative Bevölkerungsentwicklung zu einem weiteren Rückgang der Bevölkerung führen und sich damit selbst verstärken (Myrdal 1974, S. 37).

Wießner betont die komplexe Interdependenz zwischen der Landwirtschaft und dem sozioökonomischen Gefüge des ländlichen Raumes. Dabei bezieht er sich primär auf die Verbindungen und den Einfluss der Landwirtschaft, den diese als Arbeitgeber durch die in der Landwirtschaft Beschäftigten, also indirekt, ausübt bzw. nicht mehr ausübt. Wießner macht also, wie Henkel, deutlich, dass neben den direkten und komplementären Beziehungen, die Landwirtschaft auch durch indirekte Beziehungen mit dem ländlichen Raum verbunden ist und auch deshalb eine wichtige Bedeutung für ländliche Räume besitzt (vgl. Kasten 5). Ausgehend von den Cluster- und Warenkettenansätzen sind dabei die direkten Vernetzungen für die Wettbewerbsfähigkeit der Betriebe relevant. Sie stehen daher im Fokus der Betrachtung.

Kasten 5: Unterscheidung der Vernetzungen nach Wirkungswegen

Direkte Vernetzungen bestehen mit landwirtschaftsorientierten Betrieben durch Bezugs-, Absatz- und Dienstleistungsverflechtungen.

Indirekte Vernetzungen ergeben sich durch die Nachfrage von landwirtschaftlichen Beschäftigten nach Gütern (z.B. Einzelhandel, Fahrzeuge) und Dienstleistungen (z.B. Freizeitgestaltung, konsumorientierte Dienste).

Komplementäre Beziehungen bestehen zu außerlandwirtschaftlichen Aktivitäten, die vom Vorhandensein der Landwirtschaft profitieren (z.B. Fremdenverkehr, Naherholung).

Schließlich befinden sich in den ländlichen Räumen auch mit dem durch die Landwirtschaft geprägten System **unverbundene Aktivitäten**, wie z.B. industrielle Zweigbetriebe oder spezielle Dienstleistungen (z.B. Tourismus)

Quelle: Kulke 2004, S. 62

Henkel, Wießner und Eglitis betrachten den ländlichen Raum als Funktionsraum, in dem verschiedene sozioökonomische Bereiche neben der Landwirtschaft angesiedelt sind und in dem vielschichtige ökonomische, soziale und kulturelle Austauschbewegungen gerade auch nach außen stattfinden. Landwirtschaft und ländlicher Raum stehen in einem gegenseitigen durch unterschiedliche Verbindungen geprägten Abhängigkeitsverhältnis. Strukturelle Veränderungen im ländlichen Raum betreffen auch die Landwirtschaft und umgekehrt. Dabei wurde deutlich, dass die Bedeutung der Landwirtschaft für den ländlichen Raum und die gesamte Gesellschaft über die klassische Agrarproduktionsfunktion hinausgeht.

Es bleibt zu berücksichtigen, dass sich die gesamtheitlichen Ansätze, aber auch die Ansätze zur Agrarproduktion, mit derart umfangreichen Problemstellungen aus Ökologie, Ökonomie, Soziologie und weiteren Disziplinen beschäftigen, dass sie eine Problemanalyse oder auch nur die Problemabgrenzung erschweren (Sick 1993, S. 5). Für die empirische Untersuchung der Vernetzungsstrukturen (vgl. K. 4) muss daher eine klare Strukturierung und Abgrenzung der Fragestellungen und der Untersuchungsgegenstände erfolgen. Dies geschieht auf Basis einer Verknüpfung aller diskutierten Ansätze (vgl. K. 2.4).

Kasten 6: Zwischenfazit zu den Ansätzen zu ländlichen Räumen

Insgesamt liefern die Ansätze zu ländlichen Räumen im Rahmen dieser Arbeit eine wichtige Ergänzung zu den Clusteransätzen und den Warenkettenansätzen, da sie die Besonderheiten der landwirtschaftlichen Produktion und der ländlichen Räume analysieren.

Die Ansätze zur Produktion von Agrargütern bieten eine Gliederung des Agrarbereichs und seiner vernetzen Akteure sowie einen Analyserahmen für die Einflussfaktoren und Wirkungszusammenhänge im Agrarbereich im Strukturwandel. Dabei machen die Ansätze zu ländlichen Räumen insgesamt die immer noch große soziökonomische Bedeutung des Agrarbereichs für den ländlichen Raum deutlich und weisen auf die besondere Eingebundenheit landwirtschaftlicher Akteure in das ländliche Wirkungsgefüge hin, die es bei der Betrachtung der Vernetzungen zu berücksichtigen gilt.

2.4 Verknüpfung der Ansätze zur Untersuchung regionaler Agrarsysteme

Insgesamt bieten die vorgestellten Ansätze eine wertvolle methodische und allgemeine Grundlage für die weitere Untersuchung. Ziel ist es nun, die sich ergänzenden Argumentationslinien zusammenzuführen, um darauf eine Analyse aufzubauen. Tabelle 2 stellt dafür eine zusammenfassende Gegenüberstellung der wichtigsten Aspekte der vorgestellten Ansätze dar. Im Folgenden werden sie zu einem verfeinerten *Analysemodell* des regionalen Agrarsystems zusammengeführt.

Zunächst erfolgt eine Verknüpfung der Clusteransätze und der Ansätze zu ländlichen Räumen zum Modell des regionalen Agrarsystems. Danach werden in einem weiteren Schritt die Warenkettenansätze in das Modell integriert. Im Anschluss ist es möglich, aus diesem Modell konkrete Annahmen und Fragestellungen für die in Kapitel 1.3 formulierten Ziele abzuleiten. Dabei bietet das Modell auch die Grundlage für die konzeptionelle Gliederung des empirischen Teils dieser Arbeit.

Tab. 2: Gegenüberstellung der relevantesten Aspekte der theoretischen Ansätze

Clusteransätze	Ansätze zu Warenketten	Ansätze zu ländlichen Räumen
allgemein: – Erklärung von Wettbewerbsfähigkeit durch räumliche Nähe auf Grund von Lokalisationsvorteilen und immateriellen Austauschbeziehungen – Bedeutung von Wissen und Lernen für Wettbewerbsfähigkeit – Bedeutung von Social Capital und Embeddedness sowie Gefahr des Lock-In – Differenzierung nach regionalen und überregionalen Vernetzungen **Industriedistrikte:** – Gliederung von Vernetzungen (materiell oder immateriell; formal oder informell) **Innovative Milieus:** – Bedeutung von intra- **und** interregionalen Kontakten, Offenheit und Aufnahmebereitschaft **Geographische Industrialisierung:** – Dynamische Betriebe als Gestalter des regionalen Umfelds – Entwicklung regionaler Wirtschaftsstrukturen in verschiedenen Phasen **Geographische Konzentration in Branchen-Cluster:** – Bedeutung des Zusammenspiels unterschiedlicher Bestimmungsfaktoren für die Wettbewerbsfähigkeit und als Eingriffsmöglichkeit politischer Steuerung – Betrachtung unterschiedlicher Arten und Intensitäten der Integration von Akteuren und Clustern in Vernetzungen	**allgemein:** – Vergleichsmöglichkeit intraregionale und interregionale Vernetzungen **Filières:** – Gliederung des Produktionsprozesses in Segmente zwischen denen Marktbeziehungen bestehen – Betrachtung von Machtverhältnissen und Raumstrukturen innerhalb der Kette im Strukturwandel **Global Commodity Chains:** – detaillierte Analyse immaterieller Vernetzungen und Machtbeziehungen (insbesondere Betrachtung von „drivenness“)	**allgemein:** – Betrachtung von Vernetzungen zwischen Landwirtschaft und außerlandwirtschaftlichen Aktivitäten in ländlichen Räumen und deren Interdependenz **Produktion von Agrargütern:** – Gliederung des Agrarbereichs – Besondere Bedeutung sozialer und lokaler Interaktion für landwirtschaftliche Betriebe – Bedeutung einzelner Entscheidungsträger – Darstellung von Einflussfaktoren und Wirkungen sowie Gliederung des Strukturwandels in der Landwirtschaft **Gesamtheitliche Ansätze:** – Abgrenzung ländlicher Räume als Untersuchungsregionen – Landwirtschaft als Teil des Funktionsraums ländlicher Raum im Wandel

Quelle: e.D.

2.4.1 Verknüpfung der Ansätze zu Clustern und ländlichen Räumen

Ausgangspunkt für die Verknüpfung der Ansätze ist die Betrachtung von Vernetzungen, die in allen drei Ansatzgruppen hervorgehoben werden konnten und den Kern der Untersuchung darstellen. Die Clusteransätze, aber auch die Ansätze zur Agrarproduktion und zur Funktion ländlicher Räume ermöglichen dabei die Betrachtung eines regionalen Agrarsystems bestehend aus landwirtschaftlichen Betrieben, vorgelagerten und nachgelagerten Betrieben sowie privaten und öffentlichen Dienstleistern, aber auch weiteren sozialen und lokalen Akteuren, die durch materielle und immaterielle Vernetzungen miteinander verbunden sind.

Eine wichtige *Vorarbeit zur Zusammenführung der vorgestellten Ansätze* stellt dabei das Modell des Agrarsystems nach Kulke dar:

Abb. 16: Agrarsystem im ländlichen Raum nach Kulke (2004)

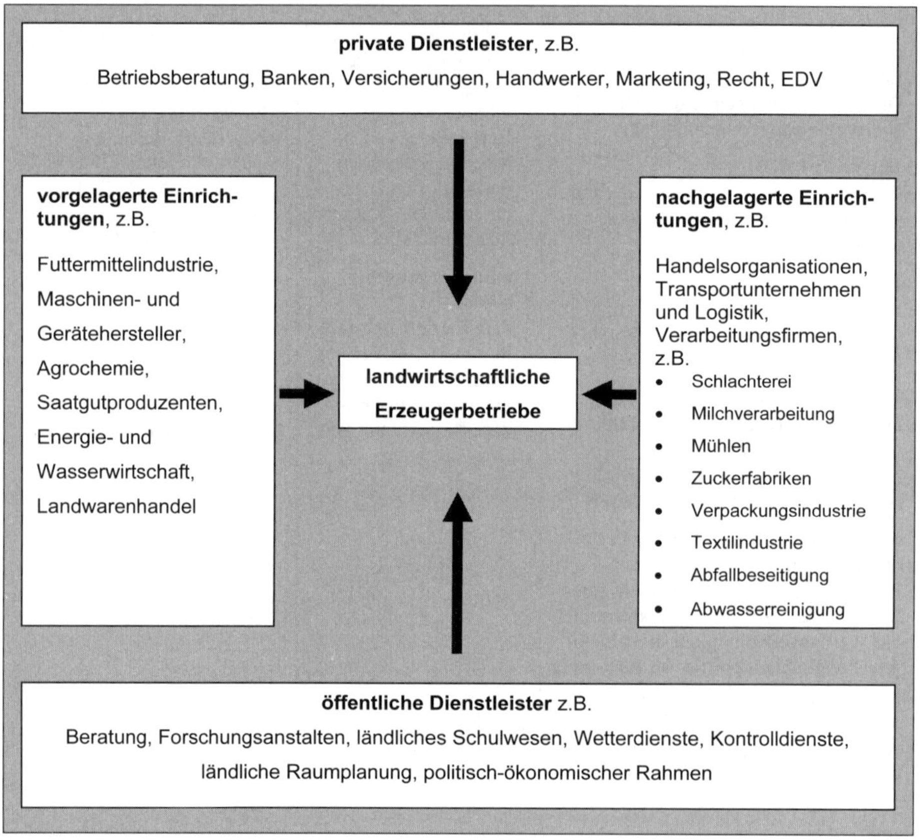

Quelle: e.D.; nach Kulke 2004, S. 62

Das Modell berücksichtigt insbesondere die jüngeren Ansätze zu ländlichen Räumen (Bauer/Hummelsheim 1995; Henkel 2004; Schäkel 1996; Wießner 1999) und beinhaltet als Systemelemente bereits einige der wesentlichen beschriebenen Akteure, die durch die in Pfeilen dargestellten Interaktionen, in einem Beziehungsgeflecht zu einander stehen und so die Struktur des Systems bilden. Wichtige Bereiche lassen sich jedoch erweitern und verfeinern. Dies betrifft zunächst eine *Differenzierung der Vernetzungen in materielle und immaterielle Vernetzungen*. Dabei lässt sich zudem die Richtung der materiellen (z.B. Geld, Produkte) und immateriellen Flüsse (z.B. Dienstleitungen, Informationen) betrachten (s. Pfeilspitzen in Abb. 17). So können z.B. Wissensströme (immateriell) primär in eine Richtung fließen, etwa im Bereich der Weiterbildung. Dies kann ohne Gegenleistung erfolgen oder gegen Bezahlung, so dass ein materieller Fluss in die andere Richtung stattfindet. Letzteres stellt das klassische Kerngeschäft eines Dienstleisters dar. Daneben können die landwirtschaftlichen Betriebe mit Abnehmern bzw. Zulieferern aber auch mit Dienstleistern weitere immaterielle Vernetzungen unterhalten, wie z.B. gegenseitiger (kostenloser) Wissenstransfer.

Auf Grund der in Kapitel 2 vorgestellten Annahmen ist davon auszugehen, dass die immateriellen Vernetzungen eine besonders wichtige Bedeutung für die Wettbewerbsfähigkeit der landwirtschaftlichen Betriebe besitzen. Durch den Austausch von Wissen tragen sie zur Steigerung von Produktqualitäten und zur Verbesserung von Herstellungsverfahren bei. Die Analyse dieser Vernetzungen (z.B. Ausprägungen, Ursachen und Wirkungen) bietet folglich einen Schlüssel zur *Erklärung der Wettbewerbsfähigkeit* der Betriebe und ihrer Chancen im Strukturwandel.

Eine weitere Verfeinerung des Modells des regionalen Agrarsystems stellt die Integration der in den Ansätzen zu ländlichen Räumen hervorgehobenen *weiteren lokalen oder regionalen Vernetzungen* (etwa zu sozialen Gruppen und Organisationen oder einzelnen Akteuren) und die Bedeutung von Social Capital, Embeddedness sowie Lock-In-Effekten dar. Durch die Aufnahme dieser Bereiche grenzt sich das Modell klar gegenüber den produktionsorientierten Betrachtungen des Agrarkomplexes und des Agribusiness ab (vgl. K. 2.3.1).

Im Modell des regionalen Agrarsystems besitzt der Staat verschiedene Steuerungsmöglichkeiten und tritt dabei auch selbst als Dienstleister auf (vgl. Abb. 17). Die Eingriffsmöglichkeiten bestehen dabei vor allem aus einer direkten Förderung der Landwirtschaft und einer Förderung des regionalen Agrarsystems[18] (vgl. K. 3.2.4; BMELV 2006).

---

[18] Darüber hinaus besitzt der Staat vielfältige weitere Eingriffsmöglichkeiten in das System, die aber außerhalb des Kerns der Betrachtung stehen.

Abb. 17: Modell des Agrarsystems nach erster Verfeinerung

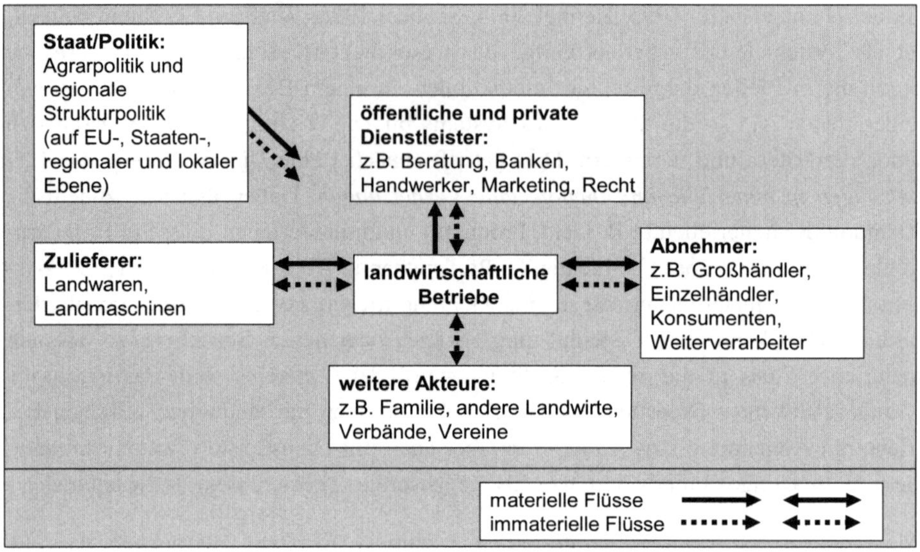

Quelle: e.D.

2.4.2 Integration der Warenkettenansätze in das Modell des regionalen Agrarsystems

Wie in Kapitel 2.2 erläutert, betrachten die Ansätze zu Warenketten auch die über die Region hinausgehenden Vernetzungen. Die Ansätze lassen sich somit nutzen, um die Bedeutung der regionalen Vernetzungen für die Wettbewerbsfähigkeit der Betriebe gegenüber der Bedeutung überregionaler Vernetzungen in Bezug zu setzen und zu vergleichen (vgl. Abb. 18) [19]. Dabei ist zu klären, ob die öffentlichen und privaten Dienstleister, aber auch ein Großteil der direkten Beschaffungsmöglichkeiten von Zulieferprodukten und der unmittelbare Verkauf an die direkten Abnehmer innerhalb des regionalen Agrarsystems stattfindet – wie in Abbildung 18 – oder ob überregionale Strukturen dominieren. Auch soll untersucht werden, inwiefern private und öffentliche Dienstleistungen vor allem auf regionaler Ebene genutzt werden[20], oder ob und in welchem Maße einen überregionale Nachfrage besteht. Das Modell lässt sich also durch eine Darstellung der *räumlichen Unterteilung* (vgl. Abb. 19) erweitern.

---

[19] Abbildung 18 zeigt, dass die Landwirte nicht mit allen Akteuren der Produktionskette direkt vernetzt sein müssen. Auf Grund der beschränkten Forschungsressourcen können im Rahmen dieser Arbeit im Wesentlichen nur die direkten Vernetzungen untersucht werden.

[20] Hierfür würde sprechen, dass in den Clusterkonzepten räumliche Nähe als Vorteil für immaterielle Vernetzungen dargestellt wird.

Abb. 18: Zusammenhang zwischen regionalem Agrarsystem und landwirtschaftlicher Warenkette

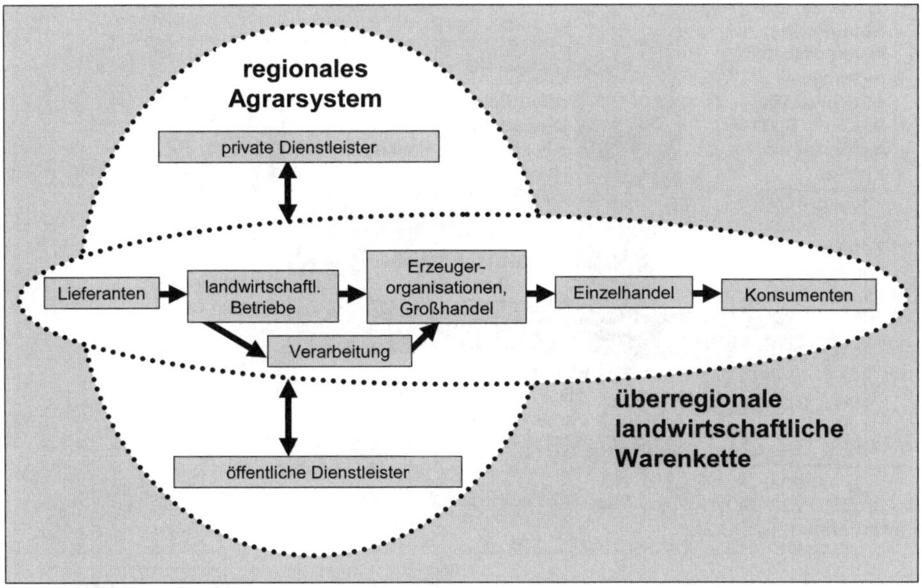

Quelle: e.D.; Dannenberg/Kulke 2005, S. 5

Des Weiteren wird die Integration der Akteure in das Netzwerk analysiert. So kann z.B. untersucht werden, ob einzelne Segmente oder Betriebe unterschiedlich in das Agrarsystem eingebunden sind und wenn ja, aus welchen betriebsexternen (z.B. Ausgrenzung durch mächtige Akteure) oder internen (mangelnde Bereitschaft) Gründen. Bezüglich der *Machtstrukturen* in den Warenketten ist weiterhin zu prüfen, welche Ausprägungen diese in den Vernetzungen der landwirtschaftlichen Betriebe besitzen (z.B. räumliche Ausprägungen und Identifizierung der dominanten Akteure, z.B. Einzelhandel und Weiterverarbeitung). Dies beinhaltet die Klärung, welche Bedeutung die Machtverhältnisse für die Wettbewerbsfähigkeit der landwirtschaftlichen Unternehmen besitzen. Einschränkend ist hierbei zu berücksichtigen, dass innerhalb der Warenketten empirisch nur die direkten Vernetzungen zu landwirtschaftlichen Betrieben überprüft werden können.

Auf Basis dieser Überlegungen stellt Abbildung 19 ein weiter verfeinertes Modell des Agrarsystems dar, welches die Grundlage der empirischen Analyse bietet.

Abb. 19: Verfeinertes Modell des regionalen Agrarsystems

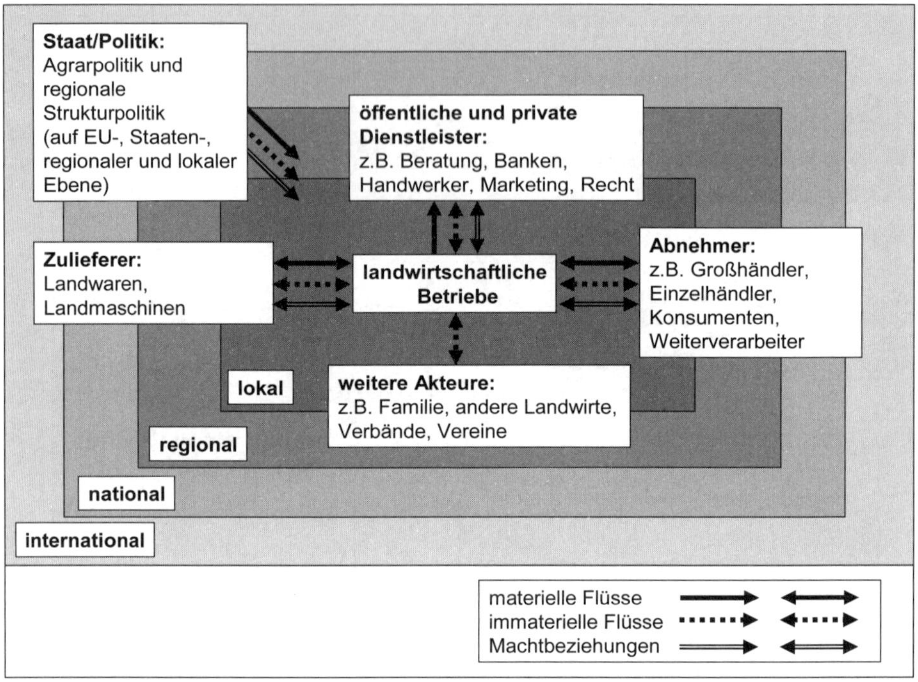

Quelle: e.D.

Das neue Modell stellt die Strukturen und Interaktionen innerhalb des regionalen Agrarsystems und nach außen dar. Die Verfeinerungen gegenüber dem Modell nach Kulke (vgl. Abb. 16) liegen in der Aufnahme weiterer Akteure, der Darstellung der Raumstrukturen und der Differenzierung der Vernetzungen. Neben den materiellen und immateriellen Flüssen lässt sich auch die Dominanz der Akteure in verschiedenen Richtungen darstellen. Während wie im Modell nach Kulke weiterhin davon ausgegangen wird, dass Dienstleistungen üblicherweise aus dem lokalen oder regionalen Umfeld bezogen werden, sind die Abnehmer und Zuliefervernetzungen auf Grundlage der Warenkettenansätze auf den verschiedenen räumlichen Ebenen dargestellt (die räumlichen Ausprägungen werden in Kapitel 4 differenziert untersucht). Auch die politischen Eingriffsmöglichkeiten sind räumlich und in ihrer Art differenziert dargestellt.

Es besteht die Möglichkeit verschiedener Arten von Agrarsystemen. So stellt Abbildung 16 ein offenes regionales Agrarsystem dar, in dem materielle Vernetzungen mit Zulieferern und Abnehmern auf allen räumlichen Ebenen stattfinden. Zwischen den Landwirten und den Zulieferern und Abnehmern existiert ein auf Gegenseitigkeit beruhender immaterieller Austausch. Zusätzlich sind die Landwirte durch Vernetzungen mit Dienstleistern und weiteren Akteuren in das regionale Agrarsystem eingebunden. Dabei besteht auch zwischen den Landwirten und den Dienstleistern, über das Kerngeschäft hinausgehender Wissenstransfer in beide Richtungen. Bei den Machtbeziehungen sind keine Dominanzen in eine bestimmte Richtung dargestellt. Der Staat nimmt primär Einfluss auf das System durch Agrarpolitik und regionale Strukturpolitik.

Wahrscheinlicher sind ausgehend vom GCC-Ansatz jedoch eher Agrarsysteme, die sich durch die Dominanz nachgelagerter Bereiche (z.B. durch große Weiterverarbeiter oder Einzelhändler) auszeichnen. (In diesem Fall wären die Pfeilspitzen nur von den Abnehmern auf die Landwirte gerichtet.) Denkbar sind auch weitere Systemvarianten in den verschiedenen variablen Bereichen, wie z.B. bipolare Agrarsysteme mit starker Zulieferer- und Abnehmerdominanz oder in sich geschlossene regional begrenzte Agrarsysteme.

Nicht graphisch in das Modell integriert werden konnte bisher die Entwicklung der *Wettbewerbsfähigkeit und der Strukturwandel* in der Landwirtschaft. Dabei kann die positive Wirkung eines regionalen Agrarsystems auf die Wettbewerbsfähigkeit der teilnehmenden Betriebe vor allem darin liegen:

1. durch eine auf gegenseitigem Lernen und Wissensaustausch mit den Akteuren der Wirtschaft und des ländlichen Raumes beruhende hohe Qualität der Produkte ihre Wettbewerbsfähigkeit zu steigern
2. durch besondere gemeinsame Strategien (z.B. im Bereich Direktverkauf und Vermarktung) einen größeren Grad an Unabhängigkeit in der Warenkette zu erreichen (Dannenberg/Kulke 2005, S. 4).

Bei der Betrachtung des Strukturwandels stellt sich im Rahmen der Arbeit primär die Frage, ob und in welchem Maße Faktoren des Strukturwandels existieren, die Einfluss auf die Vernetzungen und damit auch die Wettbewerbsfähigkeit nehmen. *Die Integration dieser beiden dynamischen Komponenten geschieht auf Grundlage der empirischen Ergebnisse in Kapitel 4.4 und 4.5.*

Nach der Analyse dieser Systembereiche und ihrer Wirkung auf die Wettbewerbsfähigkeit der landwirtschaftlichen Betriebe lassen sich dann die verschiedenen Ansatzpunkte einer systemorientierten *Förderung der landwirtschaftlichen Wettbewerbsfähigkeit* identifizieren.

Es bleibt grundsätzlich zu berücksichtigen, dass sich die hier vorgestellten Betrachtungen zu Standortsystemen in Industrie und Landwirtschaft überwiegend auf die Unternehmensseite beschränken, während die Akteursgruppen Nachfrager/Konsumenten und Planer/Politiker nur als modifizierende Einflussfaktoren Berücksichtigung finden.

Dies ließ sich auch bei der Verknüpfung der Ansätze nicht vollständig beheben. Auch ist es in den Ansätzen bisher nur begrenzt gelungen, „über die eher beschreibende Betrachtung hinaus eine determinantenorientierte Theorie, die Ursachen-Wirkungen-Prognosen-Komplexe eröffnet, zu entwickeln“ (Kulke 2004, S. 122). In diesem Bereich setzt die Arbeit im weiteren Verlauf neue Akzente, indem sie in Kapitel 4.5 verschiedene Wirkungen beschreibt und Prognose Möglichkeiten aufzeigt. Durch die Zusammenführung der Ansätze ließen sich spezifische Schwächen dieser Ansätze ausgleichen. So war die Schwäche des einen (z.B. geringe Berücksichtigung sozialer Vernetzungen bei Porter) oft die Stärke des anderen (stärkere Berücksichtigung beim innovativen Milieu).

2.4.3 Ableitung der Annahmen und detaillierten Forschungsfragen

Für die in Kapitel 1.3 formulierten Ziele ermöglicht das vorgestellte verfeinerte Modell des regionalen Agrarsystems nun die Ableitung konkreter Annahmen und daraus resultierender detaillierter Fragen. So lassen sich zunächst vier Annahmen formulieren:

1. Ländliche Räume sind durch einen auf der Landwirtschaft basierenden, aber über diesen hinausgehenden wirtschaftlichen Cluster (= regionales Agrarsystem) gekennzeichnet. Konstitutive Elemente dieses Agrarsystems sind lokale (d.h. innerhalb des Untersuchungsraums befindliche) materielle Verflechtungen, aber auch immaterielle Beziehungen zwischen den Akteuren.
2. Bei der Analyse der Raummuster der Verflechtungen zeigen sich in Abhängigkeit von ihrer Art (z.B. Absatz eher überregional, Dienstleistungen und Informationen eher regional), von den Betriebstypen (z.B. Kleinbetriebe stärker lokal, Großbetriebe eher überregional) und von den wirtschaftlichen sowie politischen Rahmenbedingungen (Polen und Deutschland) unterschiedlich große regionale bzw. überregionale Anteile.
3. Ein hoher Grad von lokalen immateriellen Vernetzungen kann Einfluss auf die Wettbewerbsfähigkeit landwirtschaftlicher Betriebe besitzen und prägt damit ihre Chancen im Strukturwandel bzw. im Transformationsprozess.
4. Die Kenntnis über Merkmale und Intensitäten der Verflechtungen innerhalb des Clusters und nach außen erlaubt die Identifikation von Ansatzpunkten einer nicht nur auf die Landwirtschaft, sondern auch auf ihre Vernetzungen im Agrarsystem orientierten regionalen Wirtschaftspolitik für ländliche Räume.

Um diese Annahmen zu untersuchen, stehen folgende Fragebereiche im Vordergrund:

1. Analyse möglicher Agrarsysteme in ländlichen Räumen:

   - Mit welchen außerlandwirtschaftlichen Akteuren und Bereichen sind die landwirtschaftlichen Betriebe der Untersuchungsräume direkt vernetzt?
   - Welche Arten von Vernetzungen lassen sich identifizieren? Welche Dimensionen besitzen diese Vernetzungen, d. h. welche quantitativen Umfänge (z.B. bei materiellen Verflechtungen gemessen in Geldeinheiten) und qualitative Bedeutungen (z.B. Wichtigkeit bei Informationsflüssen) sind zu erkennen?
   - Welches Raummuster weisen die Vernetzungen auf, d. h. welche Anteile entfallen auf die lokale, die regionale, die nationale und die internationale Ebene?
   - Welche signifikanten Unterschiede lassen sich in der Art und Intensität von Verflechtungen landwirtschaftlicher Betriebe zwischen den Untersuchungsräumen in Deutschland und Polen identifizieren und auf welche Faktoren sind diese zurückzuführen?
   - Welchen Einfluss hat der Strukturwandel auf die landwirtschaftlichen Betriebe und ihre Vernetzungen?
   - Inwiefern beeinflussen die identifizierten Agrarsystemelemente und Beziehungen durch ihre unterschiedlichen Ausprägungen (z.B. lokale Vernetzungen gegenüber weiträumigeren Außenvernetzungen) die Wettbewerbsfähigkeit der Landwirtschaftsbetriebe? Lassen sich typische für die Wettbewerbsfähigkeit günstige oder ungünstige Systemstrukturen feststellen?

2. Weiterentwicklung des Modells der Vernetzungen landwirtschaftlicher Betriebe im ländlichen Raum:

   - Inwiefern sind die bisherigen Verfeinerungen empirisch nachvollziehbar und in welchem Maße lässt sich das Modell des „Agrarsystems im ländlichen Raum" durch eine Differenzierung nach Bereichen, Arten, Umfang und Raumgliederung der Vernetzungen weiter verfeinern?
   - Welche weiteren differierenden Modellelemente sind für ein verfeinertes Modell des „Agrarsystems im ländlichen Raum" zu berücksichtigen?

3. Identifikation von Ansatzpunkten einer regionalen Wirtschaftspolitik:

   - An welchen Punkten kann eine agrarsystemorientierte Wirtschaftspolitik für ländliche Räume ansetzen? Lassen sich identifizierte positive Strukturen und Einflussfaktoren fördern bzw. ungünstige mindern?

Nach einer Einführung in die Methodik werden im Folgenden zunächst die Ausgangsbedingungen in Ostdeutschland und Polen im Strukturwandel und die Spezifische Situation in den Untersuchungsräumen dargestellt (K. 3). Anschließend erfolgt die Untersuchung der Vernetzungsstrukturen auf Grundlage des verfeinerten Modells des regionalen Agrarsystems sowie die Ableitung weiterer allgemeiner Erkenntnisse (K. 4). Kapitel 5 stellt schließlich die identifizierten Ansatzpunkte einer regionalen Wirtschaftspolitik heraus.

3 Methodik und Analyse der Ausgangsbedingungen

3.1 Methodik und Datengewinnung

3.1.1 Methodischer Rahmen

Die formulierten Annahmen und Fragebereiche betrachten sowohl quantitativ als auch qualitativ messbare Forschungsgegenstände. Um dieser Betrachtung Rechnung zu tragen, ist daher ein Methodenmix notwendig, der alle Bereiche der Aufgabenstellung erfasst (Wessel 1996; Kromrey 1994, S. 427f; Schätzl 2000, S. 37 ff). Dieser Methodenmix besteht aus einer Sekundärdatenanalyse, einer standardisierten Befragung sowie Interviews mit Landwirten und Gesprächen mit Experten (z.B. weitere Systemakteure, Wissenschaftler und Vertreter lokaler öffentlicher Einrichtungen; vgl. Anhang 1). Die Kapitel 3.2 und 3.3 beziehen sich hauptsächlich auf Sekundärdaten. In Kapitel 4 werden jedoch verstärkt die Ergebnisse von primären Erhebungen durch die standardisierten Befragungen, Interviews mit Landwirten und Expertengespräche betrachtet. Ein Großteil der für die Fragestellung wichtigen Daten inklusive des gesamten Bereichs der Vernetzungen in den Regionen wurde zuvor noch nicht statistisch erfasst. Doch auch durch eine statistische Erfassung lassen sich insbesondere die immateriellen Vernetzungen nur unzureichend dokumentieren, da die Qualität und die Ursachen dieser Vernetzungen unklar bleiben. Dies betrifft z.B. die Frage, inwieweit der regionale Vernetzungsgrad gerade mit außerlandwirtschaftlichen Aktivitäten – wie in den theoretischen Ansätzen angenommen – Einfluss auf die Wettbewerbsfähigkeit im Strukturwandel besitzt und welche Ansatzpunkte für eine sektorübergreifende Wirtschaftspolitik identifiziert werden können. Zur Gewinnung weiterer Informationen über solche Fragen und um die gewonnenen Ergebnisse richtig einzuordnen, sind weitergehende Interviews und Expertengespräche notwendig.

In den Interviews wurden die landwirtschaftlichen Betriebe aufgefordert, die Zusammenarbeit mit den verschiedenen Akteuren genauer zu beschreiben und dabei vor allem auf Wissensaustausch und Machtbeziehungen an Beispielen einzugehen.

In den Expertengesprächen konnte insbesondere die Frage vertieft werden, ob ein hoher regionaler Vernetzungsgrad mit außerlandwirtschaftlichen Aktivitäten – wie in den theoretischen Ansätzen angenommen – Einfluss auf die Wettbewerbsfähigkeit im Strukturwandel besitzt. Darüber hinaus konnten durch die Expertengespräche die entwickelten Modellerweiterungen mit den gegenwärtig eingesetzten wirtschaftspolitischen Maßnahmen verglichen werden. So ließen sich Verknüpfungspunkte zwischen derzeitigen Instrumenten und dem entwickelten Agrarsystemmodell aufzeigen. Die erkannten Ansatzpunkte, Defizite und Potenziale gingen in die Entwicklung von Vorschlägen für weitere Politikansätze ein (vgl. K. 5).

Es bleibt zu berücksichtigen, dass sich die standardisierte Befragung nur auf die landwirtschaftlichen Betriebe bezieht, da unter realistischer Schätzung des Erhebungsaufwandes weitergehende Befragungen der vernetzten außerlandwirtschaftlichen Betriebe innerhalb der vorgesehenen Zeit nicht vollzogen werden konnten. Um trotzdem einen Eindruck über die Vernetzungen aus Sicht dieser Akteure zu gewinnen, war die Durchführung flankierender Gespräche auch mit diesen Akteuren und weiteren Experten notwendig. Durch den parallelen Methodeneinsatz wurde somit ein differenziertes Bild räumlich gegliederter qualitativer und quantitativer Vernetzungen gewonnen. Auch zur Absicherung der Validität der Ergebnisse ist es sinnvoll, verschiedene Erhebungsverfahren zu kombinieren und durch Triangulation zu überprüfen (Jansen 2003, S. 70).

3.1.2 Vorgehensweise bei der Befragung

Ziel der standardisierten Befragung war es, eine quantitativ auswertbare, möglichst umfangreiche Datengrundlage bei einer relativ kleinen und überschaubaren Grundgesamtheit zu bekommen. Diese Grundgesamtheit setzte sich dabei aus allen landwirtschaftlichen Betrieben (Haupt- und Nebenerwerb) des Landkreises Elbe-Elster (412 Betriebe; Landwirtschaftsamt Elbe-Elster 2005) und des Powiats Pyrzyce (3098 Betriebe; Statistisches Amt Warschau 2005) zusammen. Als Erhebungsart wurde daher die Totalerhebung gewählt (Wessel 1996, S. 180; Kromrey 1994, S. 187ff). Die Befragung erfolgte in Elbe-Elster schriftlich an alle Landwirte des Landkreises. Die Adressen der Landwirte im Nebenerwerb[21] stellte das Ministerium für Landwirtschaft, Umweltschutz und Raumordnung des Landes Brandenburg (MLUR; Stand 2003) zur Verfügung. Die Adressen der Landwirte im Hauptberuf lieferte das Landwirtschaftsamt Elbe-Elster (Stand 2000). Insgesamt wurden alle 412 Betriebe mit Fragebogen und frankiertem Antwortcouvert angeschrieben und zudem durch Geographiestudenten der Humboldt-Universität zu Berlin im Rahmen eines Projektseminars telefonisch kontaktiert[22]. Dies diente dazu, eine höhere Rücklaufquote der Fragebögen zu erzielen, evtl. aufkommende Fragen zum Fragebogen zu beantworten und nach Möglichkeit einen

---

21 Die Befragung schließt die Landwirte im Nebenerwerb ein. Sie erzeugen zwar einen relativ geringen Umsatz, sind aber aus verschiedenen Gründen zu berücksichtigen: So stellen sie einen Großteil der statistisch geführten Arbeitsplätze in der Landwirtschaft in Elbe-Elster und Pyrzyce und die Mehrzahl aller Betrieb in Elbe-Elster. Zudem sind die Nebenerwerbsbetriebe Elbe-Elsters vom Umsatz oft größer als die Haupterwerbsbetriebe Pyrzyces (e.E.). Auch prägen die Nebenerwerbsbetriebe durch ihre weniger industrialisierte Betriebsführung oft stärker das ländliche Flair des ländlichen Raums als die Haupterwerbsbetriebe (vgl. EG1).

22 Dabei gilt es zu berücksichtigen, dass Telefoninterviews gegenüber „face to face"- Befragungen den Nachteil besitzen, dass die Identität und Kompetenz der befragten Person nicht vollständig geklärt ist. Die Gefahr, nicht den richtigen Gesprächspartner zu befragen, ist jedoch bei kleineren Betrieben und Familienbetrieben recht gering (vgl. Wessel 1996, S. 129).

Termin für ein persönliches Interview zu bekommen. Insgesamt konnten so 157 Betriebe (38,1%) standardisiert befragt und 30 verwertbare Interviews gewonnen werden. Die persönlichen Interviews erfolgten dann vor Ort durch den Autor dieser Arbeit und eine geschulte Geographiestudentin. Um die z.T. gewünschte Anonymität der Experten zu wahren, erfolgte keine namentliche Zuordnung der im Text verwendeten Aussagen.

In Pyrzyce war eine schriftliche Befragung wie in Elbe-Elster nicht möglich, da die Adressen der Landwirte des Landkreises nicht öffentlich zugänglich waren. Daher war es notwendig, direkt an die Dorfvorsteher der einzelnen Dörfer des Landkreises heranzutreten, da ihnen alle Adressen der Landwirte im Haupt- und Nebenerwerb vorlagen. Befragt wurde in Pyrzyce zusammen mit drei zuvor geschulten polnischen Geographiestudentinnen der Humboldt-Universität zu Berlin. Nach telefonischer Anfrage durch die Studenten informierten die Dorfvorsteher die Landwirte über das Vorhaben und gaben den Befragern, soweit ein Einverständnis vorhanden war, die Adressen und zum Teil einen Terminvorschlag. Es folgte ein Besuch, bei dem der Befrager den Fragebogen zum Ausfüllen hinterließ und ihn später wieder abholte. Nach Möglichkeit wurden zudem Interviews geführt. Um zu verhindern, dass durch die Dorfvorsteher eine Selektion der Landwirte erfolgte, fragten die Befrager die teilnehmenden Landwirte und Passanten in den Dörfern nach weiteren Landwirten, die zu einer Befragung bereit wären. In Einzelfällen konnten so weitere Landwirte gefunden und befragt werden. Insgesamt ließen sich durch diese Durchführung in Pyrzyce 175 Landwirte (5,7%) in 32 Dörfern standardisiert befragen, dabei konnten 25 Interviews gewonnen werden. Die Inhalte der Befragung und der Interviews flossen unter Wahrung der Anonymität der Befragten in die Ergebnisse ein.

Die Erhebung fand im Mai 2004 in Elbe Elster und im Oktober 2004 in Pyrzyce statt. Dies hatte den Vorteil, dass während der Befragung in Elbe-Elster gesammelte Erfahrungen in Pyrzyce genutzt werden konnten. Der zeitliche Abstand zwischen der ersten und der zweiten Befragung erklärt sich durch die saisonbedingte hohe Arbeitsbelastung der Landwirte im Sommer, die eine umfangreiche Befragung nicht zuließ. Weitere vertiefende Interviews wurden, wie auch die Expertengespräche, während des gesamten Zeitraums der Erstellung dieser Arbeit (September 2003 bis August 2006) geführt. Den Interviews mit den Landwirten kamen im Laufe der Forschungsarbeit unterschiedliche Funktionen zu, die auch die Methodik der Interviews beeinflussten. So war am Anfang des Forschungsprojekts die Problemstellung primär explorativ und die ersten Interviews besaßen keine engeren Leitfäden. Am Ende der Befragung gestalteten sich die Fragen zunehmend gezielter, um konkrete Details über erkannte Zusammenhänge zu erfahren.

Über die Befragungen hinaus nahm der Autor an Gruppendiskussionen und Regionalveranstaltungen teil, in denen wertvolle Kontakte geknüpft und Informationen gesammelt werden konnten. Von besonderer Bedeutung waren die zwei im Anschluss an die Befragungen durchgeführten regionalen Workshops, bei denen die ersten Ergebnisse der Befragungen vorgestellt und mit den Landwirten diskutiert wurden. Diese Workshops fanden in Zusammenarbeit mit den Teilprojekt 3: „Produktion von Non Commodity Outputs in landwirtschaftlichen Betrieben" und dem Teilprojekt 8: „Institutioneller Wandel von Wasserregulierungssystemen" der DFG-Forschergruppe „Strukturwandel und Transformation in der Landwirtschaft" statt (Dannenberg/Schleyer/Wüstemann 2005; vgl. WSEE; WSPY). Jeder Landwirt, der an der Befragung teilnahm, erhielt eine Einladung. Neben den Landwirten (60 in Elbe-Elster, ca. 30 in Pyrzyce) erschienen auch Stakeholder, wie Vertreter von Verbänden und Ämtern. In den hierbei geführten Diskussionen konnten weitere Informationen und Erkenntnisse, u.a. zur Interpretation der gewonnenen Daten gesammelt werden, die in die Ergebnisse einfließen. Schließlich erfolgte im Februar 2006 ein Symposium mit deutschen und polnischen Wissenschaftlern, bei dem die Ergebnisse vorgestellt und diskutiert wurden (vgl. DPST).

3.1.3 Aufbau des Fragebogens

Der Fragebogen (vgl. Anhang 2) basiert auf den in Kapitel 2.4.3 formulierten Forschungsfragen und Annahmen. Die betrieblichen Vernetzungspartner wurden dabei in Zulieferer, Abnehmer und Dienstleister (Schäkel 1996; K. 2.4.3; Annahme 1) aufgeteilt. Entsprechend gliedert sich der Fragebogen in drei Hauptblöcke mit Fragen zu Vernetzungen mit Zulieferern (Block 2), Abnehmern (Block 3) und Dienstleistern (Block 4). Kapitel 2.2.3 lässt erwarten, dass für die Machtverhältnisse in landwirtschaftlichen Wertschöpfungsketten insbesondere die Abnehmer von Bedeutung sind. Daher werden die Absatzwege der Betriebe nach ihrer Art differenziert betrachtet (Frage 3.1). Dienstleister besitzen – ausgehend von den theoretischen Ansätzen – als Anbieter immaterieller Produkte (z.B. Beratung) eine besondere Bedeutung für immaterielle wettbewerbsrelevante Vernetzungen. Da sich diese auch in äußerst unterschiedliche Dienstleistungen gliedern, wurden in Gesprächen mit Landwirten und Experten die wichtigsten Dienstleistungsbereiche identifiziert und die Fragen des Blocks 4 entsprechend in diese Bereiche aufgegliedert. Zudem wurde, um weitere Dienstleistungen nicht aus der Befragung herausfallen zu lassen, im Fragebogen ein Feld für weitere mögliche Dienstleister offen gelassen, welches jedoch kaum auf Resonanz traf.

Kapitel 2 machte deutlich, dass die genannten betrieblichen Akteure nicht die einzigen sind, mit denen Betriebe zusammenarbeiten und wettbewerbsrelevantes Wissen austauschen, sondern dass auch weitere lokale Akteure von Bedeutung sein können (vgl. Annahme 3). Zur Identifikation dieser Akteure dienen daher die Einführungsfrage (1) und Block 5. Um die Arten von Vernetzungen zu identifizieren, ihre Dimensionen und ihre qualitative Bedeutung darzustellen sowie ihre Raummuster aufzuzeigen (vgl. Annahme 1 und 2), werden verschiedene Fragen zum Teil in Kombination genutzt.

So beschäftigen sich die Fragen 2.1; 3.3; 4.1 mit der räumlichen Gliederung der Vernetzungen, die Fragen 2.2; 2.6; 3.1; 3.2; 3.7; 4.6 mit der Abhängigkeit der Betriebe zu ihren Vernetzungspartnern und 2.3; 2.4; 2.5; 3.4; 3.5; 3.6; 4.3; 4.5 mit der quantitativen und qualitativen Intensität der immateriellen Vernetzungen. Frageblock 6 enthält Fragen zu Merkmalen der Betriebe wie z.B. Betriebsgröße, Erwerbsform, Rechtsform und Umsatz. Besonders durch diesen Block ließen sich signifikante Unterschiede in der Art und Intensität der Vernetzungen auf verschiedene Faktoren und Betriebseigenschaften zurückführen. Zudem lassen sich durch die Kombination der Fragen etwa durch Kreuztabellen weitere Aussagen, etwa über die regionale Umsatzverteilung der Betriebe, treffen (vgl. Tab. 10 & 12).

Bei Skalierungen und Gliederungen (z.B. Rechtsformen, Umsatz- und Hektargrößen) konnte auf gängige Einteilungen zurückgegriffen werden (MLUR 2002). Dies ermöglichte die Vergleichbarkeit der Daten mit vorliegenden Sekundärstatistiken. Der Fragebogen war in beiden Regionen identisch.

Die Konzeption des in ca. 20 Minuten zu beantwortenden Fragebogens richtete sich nach etablierten Erkenntnissen der empirischen Sozialforschung und der Wirtschafts- und Sozialgeographie (Kromrey 1994, S. 283f; Wessel 1996, S. 103ff). Darüber hinaus konnte bei der Entwicklung des Fragebogens auf den Sachverstand verschiedener Experten zurückgegriffen werden[23].

Für beide Regionen erfolgte zunächst ein Pretest durch die Befragung von jeweils 10 Betrieben (Wessel 1996, S. 115), um mögliche Konzeptionsfehler zu korrigieren. Der Pretest bestätigte die ursprüngliche Fragebogenkonzeption. Allerdings wurde in Pyrzyce bei der Frage nach dem Jahresumsatz (6.13) die kleinste Kategorie <20.000€ in

---

23 Auf Erfahrungen mit Betriebsbefragungen ostdeutscher Landwirtschaftbetriebe konnte durch Gespräche mit Jörg Eggers, Jan Hinrichs und Christian Schleyer (befragte auch direkt in Elbe-Elster) von der Landwirtschaftlich-Gärtnerischen Fakultät der Humboldt Universität zu Berlin zurückgegriffen werden.
Über die regionalen Besonderheiten Elbe-Elsters konnten Gespräche mit den örtlichen Bauernverbänden (vgl. EG3; EG4) Aufschluss geben. Detaillierte Kenntnisse über die Region Pyrzyce konnten u.a. in einem Interview mit Dr. Christian Lis vom „Instytut Analiz Diagnoz i Prognoz Gospodarczych" in Stettin gesammelt werden (vgl. EG14). Weitere inhaltliche und konzeptionelle Aufschlüsse lieferten Gesprächen mit Dr. Rosemarie Siebert vom Leibnizzentrum für Agrarlandschaftsforschung (ZALF) e.V. Institut für Sozioökonomie in Müncheberg, Dr. Karin Wessel vom Arbeitsbereich Wirtschaftsgeographie an der Humboldt-Universität zu Berlin, Prof. Dr. Franz-Josef Kemper vom Arbeitsbereich Bevölkerungsgeographie an der Humboldt-Universität zu Berlin und Beatrice Rammstedt vom Zentrum für Umfragen, Methoden und Analysen Mannheim (ZUMA).

10.000-20.000€, 5.000-10.000€ und unter 5.000€ untergliedert. Hierdurch ergab sich ein differenzierteres Bild der zahlreichen Landwirte, die in diese Gruppe fielen. Für den vorgesehenen Vergleich mit Elbe-Elster war dies ohne Folgen.

3.1.4 Erläuterungen zum Datensatz

Die Gesamtmenge der Totalerhebung von 332 Fällen ist vergleichbar mit ähnlichen empirischen Untersuchungen[24]. Insgesamt entsprechen die 157 standardisiert befragten Betriebe in Elbe-Elster einem Anteil von 38,1% an der Grundgesamtheit von 412 Betrieben. In Pyrzyce konnte mit 175 Betrieben ein Anteil von 5,5% der 3098 Betriebe erfasst werden (vgl. Tab. 3).

Tab. 3: Vergleich der Grundgesamtheit und der erfassten Betriebe nach Rechtsform

	Grundgesamtheit	erhoben	
Elbe-Elster	abs.	abs.	in%
Einzelunternehmer Haupterwerb	86	44	51,2
Juristische Personen	66	42	63,6
Personengesellschaften	19	10	52,6
Einzelunternehmer Nebenerwerb	240	59	24,6
gesamt	412	157 [1)]	38,1
Pyrzyce			
Haupterwerb	2526	157	6,2
Nebenerwerb	572	14	2,5
gesamt	3098	175 [2)]	5,7

[1)] zwei Betriebe ohne Aussage [2)] vier Betriebe ohne Aussage
Quelle: e.E.; Landwirtschaftsamt Elbe-Elster 2005 (Stand 2003); Landwirtschaftsamt Pyrzyce 2004 (Stand 2002)

Es zeigt sich, dass die Haupterwerbsbetriebe häufiger antworten als die Nebenerwerbsbetriebe und entsprechend stärker repräsentiert sind. Dass einzelne Betriebsgruppen öfter antworten als andere ist ein häufiges Phänomen (Brem 2001; Wessel 1996), das jedoch im weiteren Verlauf der Untersuchung beachtet werden muss. An den relevanten Stellen (z.B. bei Betriebsgrößen) werden die Betriebe daher differenziert betrachtet. Abgesehen davon, bestätigten verschiedene Stakeholder auf den regionalen Workshops, dass die Erhebungen insgesamt repräsentative Ausschnitte aus den

---

[24] Brem (2001) beispielsweise bezieht sich in einer Untersuchung mit ebenfalls zwei Untersuchungsräumen auf insgesamt 242 befragte landwirtschaftliche Unternehmen, die er in Kategorien mit mindestens zwölf Fällen untersucht. Kulke (1986) beruft sich in einer empirischen Untersuchung, die u.a. auch Betriebsverflechtungen betrachtet, auf insgesamt 86 erhobene Betriebe für vier verschiedene Standortregionen. Schäkel (1996) zieht in einer Studie eine empirische Erhebung der Landwarenhandelsbetriebe mit insgesamt 77 Betrieben für zwei Untersuchungsräume heran, die er in Kategorien mit unter 20 Fällen statistisch auswertet.

Grundgesamtheiten der landwirtschaftlichen Betriebe liefern (vgl. WSEE und WSPY 03.05.2005).

Nicht jeder teilnehmende Landwirt beantwortete jede Frage. In Einzelfällen war nicht zu erkennen, ob eine Frage offen blieb, weil sie auf den Betrieb nicht zutraf, oder weil der Ausfüllaufwand zu hoch war. Hierdurch können sich leichte Verzerrungen bei den Berechnungen zum Beispiel von Prozentanteilen ergeben. Im Zweifelsfall zählte eine nicht ausgefüllte Antwort als „nicht zutreffend". Die deutliche Mehrheit der Betriebsleiter beantwortete alle Fragen, so dass verwertbare Ergebnisse gesammelt werden konnten (vgl. Anhang 3).

3.1.5 Datenauswertung

Die Interviews und Expertengespräche wurden durch den jeweiligen Interviewleiter geführt und von den Protokollanten mitgeschrieben. Die Protokollmitschrift geschah sinngemäß, besonders wichtige und prägnante Aussagen wurden wörtlich protokolliert. Die Interviews ließen sich in Anlehnung an die gängige Auswertung von Literatur durch Zitation und Verweis auswerten.

Nach Abschluss der teilstandardisierten Datenerhebung erfolgte die Eingabe der gewonnenen Befragungsdaten und die statistische Zusammenfassung der Ergebnisse insgesamt sowie nach Teilgruppen mit dem Statistik-, Analyse- und Visualisierungsprogramm SPSS (Pospeschill 2002). Die Ergebnisse wurden dabei nach Betriebstypen gegliedert und deren signifikante Unterschiede hinsichtlich der Vernetzungen durch Chi^2-Tests (Bahrenberg/Giese/Nipper 1990, S. 125ff) überprüft. Für die Tests von Unterschieden zwischen gemessenen Werten, fand eine vorgeschaltete Bestimmung der erwarteten Werte durch Vierfelder-Kreuztabellen statt. Als unterste Grenze für eine signifikante Abweichung wurde auf Grund der geringen Stichprobengröße ein Signifikanzniveau von 10% gesetzt. Darüber hinaus wurden die Niveaus 5% und 1% zur Darstellung hoher Signifikanzen gewählt (Bahrenberg/Giese/Nipper 1990).

Ziel war es zu zeigen, inwieweit zwischen den Betriebstypen Unterschiede in der Art, in der Intensität und im Raummuster externer Verflechtungen bestehen (vgl. K. 4). Eine Clusteranalyse konnte zusätzlich Gruppen mit typischen Vernetzungen bilden und Rückschlüsse auf die Wettbewerbsfähigkeit der Betriebe dieser Gruppen in Abhängigkeit zu den Arten der Vernetzungen aufzeigen (vgl. K. 4.4).

Basierend auf den gewonnenen Daten und Informationen erfolgt eine Weiterentwicklung des Agrarsystemmodells (vgl. K. 4.5). Hierbei konnten detailliert die Beziehungen zu den verschiedenen Akteuren (vor allem Zulieferer, Abnehmer und Dienstleister) aufgezeigt werden. Zudem ließen sich die Arten der Verflechtungen (materielle und immaterielle, direkte und indirekte) charakterisieren und ihre Dimensionen und Qualitäten der Vernetzungen sowie deren Raummuster (intra-, interregional, international) dokumentieren. Aus diesen Erkenntnissen ließen sich in Kapitel 5 Ansatzpunkte für politische Entscheidungsträger ableiten.

Es bleibt für die Schlussfolgerungen und Handlungsempfehlungen zu berücksichtigen, dass dem folgenden empirischen Befund Grenzen gesetzt sind. Dabei sind insbesondere vier Aspekte der Untersuchung zu nennen:

1. Für die Übertragbarkeit der Ergebnisse ist zu beachten, dass sich der Befund auf zwei Fallbeispielregionen beschränkt, aus denen wiederum nur eine begrenzte Menge von Betriebsleitern statistisch erfasst werden konnte. Dabei ist denkbar, dass die Betriebsleiter, die bereit waren, an der Befragung teilzunehmen, auch grundsätzlich offener und kooperationsbereiter sind.
2. Die gewählten Indikatoren stellen nur begrenzt die wirkenden Zusammenhänge dar. So geben zum Beispiel die Wettbewerbsindikatoren nur einen Ausschnitt der Wettbewerbsfähigkeit wieder.
3. Die Untersuchung stützt sich häufig auf Schätzungen und Einschätzungen der Betriebsleiter. Es ist nicht auszuschließen, dass diese Aussagen nicht immer mit den tatsächlichen Sachverhalten übereinstimmen (z.B. auf Grund bewusster Falschaussage oder unzureichendem Kenntnisstand).
4. Trotz umfangreicher flankierender Interviews bleibt eine Restunsicherheit inwiefern alle dargestellten Zusammenhänge direkt kausal begründet sind oder ob zum Beispiel Auslöser zusammen oder nebeneinander wirken (Multikausalität). Darüber hinaus können weitere Probleme auftreten, die eventuell leichte Veränderungen der Ergebnisse verursachen (Wessel 1996, S. 197; Friedrichs 1980, S. 222).

Unter Berücksichtigung dieser Aspekte lassen sich insgesamt jedoch wichtige weiterführende regionale sowie allgemeine Erkenntnisse gewinnen und Handlungsempfehlungen ableiten, die im Folgenden dargestellt werden.

3.2 Rahmenbedingungen und Wandel in Ostdeutschland und Polen

Kapitel 2 machte deutlich, dass sowohl frühere als auch derzeitige wirtschaftliche und politische, aber auch weitere sich verändernde Rahmenbedingungen Einfluss auf regionale Agrarsysteme im Strukturwandel nehmen und diese daher in die Analyse mit einfließen müssen (vgl. auch Annahme 2, K. 2.4.3). Um festzustellen, welche Faktoren in den Untersuchungsräumen in Polen und Ostdeutschland die Vernetzungen der landwirtschaftlichen Betriebe prägen und zu Unterschieden (z.B. in Art und Intensität) führen, werden die wesentlichen Merkmale und Rahmenbedingungen im Folgenden analysiert (vgl. Fragestellung).

Hierbei lassen sich die Rahmenbedingungen und der Strukturwandel in Ostdeutschland und Polen (K. 3.2) und die spezifische Situation in den Untersuchungsräumen untersuchen. Zunächst werden in Kapitel 3.2 die Situationen und Strukturen der ostdeutschen und der polnischen Landwirtschaft, ausgehend von ihrer Entwicklung im Sozialismus, bis in die Gegenwart betrachtet. Darüber hinaus findet eine Untersuchung der Prozesse des Strukturwandels und der Transformation im Agrarbereich der EU statt. Im Anschluss daran erfolgt eine gesonderte Analyse der politischen Rahmenbedingungen zur Zeit der Untersuchung 2003-2006. Kapitel 3.2.5 stellt zum Schluss eine zusammenfassende Gegenüberstellung und Strukturierung der wichtigsten Merkmale und Unterschiede der ostdeutschen und polnischen Landwirtschaft in den unterschiedlichen Ausprägungen des Strukturwandels dar. Kapitel 3.3 geht dann auf die Situationen in den Untersuchungsräumen Elbe-Elster in Brandenburg und Pyrzyce in Westpolen (vgl. die Karte in Abb. 20) ein. Die Analyse der Wirkungen der einzelnen Rahmenbedingungen und ihre Bedeutung für bzw. auf die Systemstrukturen findet in Kapitel 4 statt.

3.2.1 Sozialismus und Wandel in der ostdeutschen Landwirtschaft

Nach dem zweiten Weltkrieg wurde in der sowjetischen Besatzungszone und der späteren DDR ein auf den Prinzipien des Marxismus-Leninismus basierendes Wirtschaftssystem aufgebaut, aus dem eine sozialistische Landwirtschaft resultierte (Krebs 1988, S. 2ff). Bestimmende Elemente dieser Landwirtschaft waren neben der zentralisierten staatlichen Planung das sozialistische Eigentum an den Produktionsfaktoren (Rothenauer et al. 1987, S. 20f). Die Vergesellschaftung der Produktionsfaktoren bedeutete den Entzug der individuellen Verfügungsrechte. Sie umfasste die Überführung in genossenschaftliches Eigentum oder die Bildung von Volkseigentum. Im Zuge der Bodenreform wurden von 1945-1949 die Eigentümer aller Betriebe mit einer Fläche von mehr als 100ha enteignet und kollektiviert. 1960 erfolgte der erzwungene Zusammenschluss aller noch privater Betriebe in landwirtschaftliche Produktionsgenossenschaften (LPGen).

Bis unmittelbar vor der Wiedervereinigung entstand so eine Agrarstruktur, die durch spezialisierte staatliche und genossenschaftliche Großbetriebe gekennzeichnet war. Die LPGen und volkseigenen Güter bewirtschafteten zusammen 89,8% der landwirtschaftlichen Nutzfläche. Private Landwirtschaft war 1989 in sehr begrenztem Rahmen wieder existent. So wurden die übrigen 10,2% zur einen Hälfte durch private Landwirtschaft, einschließlich Kirchengüter genutzt. Die andere Hälfte wurde den Genossenschaftsbauern und Arbeitern in Form von 0,25ha Parzellen zur persönlichen Bewirtschaftung überlassen (Schrader 1991, S. 9f).

Für die staatlichen Betriebe nahm der Staat in Ostdeutschland zentrale Funktionen in den Warenketten ein. Transaktionen für Produkte wurden im Falle inländischer Kunden von der Verkaufsorganisation des Kombinats, im Falle internationaler Kunden von der Exportorganisation des Kombinats durchgeführt. Dies bedeutete für die einzelnen Betriebe, dass sie keinen direkten Kontakt zum Endabnehmer hatten (Altenbach 1993, S. 46).

Mitte August 1990 existierten rund 4.500 LPGen. Von diesen wurden etwa drei Viertel bis 1992 in andere Rechtsformen umgewandelt, während ein Viertel in Liquidation ohne Rechtsnachfolge ging oder durch Gesamtvollstreckungsverfahren rechtlich neu geregelt wurde (BML 1992, S. 20).

Auf Grund des beschriebenen externen Vertriebes durch die Verkaufsorganisationen kannten die Betriebe ihre Kunden in den meisten Fällen nicht. Im Zuge des Transformationsprozesses mussten somit für Segmente, die nicht innerhalb des Kombinats weitergegeben wurden, erst direkte Abnehmer-Verbindungen aufgebaut werden (Altenbach 1993, S. 46). Die Betriebe befanden sich in Abhängigkeit von ihrer früheren Eingebundenheit in sozialistische Warenketten und von ihrem jetzigen Entwicklungsstand im Transformationsprozess in schwächer ausgeprägten Vernetzungen als vergleichbare Betriebe Westeuropas.

Insgesamt verloren mehr als drei Viertel der 1989 in der Landwirtschaft Beschäftigten ihre Arbeit (Brandenburger Landfrauenverband e.V. 2002, S. 5). 1993 bestand die landwirtschaftliche Betriebstruktur zu 81,2% aus Einzelunternehmen, 7,4% aus Personengesellschaften und 11,4% aus juristischen Personen. Wobei die Einzelunternehmen 17,6%, die Personengesellschaften 18,1% und die juristischen Personen 64,3% der landwirtschaftlichen Nutzfläche in Besitz hielten (BML 1994, S. 14). Die Struktur der ostdeutschen Landwirtschaft ist demzufolge durch große Gesellschaften geprägt, die auf Grund ihrer hohen Produktionsmengen und ihrer ehemaligen Eingebundenheit in kollektive Strukturen andere Zuliefer- und Abnehmerverflechtungen erwarten lassen als die im Folgenden dargestellten polnischen Betriebe.

3.2.2 Die polnische Landwirtschaft vor dem Beitritt in die EU

Während die ostdeutschen Betriebe mit der deutschen Wiedervereinigung innerhalb kurzer Zeit in die Marktwirtschaft der Bundesrepublik eingeführt wurden, vollzog sich in Polen zwischen dem Fall des Sozialismus und dem Beitritt Polens in die EU eine Transformationsphase (1989-2004), in der der Einstieg in das neue System langsamer voranschritt. Auch vor 1989 war die Landwirtschaft Polens nicht durch eine derartig umfassende Kollektivierung gekennzeichnet wie die ostdeutsche. Nur rund 18% der landwirtschaftlich genutzten Fläche wurde bis 1989 zu Staatseigentum mit ähnlichen Vertriebsstrukturen wie in Ostdeutschland. Obgleich der Großteil dieser Fläche heute noch in Staatshand ist, wird der überwiegende Teil davon mittlerweile von Privatpächtern bewirtschaftet (EU 2004). Dabei dominieren kleine Familienbetriebe mit einer Flächenausstattung von weniger 10ha Nutzfläche und einer veralteten Produktionstechnik die Struktur der landwirtschaftlichen Betriebe in Polen (Banski 2003, S. 223; Borsig/Kriszan 2003, S. 46ff).

Der Systemwandel 1989 hatte sofort grundlegende Wirkungen auf die polnische Landwirtschaft und die Nahrungsmittelproduktion. So bewirkte die Auflösung der Staatsgüter ein Ansteigen der Arbeitslosigkeit auf dem Lande, da die meisten nichtselbständig Beschäftigten in der Landwirtschaft nicht in der Lage waren, selbstständige Existenzen zu gründen (Jäger-Dabek 2003, S. 155ff). Anfang der 1990er Jahre stiegen die Preise für Nahrungsmittel um bis zu 50%. Grund hierfür waren insbesondere Einschränkungen der bis dahin hohen Regierungssubventionen. Durch den Rückgang der Realeinkommen der polnischen Bevölkerung um ca. ein Drittel sowie die Konkurrenz ausländischer Importe nach der Liberalisierung des Handels kam es zusätzlich zu einem starken Rückgang der Nachfrage nach inländischen Produkten. Entsprechend verringerte sich die Produktion. Besonders betroffen waren dabei die Fleisch- und Milchwirtschaft (Stryjakiewicz 1993, S. 177f). Ein Hauptproblem dieser Betriebe war schon vor der Wende die Versorgung der Tiere mit Kraftfutter, welches zu 96% aus importierten Komponenten (z.B. Soja und Fischmehl) bestand und folglich von externen Zulieferungen abhängig war. Nach zwischenzeitlichen Verbesserungen der Futterversorgung Ende der 1980er Jahre verschärfte sich die Situation ab 1990 erneut durch eine „Überflutung" (Stryjakiewicz 1993, S. 178ff) des Inlandsmarktes mit vergleichsweise billigen Geflügelprodukten insbesondere aus den Nachfolgestaaten der Sowjetunion. Gleichzeitig kam es in den nachgelagerten Bereichen der landwirtschaftlichen Produktionskette zu Verschiebungen. Auslöser waren dabei der Wandel der Organisations- und Eigentumsstruktur, Demonopolisierung und Privatisierung (Stryjakiewicz 1993, S. 178ff).

Bis heute herrscht in den ländlichen Räumen Polens eine hohe Erwerbsquote der Landwirtschaft (17,3%; vgl. Statistisches Amt Stettin 2004) bei gleichzeitig nur langsam steigendem Kapitaleinsatz und schrittweiser Modernisierung der Betriebe. Diese hohe Erwerbsquote erklärt, dass die Landwirtschaft und ländliche Räume in der polnischen Politik einen hohen Stellenwert besitzen, der sich nicht nur in der einflussreichen polnischen Bauernpartei darstellt, sondern auch in umfangreichen politischen Maßnahmen. Insgesamt gab der polnische Staat 2003 5,5 Mrd. € (ca. 10% der Staatsausgaben) für den Agrarsektor aus (MLLE 2004, S. 58). Rund 70% davon flossen in die Sozialversicherung der Landwirte (EU 2004). Trotz zahlreicher Instrumente zur Förderung der Landwirtschaft war die Hilfe, die polnische landwirtschaftliche Produzenten erhielten, deutlich geringer als der EU-Durchschnitt (MLLE 2004, S. 57). Seit 1994 gewinnt in Polen auch die Entwicklung des ländlichen Raums an Bedeutung (MLLE 2004).

3.2.3 Strukturwandel und Transformation im Agrarbereich der EU

Neben diesen grundlegenden Veränderungen in Polen und Ostdeutschland fand auch in den EU-Ländern insgesamt ein Strukturwandel (vgl. K. 2.3.1) statt, der eng mit einem Beschäftigtenabbau in der Landwirtschaft verbunden war und zu den beschriebenen strukturellen Problemen (vgl. Abb. 15) führte. Es befindet sich heute aber nicht nur der ländliche Raum, sondern auch die gesamte landwirtschaftliche Warenkette von der Produktion bis zum Einzelhandel in einem Strukturwandel (vgl. K. 2.3.1; Abb. 13; Arnold 1998; Nuhn 1993a; Taubmann 2000; Wollkopf 1996). So verändert sich die Agrar- und Lebensmittelproduktion innerhalb *(betriebsintern)* und außerhalb der landwirtschaftlichen Betriebe *(betriebsextern)* durch neue Produktions-, Informations- und Kommunikationstechnologien sowie die biologisch-chemische Forschung in ihrer Effizienz und Qualität. Zugleich lässt sich *betriebsextern* auch ein starker mit diesen Veränderungen interdependenter räumlicher Wandel der Organisation landwirtschaftlicher Warenketten feststellen.

Bis in die 1960er Jahre waren große Teile der Ernährungswirtschaft auf kleinräumige Versorgungsbeziehungen ausgerichtet. In der Region erzeugte landwirtschaftliche Produkte wurden in den benachbarten städtischen Zentren verarbeitet und von der ansässigen Bevölkerung konsumiert (Nuhn 1993a, S. 137). Dabei waren diese traditionellen Produktionsketten durch die leichte Verderblichkeit vieler landwirtschaftlicher Produkte und durch hohen Transportaufwand stark regional gebunden.

Heute sind die ökonomischen Verflechtungen zunehmend komplexer, und landwirtschaftliche Warenketten werden durch technologische, soziale, politische und ökonomische Rahmenbedingungen beeinflusst (Whatmore 1994, S. 46ff). Durch technologische und organisatorische Innovation[25] konnten die kleinräumigen Wirtschaftskreisläufe aufgelöst und das Einzugs- und Absatzgebiet auf die nationale und internationale Ebene erweitert werden. Der Großteil landwirtschaftlicher Produkte gelangt heute über große Einzelhandelsketten in hohen Mengen zu gleichbleibender Qualität an den Endverbraucher. Dies führt in der Landwirtschaft zu größeren, industrialisierten [26]und stärker an Skalenerträgen ausgerichteten Betrieben (Lorek 2002, S. 10ff).

Die industrielle Verarbeitung unter fortschreitender Einbeziehung technologischer und wissenschaftlicher Erkenntnisse hat den Landwirt dabei in vielen Produktionsbereichen zum Rohstofferzeuger degradiert und einen Großteil der Arbeitsplätze in der Landwirtschaft überflüssig gemacht (vgl. K. 1.1). Gleichzeitig sind immer mehr Akteure an der Erstellung eines Produktes von der ersten Idee bis zur Auslieferung an den Abnehmer beteiligt (Nuhn 1993a, S. 137). Dies ist die Folge einer zunehmenden Arbeitsteilung durch Auslagerung von Funktionen, die früher der Hersteller selbst durchgeführt hat sowie eines gestiegenen Bedarfes an speziellem Know-how in Bereichen wie Forschung und Entwicklung, Marketing und Verkaufsförderung sowie Informationsverarbeitung und Logistik (Schäkel 1996, S. 33). Ohne fachgerechte Homogenisierung, Stabilisierung und Konservierung und ohne Marketingstrategien oder moderne Vertriebslogistik, wie sie der Fachhandel und die großen Einzelhandelsketten erwarten, kann der landwirtschaftliche Produzent seine Güter nur noch in wenigen Nischenbereichen absetzen. Insbesondere die Produktion großer einheitlicher Partien stellt die Landwirte – und dabei besonders die kleinen Betriebe – vor große Herausforderungen. Hieraus resultiert eine zunehmende Verflechtung und wechselseitige Abhängigkeit einzelner Produktionsstufen und Standorte (Nuhn 1993a, S. 137). Die Schließung von Standorten industrieller Bereiche der Wertschöpfungskette (z.B. Tierfuttererzeuger, Weiterverarbeitungsbetriebe, Großhändler) im ländlichen Raum führt zu einer Erweiterung der Einzugs- und Absatzgebiete. Einer Vielzahl von Landwirten einer großen Region stehen dabei immer weniger und immer größer werdenden Zulieferern[27] und Abnehmern gegenüber.

Generell ist heute in der EU bei weiterverarbeitenden Betrieben und Landwarenhandelsunternehmen eine starke Konzentration (zur Realisierung von Economies of Scale) zu beobachten (Schäkel 1996). Dabei konzentrieren sich Weiterverarbeitung und Handel nicht nur auf eine sinkende Zahl großer Unternehmen, sondern auch auf weniger

---

[25] z.B. Konservierung, Kühlkette, effektivere Lagerhaltung und Koordination, neue Distributionssysteme

[26] z.B. durch moderne Massenfütterungs- und Zuchtmethoden, neue Erntetechniken, chemische Pflanzenschutzmittel

[27] Beispielsweise sank die Zahl der Mischfutterhersteller in Deutschland von 1999/2000 bis 2003/2004 um 15,4% (vgl. BMVEL 2001; BMVEL 2004).

Standorte. Durch wachsende Größe und eine schrumpfende Zahl an Konkurrenten gewinnen die verbleibenden Unternehmen an Marktmacht; hierdurch steigt der Grad externer Abhängigkeit der vielen landwirtschaftlichen Betriebe (mit Preis- und Qualitätsdruck) gegenüber diesen wenigen mächtigen Abnehmern.

Zudem änderten sich nicht zuletzt seit den Verordnungen des Rates der Europäischen Wirtschaftsgemeinschaft zur freien Produktion der Landwirtschaft (1964) die *politischen Rahmenbedingungen*. Die Liberalisierungen begünstigten vor allem große überregional und international agierende Unternehmen, so dass sich die nahbereichsorientierte landwirtschaftliche Produktion auch dadurch in einem noch nicht abgeschlossenen Auflösungsprozess befindet (vgl. K. 1.1). Dieser betrifft mit der Deutschen Einheit 1990 besonders die Neuen Bundesländer und seit der politischen Wende auch 1989 Polen (Janzen 1998, S. 43). Im staatlich-großbetrieblich geprägten Ostdeutschland und im kleinbetrieblich dominierten Polen führten die Markterweiterungen und Transformationsprozesse der Wirtschaftssysteme zu erheblichen Standort- und Strukturveränderungen im Bereich der Nahrungsmittelindustrie und damit zur Neuorganisation von Wertschöpfungsketten (Nuhn 2004, S. 54; Neiberger 1998, S. 128; Berthold 1993, S. 151).

In Ostdeutschland bewirkte der Strukturwandel zusammen mit der landwirtschaftlichen Transformation einen kurzfristigen umfangreichen Beschäftigtenabbau, der erhebliche Strukturprobleme in den ländlichen Landkreisen verursachte. Heute ist der Wandel der Wertschöpfungsketten bereits weit fortgeschritten und die Produktivität der landwirtschaftlichen Betriebe konnte durch technischen Fortschritt erhöht werden. Insbesondere die Größen- und Produktionsstrukturen der landwirtschaftlichen Betriebe (große landwirtschaftliche Produktionsbetriebe) kamen diesem Wandel dabei zum Teil entgegen (Klohn/Roubitschek 2004, S. 25).

In der kleinbetrieblich geprägten polnischen Landwirtschaft und den ihr nachgelagerten Verarbeitungs- und Handelsbereichen ist der Wandel weiterhin in vollem Gang (Chloupkova/Svendsen/Svendsen 2003, S. 244; Borsig/Kriszan 2003, S. 47). Auf Grund der bis heute niedrigen Produktivität und den kleinbetrieblichen Strukturen schätzt Jäger-Dabek (2003, S. 158), dass in Folge des EU-Beitritts (2004) etwa vier von fünf polnischen Bauernhöfen langfristig nicht überlebensfähig sind.

3.2.4 Politische Rahmenbedingungen zur Zeit der Untersuchung 2003-2006

Mit den Auswirkungen des skizzierten Wandels in Landwirtschaft und ländlichem Raum in Ostdeutschland und Polen beschäftigen sich die Agrarpolitik und die regionale Strukturpolitik auf den verschiedenen Ebenen der EU bis hinunter auf die lokale Ebene. Das folgende Kapitel gibt einen Überblick über die aktuellen struktur- und agrarpolitischen Rahmenbedingungen in den Untersuchungsräumen und charakterisiert die für die Fragestellung besonders relevanten Politikbereiche und -tendenzen[28] (vgl. hierzu auch die regionalen Förderprogramme in den Untersuchungsräumen in K. 3.3.5). Diese werden in Kapitel 5 aufgegriffen und bei der Ableitung von Handlungsempfehlungen berücksichtigt.

Veränderungen in der EU-Agrarpolitik

Die Agrarpolitik in Deutschland und Polen folgt den Prinzipien und Elementen der Gemeinsamen Europäischen Agrarpolitik (GAP). Diese Prinzipien werden durch die folgenden Maßnahmen gewährleistet (Bundesregierung 2005, S. 3; MLLE 2004, S. 61):

- Ankäufe durch Interventionsstellen (z.B. im Bereich der Butterproduktion)
- Ausfuhrerstattungen
- Beihilfen für Lagerhaltungskosten
- Betriebsprämienregelungen

Noch im Jahre 2002 gab die EU mit insgesamt 42 Mrd. € den weitaus größten Teil (90%) der Agrarausgaben für die Markt- und Preispolitik aus, zu denen zum Anfang der Untersuchung auch erhebliche produktbezogene Prämienzahlungen (z.B. Tierprämien) gehörten. Durch diese Maßnahmen griff die EU erheblich in die landwirtschaftliche Wertschöpfungskette ein und trat als dominierender Akteur (vgl. K. 2.2.2) auf. Besonders dieser Aspekt der bis dahin betriebenen Agrarpolitik wurde in der Literatur äußerst kritisch gesehen (z.B. Brasche 2002; Müller et al. 2002). So bewirkte sie, dass Produktions- und Investitionsentscheidungen – aus betriebswirtschaftlicher Sicht rational und effizient – zum Teil massiv nach Subventionszuwendungen getätigt wurden. Viele Strukturen der Produktion in den Wertschöpfungsketten waren nur unter den gegebenen Subventionsbedingungen, nicht aber aus volkswirtschaftlicher Sicht effizient, da sie sich nicht primär an Nachfrage und Bedarf orientierten und für die Subventionsgeber erhebliche Kosten verursachten. Die Empfänger der Subventionen versuchten dabei aktiv, Reformen in der Agrarpolitik zu verhindern, um ihre Subventionsbezüge

---

[28] Einen Einblick in die politischen Rahmenbedingungen der Landwirtschaft Ostdeutschlands und Polens geben z.B.: BMVEL 2006; Bundesregierung 2004; Petrick et al. 2002; Balmann 1994; Jäger-Dabek 2003; MLLE 2004.

zu erhalten. Dieser Prozess führte zum Teil zu dem in Kapitel 2.1.1 beschriebenen politischen Lock-In, etwa im Bereich der Milchproduktion, ausgelöst durch die Zahlung von direkt produktionsbezogenen Milchprämien (Balmann 1994, S. 27). Die politischen Eingriffe behinderten so innovative Prozesse in der landwirtschaftlichen Produktion und die Wahrnehmung potenziell alternativer Produktionsbereiche, da sie gegenüber den subventionierten künstlich unattraktiv blieben.

Die restlichen 10% (4,6 Mrd. €) flossen in die Entwicklung des ländlichen Raums. Ziele waren eine nachhaltige Landbewirtschaftung, die Stärkung der Wettbewerbsfähigkeit, die Erhaltung einer intakten Kulturlandschaft und die Sicherung der natürlichen Ressourcen. Zur Verwirklichung dieser Ziele wurden die folgenden Maßnahmen angewandt:

- Modernisierung landwirtschaftlicher Betriebe
- Verbesserung von Sicherheit und Qualität der Nahrungsmittel
- Einkommenssicherung für Landwirte
- Umweltpolitik
- Schaffung alternativer Beschäftigungsmöglichkeiten
- Verbesserung der Lebens- und Arbeitsbedingungen
- Förderung der Chancengleichheit

Insgesamt wurde die GAP bisher nur teilweise auf die in Kapitel 3.2. beschriebenen Veränderungen eingestellt und konnte den Beschäftigtenabbau trotz ihres Hauptziels, den Anpassungsprozeß der Landwirtschaft an den Strukturwandel sozial abzufedern, nicht verhindern (Balmann 1994, S. 27; Brasche 2002). Von Juni 2003 bis November 2005 reformierte die EU die bisherige Politik der GAP weiter (BMELV 2006, S. 11f). Kernelemente dieser Reformschritte, die für Deutschland wie für Polen gelten, sind dabei:

- Die Entkopplung der Direktzahlungen von der Produktion: Direktzahlungen sind abgesehen von einigen Ausnahmen (Stärkekartoffeln, Schalenfrüchte, Eiweißpflanzen, Tabak und Energiepflanzen) nicht mehr von der Produktion der Erzeugnisse abhängig. Stattdessen errechnen sich die Direktzahlungen nun zum einen nach der Höhe der in der Vergangenheit gezahlten Direktzahlungen und zum anderen nach Größe der beihilfefähigen Fläche in ha.

- Cross Compliance: Voraussetzung für den vollständigen Erhalt der entkoppelten und gekoppelten Direktzahlungen ist die Einhaltung von bestimmten Bewirtschaftungsauflagen in den Bereichen Umwelt- und Tierschutz sowie Lebens- und Futtermittelsicherheit.

- Modulation: Bereitstellung von Mitteln für Maßnahmen zur Förderung der ländlichen Entwicklung durch Kürzung der Direktzahlungen. Zu diesen Maßnahmen zählen die Bereiche Tierschutz, Lebensmittelqualität und regionale Partnerschaften.

Die Reformschritte stellen dabei eine Reaktion auf die beschriebenen Veränderungen im Bereich der Landwirtschaft dar. Dabei sollen sie einen großen Teil der betrachteten Probleme lösen und die gesellschaftliche Akzeptanz der Direktzahlungen an die Landwirtschaft wahren. Zum Zeitpunkt der quantitativen Erhebungen (2004) in den Untersuchungsregionen lagen noch keine konkreten Ergebnisse dieser sich derzeit in der Umsetzungsphase befindlichen Reformen vor, so dass die Reformen und ihre Auswirkungen im Folgenden nur ansatzweise berücksichtigt werden können.

Ein Paradigmenwechsel in der regionalen Strukturpolitik

Ländliche Räume wurden und werden in Deutschland und der EU nicht nur durch Agrarpolitik, sondern auch durch regionale Strukturpolitik, also Maßnahmen der Investitionsförderung zur Ansiedlung von Wirtschaftszweigen, geprägt. Dabei befindet sich die europäische Strukturpolitik in ihrer Ausrichtung und ihren Mittelzuwendungen derzeit in einer „Neujustierung" (Rehfeld 2005, S. 1) nach der distributive Ziele und der Abbau räumlicher Disparitäten gegenüber allokationspolitischen Überlegungen in den Hintergrund treten. Aussagen der Europäischen Kommission und weiteren politischen Entscheidungsträgern Europas machen deutlich, dass in Zukunft europäische und staatliche Strukturpolitik stärker gezielt Wachstumskräfte in Form von Clustern fördern werden, statt regionale Unterschiede der ökonomischen Leistungskraft abzubauen, oder eine breite Streuung der Fördermittel zu betreiben (vgl. Tab. 4; EU 2004, S. 5; Knieling 2004, S. 22; Rehfeld 2005, S. 3). Um Förderung zu erhalten, werden sich Regionen und Unternehmen in Zukunft daher gezielt den neuen Anforderungen gemäß positionieren müssen (Kujath 2003, S. 5).

Tab. 4: Derzeitig dominierende Ansätze der regionale Wirtschaftspolitik nach Rehfeld (2005)

	endogene Regionalentwicklung	clusterorientierte Politik
Leitziel	nachhaltige Regionalentwicklung	regionale Wachstums- und Innovationskerne
Bezugspunkt	geographisch (auf Basis von Indikatoren abgegrenzte Fördergebiete)	funktional: wirtschaftliche Verflechtungsräume
Reichweite	flächendeckend	Clusterregionen
Steuerungsebene	regionaler Konsens	professionelles Clustermanagement
strategische Ausrichtung	umfassende Entwicklung regionaler Potenziale	Unterstützung von überregional herausragenden regionalen Kernen
überregionale Einbindung	stark binnenorientiert	Knoten in einem globalen Netz
Interaktion	Kooperation	Kooperation und Konkurrenz

Quelle: e.D.; Rehfeld 2005, S. 1ff

Auch für die Untersuchungsräume lassen sich öffentliche Maßnahmen feststellen, die auf diese Entwicklung hinweisen (EU 2000, S. 7). So liegt der Schwerpunkt der Förderung der neuen EU-Mitgliedstaaten (inkl. Polen) schon jetzt beim Aufbau von Wachstumskernen. Durch eine solche neue Ausrichtung der Strukturpolitik werden nicht mehr primär die negativen Auswirkungen des Strukturwandels in den strukturschwachen Regionen gelindert, sondern der Strukturwandel wird zum Teil sogar politisch induziert. Auch in den neuen Bundesländern ist die Förderung von Wachstumskernen eines der vorrangigsten Ziele der Strukturpolitik. So verabschiedete die brandenburgische Landesregierung die Festlegung von Branchenschwerpunkten und damit verbundenen regionalen Förderschwerpunkten, so dass mehrere Regionen bei dieser Förderung unberücksichtigt blieben (Rehfeld 2005, S. 1f). Dies macht deutlich, dass strukturpolitische Entscheidungen nicht mehr im Konsens zwischen den Regionen getroffen werden, sondern sich nach zu erfüllenden Kriterien ergeben. Strukturschwache ländliche Räume dürfte diese Politik im Vergleich zur derzeitigen Förderung eher benachteiligen. Die Formulierung eines clusterorientierten Förderschwerpunktes – wie er in dieser Arbeit in Kapitel 5 vorgestellt wird – innerhalb der eigenen Region macht für regionalpolitische Entscheidungsträger also in Zukunft evtl. schon allein deshalb Sinn, um gegenüber den Gebern von Fördermitteln einen anerkannten Fördergrund vorbringen zu können (EU 2000, S. 7).

3.2.5 Zusammenfassende Gegenüberstellung und Strukturierung

Insgesamt lassen sich die wesentlichen Merkmale und Einflussfaktoren unter den veränderten Rahmenbedingungen für die Landwirtschaftsbetriebe Polens und Ostdeutschlands in zwei Tabellen (vor und nach der Systemtransformation) darstellen. Tabelle 5 zeigt die Ausgangssituation der landwirtschaftlichen Betriebe vor 1989 anhand der in 2.3.1 identifizierten Merkmale und Einflussfaktoren:

Tab. 5: Situation der Landwirtschaftsbetriebe Ostdeutschlands und Polens vor 1989

Merkmal/Einflussfaktor	Ostdeutschland	Polen
Betriebsgröße und -anzahl	– Dominanz verhältnismäßig weniger großer Betriebe mit >1000ha	– wenige große Betriebe – Dominanz einer großen Anzahl kleiner Betriebe <10ha
Produktivität	– relativ hoch auf Grund großer Flächen – jedoch verhältnismäßig hoher Arbeitsaufwand auf Grund begrenzter Technik und Technologie	– sehr niedrig, auf Grund kleiner Nutzflächen und veralteter Technik
Märkte und Vertriebssysteme	– nationale und internationale Märkte (primär Osteuropa) wurden über betriebsexterne Organisationen erreicht	– hoher Anteil an Subsistenzwirtschaft und Produktion vor allem für lokale bis nationale Märkte
Eigentums- und Besitzverhältnisse	– staatliche Kollektive	– Großbetriebe als staatliche Kollektive und kleine private Familienbetriebe
politische Rahmenbedingungen	– Zentralverwaltungswirtschaft	– trotz sozialistischen Systems verschiedene Freiheiten für Kleinbetriebe

Quelle: e.D.; Krebs 1988, S. 2ff; Rothenauer et al. 1987, S. 20f; Altenbach 1993, S. 46; MLLE 2004; Stryjakiewicz 1993, S. 177f; Borsig/Kriszan 2003, EU 2004

Demgegenüber stellt Tabelle 6 die wesentlichen, seitdem stattgefundenen Veränderungen im geschilderten *betriebsinternen* (vgl. Betriebsgröße und Produktivität), *betriebsexternen* (vgl. Märkte und Vertriebssysteme) und *politischen* (vgl. Eigentums- und Besitzverhältnisse sowie politische Rahmenbedingungen) Strukturwandel dar. Dabei zeigt sich, dass Veränderungen unterschiedlicher Ausprägungen in allen dargestellten Bereichen einschließlich der Außenvernetzungen (vgl. Märkte und Vertriebssysteme) der Betriebe stattfanden.

Tab. 6: Aktuelle Situation Landwirtschaftsbetriebe Polens und Ostdeutschlands

Merkmal/Einflussfaktor	Ostdeutschland	Polen
Betriebsgröße und -anzahl	– trotz Aufteilung staatlicher Betriebe weiterhin viele große Betriebe >1000ha – zudem Einrichtung vieler kleiner Betriebe <200ha – nach 1989 Anstieg der Betriebsanzahl, aktuell geht die Anzahl der Betriebe wieder zurück	– Rückgang der Betriebsanzahl auf Grund zahlreicher Schließungen kleiner Betriebe – weiterhin Dominanz kleiner Betriebe <20ha; langsame Zunahme der Betriebsgrößen auf Grund von Flächenkauf aus staatlichen Besitz und geschlossenen Kleinbetrieben
Produktivität	– Steigerung der Produktivität durch technischen Fortschritt und neue Technologien	– weiterhin gering auf Grund kleiner Nutzflächen und veralteter Technik – Steigerung der Produktivität durch technischen Fortschritt und höheren Kapitaleinsatz sowie Anstieg der Nutzflächen vieler kleiner Betriebe
Märkte und Vertriebssysteme	– nach Wegfall der Vertriebsorganisationen Aufbau vor allem regionaler, in Teilen internationaler Märkte – fortschreitende Konzentration im Bereich Weiterverarbeitung	– hoher Anteil an Subsistenzwirtschaft und Produktion vor allem für lokale bis nationale Märkte – beginnende Konzentration im Bereich Weiterverarbeitung
Eigentums- und Besitzverhältnisse	– große Betriebe als juristische Personen oder Personengesellschaften – kleine Betriebe als Einzelunternehmen in Privatbesitz	– langsame Privatisierung und Aufteilung der Staatsbetriebe – Kleinbetriebe in Privatbesitz
politische Rahmenbedingungen	– marktwirtschaftliche Prinzipien – reformierte Agrarpolitik und wachstumszielorientierte regionale Strukturpolitik im Rahmen der EU-Mitgliedschaft	– marktwirtschaftliche Prinzipien – reformierte Agrarpolitik und wachstumszielorientierte regionale Strukturpolitik im Rahmen der EU-Mitgliedschaft

Quelle: e.D.; Borsig/Kriszan 2003; EU 2004; Chloupkova/Svendsen/Svendsen 2003, S. 244; Nuhn 1993a, S. 137; Altenbach 1993, S. 46; MLLE 2004, S. 58; EG23

Es wurde deutlich, dass in Ostdeutschland und Polen die historischen Rahmenbedingungen aus der Zeit vor der Systemtransformation auch heute noch die aktuellen Strukturen entscheidend beeinflussen. Seit dieser Zeit konnten alle drei in Kapitel 2.3.1 dargestellten Bereiche des Strukturwandels (betriebsintern, betriebsextern und politisch) und deren prägende Wirkung auf die Landwirtschaft dargestellt werden.

In Ostdeutschland, wo es heute sowohl sehr große Gesellschaften als auch kleine Einzelbetriebe gibt, ist der Strukturwandel schon weit fortgeschritten und ein Großteil der Arbeitsplätze in der Landwirtschaft aus DDR-Zeiten abgebaut. Die polnische Landwirtschaft befindet sich hingegen in einer früheren Phase des Strukturwandels. Hier sind die Betriebe in der deutlichen Mehrheit sehr klein und konnten sich bisher nicht ausreichend an den Strukturwandel anpassen.

Seit 1989 haben sich in Polen und Ostdeutschland neue Strukturen der Wertschöpfungsketten gebildet, deren wesentliche Merkmale räumliche Konzentration, aber auch die Konzentration von Marktmacht, vor allem bei Einzelhandel und Weiterverarbeitern, sind. Dies schwächte die Position der landwirtschaftlichen Betriebe, deren Produktion heute nur noch einen geringen Teil der Wertschöpfung des Endprodukts ausmacht.

Die politischen Rahmenbedingungen sind eine wichtige Größe für die Landwirtschaft. Die EU-Agrarpolitik beeinflusste bis zum Zeitpunkt der Untersuchung die Produktion der Betriebe und damit auch die Wertschöpfungskettenstruktur. Dabei führte insbesondere die Subventionspolitik zu Problemen wie Lock-Ins. Für die ländlichen Räume ist zudem die regionale Strukturpolitik von Bedeutung. Dabei erfährt diese gerade einen Paradigmenwechsel weg von einer Politik des Ausgleichs und Abbaus regionaler Unterschiede hin zu einer Cluster- und Wachstumskernförderung.

Inwiefern die dargestellten unterschiedlichen Bedingungen die konkreten Vernetzungsstrukturen in den Untersuchungsräumen beeinflussen und welche allgemeinen Ableitungen sich daraus ergeben, fließt in die Untersuchung der Vernetzungsstrukturen in Kapitel 4 mit ein.

3.3 Spezifische Situation in den Untersuchungsräumen

Nach der Analyse der allgemeinen Rahmenbedingungen in Polen und Ostdeutschland zeigt Kapitel 3.3 die konkrete Situation in den Untersuchungsräumen und deren wesentliche Unterschiede auf. Dies ist notwendig um die regionalen Besonderheiten, welche die Vernetzungen beeinflussen zu identifizieren. Diese sollen, wie auch die in Kapitel 3.2 dargestellten Merkmale und Faktoren, im Verlauf der Untersuchung mitgenutzt werden, um Ausprägungen und regionale Unterschiede der Vernetzungsstrukturen zu erklären. Die Darstellung der aktuellen regionalen Förderprogramme in den Untersuchungsräumen bietet dabei zusätzlich einen Ansatzpunkt für die Ableitung politischer Handlungsempfehlungen in Kapitel 5.

3.3.1 Auswahl der Untersuchungsräume

In Kapitel 1.1 und 3.2 wurde die besondere Forschungsrelevanz für ländliche Räume in Ostdeutschland und Polen dargelegt. Die Auswahl der konkreten Untersuchungsräume in diesen Regionen erfolgte unter Berücksichtigung der in Kapitel 2.3.2 genannten Definitionen zu ländlichen Räumen, konkret anhand folgender Kriterien:

- *Räumliche Lage und Raumstruktur:* Ausgeschlossen bleiben Regionen, welche auf Grund naturräumlicher Besonderheiten eine spezifische Wirtschaftsstruktur aufweisen (z.B. Fremdenverkehrsgebiete an Küsten oder Ski-Gebiete in Berglandschaften). Damit die Struktur der Wirtschaft und des Arbeitsmarktes nicht zu stark extern beeinflusst werden kann, sollten die Regionen auch nicht an ein großes städtisches Ballungsgebiet grenzen, da Suburbanisierungsprozesse in diesen Räumen die sozioökonomischen Strukturen in erheblichem Umfang prägen können (Kulke 2004, S. 253). Zugleich muss jedoch mindestens ein zentraler Ort vorhanden sein, in welchem außerlandwirtschaftliche Aktivitäten wie Banken und Versicherungen angesiedelt sein können.

- *Soziökonomische Struktur und Bedeutung der Landwirtschaft:* Die räumliche Struktur der Wirtschaft und des Arbeitsmarktes soll stärker als der nationale Durchschnitt landwirtschaftlich geprägt sein. Dies gilt als erreicht, wenn der Anteil der sozialversicherungspflichtig Beschäftigten in der Landwirtschaft in der Region deutlich höher ist als der nationale Durchschnitt.

- *Struktur der Landwirtschaft:* Die landwirtschaftlichen Betriebe müssen vorrangig von so großer Betriebsgröße sein, dass sie nicht vornehmlich der Subsistenzwirtschaft dienen, wie z.B. im Südosten Polens. Des Weiteren ist erforderlich, dass die Betriebe eine gewisse Diversität in der Produktion aufweisen, da ein Agrarsystem z.B. mit ausschließlich sehr großen spezialisierten Betrieben über anders ausgeprägte Vernetzungen verfügen kann.

Cluster orientieren sich nicht an administrativen Grenzen, sondern an Wirtschaftsräumen (Rehfeld 2005, S. 4). Aus praktischen Gründen wurden für die zu untersuchenden Gebiete, die auf die Existenz eines Clusters hinwiesen, dennoch die administrativen Grenzen einer Verwaltungsebene gewählt. Dies erleichtert die sekundärstatistische Analyse und die Suche von passenden Ansprechpartnern erheblich, da sich diese ebenfalls oft an solchen Grenzen orientieren (z.B. in Ämtern und Verbänden). Ausgehend von den dargelegten Kriterien wurden als Untersuchungsräume der Landkreis Elbe-Elster in Süd Brandenburg und das Powiat (entspricht im Wesentlichen der Verwaltungsebene eines Landkreises) Pyrzyce in der Woiwodschaft Zachodniopomorskie (vgl. Tab.7 und Abb. 20) ausgesucht.

Tab. 7: Kurzüberblick über die Merkmale der Untersuchungsräume

Untersuchungsraum/ Merkmal	Elbe-Elster	Pyrzyce
Anteil der sozialversicherungspflichtig Beschäftigten in der Landwirtschaft	6,4% (Bundesrepublik 1,2%)	22,6% (Polen 17,3%)
Entfernung zur nächsten Agglomeration	Bad Liebenwerda - Dresden 60 km	Pyrzyce – Stettin 40 km
zentrale Orte	Elsterwerda, Bad Liebenwerda	Pyrzyce
durchschnittliche Betriebsgröße	175,7 ha	18,3 ha
Agrarproduktion	gemischt (z.B. Getreide, Milch, Raps, Schweine)	gemischt (z.B. Getreide, Milch, Kartoffeln, Schweine)

Quelle: Statistische Ämter des Bundes und der Länder 2005; Statistisches Amt Stettin 2004; Stadtamt Pyrzyce 2004

Die in Tab. 7 dargestellten Kennzahlen zeigen, dass die Untersuchungsräume den Auswahlkriterien entsprechen, auch wenn in Elbe-Elster eher große und in Pyrzyce vergleichsweise mittlere und kleine Betriebe vorherrschen. Um einen genaueren Eindruck über die Landwirtschaft und die sie prägenden Einflüsse zu bekommen, erfolgt eine detaillierte Betrachtung der als besonders relevant identifizierten spezifischen Kriterien und Rahmenbedingungen, die Einfluss auf die Art und die Intensität der Vernetzungen nehmen.

3.3.2 Räumliche Lage und Raumstruktur

Beide Untersuchungsräume befinden sich nicht in unmittelbarer Nähe zu größeren Agglomerationen und besitzen mindestens einen Landkreis als Pufferzone zur nächsten Agglomeration, so dass keine stärkeren Suburbanisierungseffekte vorgefunden wurden (vgl. Abb. 20).

Auch verfügen beide Untersuchungsräume über zentrale Orte, in denen sich auch nicht landwirtschaftliche Aktivitäten (z.B. Banken, Einzelhandel) angesiedelt haben. In Elbe-Elster sind diese zentralen Orte Elsterwerda und Bad Liebenwerda, die gemeinsam ein Mittelzentrum in Funktionsteilung bilden. Im Landkreis sind zahlreiche landwirtschaftliche Zulieferbetriebe (z.B. die Bau- und Landmaschinen GmbH Herzberg, Deutsche Kraftfutter GmbH und Co), Dienstleister (z.B. Richter Unternehmensberatung GmbH, Fröschke FILA GmbH sowie Bank- und Versicherungsfilialen) und Abnehmer (z.B. Campina Milchwerk Elsterwerda, Alexander Moksel Import GmbH) ansässig.

Das kleinere Powiat Pyrzyce verfügt mit der gleichnamigen Stadt Pyrzyce ebenfalls über einen zentralen Ort, in dem mehrere Zweigstellen von Banken und Versicherungen, allerdings im Vergleich zu Elbe-Elster weniger Zulieferer, Abnehmer und

Dienstleister angesiedelt sind. Trotzdem können die Zulieferer und Abnehmer (z.B. Düngervertrieb Czarnacki und MIHG Polska GmbH) einen Großteil der Landwirtschaft Pyrzyces ausreichend abdecken. Zudem steigt die Ansiedlung von Handelspartnern im vor- und auch im nachgelagerten Bereich seitdem EU-Beitritt langsam an (vgl. EG20). Weitere Zulieferer- und Abnehmerbetriebe befinden sich in den unmittelbar angrenzenden Powiats. Insgesamt lässt sich in Elbe-Elster und mit Abstrichen in Pyrzyce eine ausgeprägte intraregionale Verfügbarkeit auf die Landwirtschaft spezialisierter Zulieferer und Abnehmer feststellen, die durch verschiedene branchenspezifische Einrichtungen (z.B. Saatgutbanken und Landwirtschaftsämter) ergänzt werden (vgl. EG15; EG16).

Abb. 20: Karte der Untersuchungsräume Elbe-Elster und Pyrzyce im regionalen Umfeld

Quelle: e.D.

3.3.3 Sozioökonomische Struktur und Bedeutung der Landwirtschaft

Die Struktur der Wirtschaft und des Arbeitsmarktes in beiden Untersuchungsräumen entspricht im Wesentlichen den Definitionen zu ländlichen Räumen (vgl. Kasten 4). Beide Untersuchungsräume sind durch strukturelle Schwächen geprägt (Milbert 2005, S. 29; Jäger-Dabek 2003, S. 14). Diese spiegeln sich in hohen Arbeitslosenquoten und Abwanderungsbewegungen der Bevölkerung wieder, die deutlich über dem jeweiligen nationalen und regionalen Durchschnitt liegen (vgl. Tab. 8).

Tab. 8: Strukturdaten in den Untersuchungsräumen im Vergleich

	Pyrzyce	Zachodnio-pomorskie	Polen	**Elbe-Elster**	Brandenburg	Deutschland
Bevölkerung (in 1000 Einwohner)	**40,0** [2)]	1696,0 [2)]	38191,1 [2)]	**126,4** [3)]	2576,1 [3)]	82531,7 [3)]
Alter: >60 Jahre (je 100 Einwohner)	**15,1** [2)]	15,5 [2)]	17,0 [2)]	**26,0** [3)]	25,4 [3)]	24,6 [3)]
Bevölkerungsbewegung (je 1000 Einwohner)	**-3,8** [2)]	-0,9 [2)]	-0,4 [2)]	**-16,2** [1)]	-3,4 [1)]	2,2 [1)]
Arbeitslosenquote (in %)	**37,4** [3)]	27,3 [3)]	19,4 [3)]	**22,7** [3)]	18,7 [3)]	11,7 [3)]
Erwerbstätige in der Land- und Forstwirtschaft, Fischerei (in %)	**22,6** [1)]	9,1 [1)]	17,3 [1)]	**6,4** [3)]	3,4 [3)]	1,2 [3)]

[1)] Bezugsjahr 2001 [2)] Bezugsjahr 2003 [3)] Bezugsjahr 2004

Quelle: e.B.; Statistisches Amt Stettin 2004; Statistisches Amt Warschau 2005; Bundeswahlleiter 2004; Statistische Ämter des Bundes und der Länder 2005

Die Region Pyrzyce ist dabei dünner besiedelt als der Landkreis Elbe-Elster und verfügt über einen schwachen Binnenmarkt mit geringer Kaufkraft (Jäger-Dabek 2003, S. 14). Eine ausgeprägte selektive Abwanderung und eine Überalterung der Bevölkerung, wie sie Wießner (vgl. Abb. 15) beschreibt, konnte in beiden Regionen nicht festgestellt werden.

Historisch gesehen verfügt Pyrzyce über eine Besonderheit, die sich heute noch in der Mentalität der Bevölkerung widerspiegelt. Als Teil des ehemals deutschen Gebiets wurde Pyrzyce nach dem zweiten Weltkrieg polnisch und mit Polen aus anderen Regionen besiedelt. Die neuen Landbesitzer hatten dadurch von jeher die Befürchtung, ihr neu erworbenes Land könnte durch politische Veränderungen wieder an den Deutschen Staat oder deutsche Vertriebene zurückfallen. Daher besitzen viele Bewohner Pyrzyces auch heute noch einen geringeren Bezug zu ihrer Region als die Bewohner anderer polnischer Regionen (vgl. EG16). Dies ist bei der Betrachtung des Investitionsverhaltens und des Aufbaus von Social Capital zu berücksichtigen, da es beides negativ beeinflussen kann.

Beide Untersuchungsräume zeichnen sich durch eine hohe Bedeutung der Landwirtschaft im Vergleich zum jeweiligen nationalen Durchschnitt aus (vgl. Tab. 8). Besonders Pyrzyce ist stark landwirtschaftlich geprägt. Allein auf die Landwirtschaft entfallen 22,6% (Polen 17,3%) der Beschäftigten. Aber auch für Elbe-Elster ist die Landwirtschaft von hoher sozioökonomischer Bedeutung. So lag der Beschäftigtenanteil der Landwirtschaft mit 6,4% (2004) weit über dem des Bundesdurchschnitts (1,2%). Dies gilt auch für die Bruttowertschöpfung der Landwirtschaft, die 2001 mit 5,1% mehr als viermal so hoch war wie der Bundesdurchschnitt (1,2%).

Sowohl die lokalen Behörden Elbe-Elsters als auch Pyrzyces betonen, dass die Landwirtschaft und ihre verwandten Wirtschaftsbereiche zu den wichtigsten lokalen Wirtschaftsbereichen gehören (vgl. EG12; EG4). Allerdings besitzen die zuständigen Ämter in Elbe-Elster und in Pyrzyce keine Daten zur regionalwirtschaftlichen Bedeutung des gesamten Agrarkomplexes (Landwirtschaft + Zulieferer + Abnehmer + landwirtschaftliche Dienstleistungen[29]) im jeweiligen Untersuchungsraum, so dass sich diese nur schätzen lässt. In der Bundesrepublik liegt die wirtschaftliche Bedeutung der Landwirtschaft – gemessen an der Bruttowertschöpfung – zusammen mit ihren vor- und nachgelagerten Wirtschaftsbereichen sowie den von der Landwirtschaft abhängigen Dienstleistern bei 14,8% (Klohn/Roubitschek 2004, S. 25). Dabei weisen Klohn und Roubitschek wie auch Bauer und Hummelsheim (1995, S. 68) darauf hin, dass bei einem höheren Anteil der Landwirtschaft auch die anderen Bereiche des Agrarsystems entsprechend höher ausgeprägt sind. Da die Landwirtschaft beider Regionen eine um ein Mehrfaches höhere Bedeutung hat als die im Schnitt der Bundesrepublik, ist davon auszugehen, dass auch der Anteil der Bruttowertschöpfung der Agrarkomplexe beider Regionen erheblich höher ist als der durchschnittliche in der Bundesrepublik. Selbst nach vorsichtigen Schätzungen dürfte die Bruttowertschöpfung des Agrarkomplexes demnach in Elbe-Elster somit bei über 20% und in Pyrzyce bei über 40% liegen (Dannenberg/Kulke 2004, S. 5; Klohn/Roubitschek 2004, S. 25)[30].

3.3.4 Struktur der Landwirtschaft

Die Betriebe in Elbe-Elster sind mit 175,7ha (Bundeswahlleiter 2004) im Durchschnitt nahezu zehnmal größer als die in Pyrzyce 18,3ha (Statistisches Amt Warschau 2005) und besitzen dementsprechend größere Anbauflächen. Derartige Betriebsgrößenunterschiede lassen sich bei der Auswahl der Untersuchungsräume nicht vermeiden, da auf Grund der historischen Begebenheiten (vgl. K. 3.2.1 und 3.2.2) die Betriebe in Polen erheblich kleiner sind als in Ostdeutschland. Die Ursache liegt in der unterschiedlichen Landwirtschaftspolitik der DDR und Polen. Während durch die Kollektivierung der Landwirtschaft in der DDR auch in Elbe-Elster heute noch viele ehemalige LPGen mit mehreren hundert oder tausend Hektar bestehen, konnten in Pyrzyce neben den staatlichen Großbetrieben viele Familienbetriebe weiter existieren (Eckart 1998, S. 319;

---

29 Hierzu zählen landwirtschaftliche Dienstleister sowie der Anteil des Geschäfts anderer Dienstleister (z.B. Banken und Versicherungen), der mit landwirtschaftlichen Betrieben abgewickelt wird.

30 Dabei bleibt zu berücksichtigen, dass die vor- und nachgelagerten Betriebe und besonders die Dienstleister nicht in vollem Umfang von der bundesdeutschen Landwirtschaft abhängen. So bezieht auch die Ernährungswirtschaft einen erheblichen Teil ihrer agrarischen Rohstoffe durch Importe. Wie hoch der Umsatz und die Beschäftigung sind, die tatsächlich von der Landwirtschaft abhängig sind, lässt sich auf Grundlage des derzeitigen Kenntnisstandes nicht bestimmen (vgl. Schäkel 1996, S. 12f).

Pfeiffer 2004, S. 104). Diese Familienbetriebe sind heute in Pyrzyce die dominierende Gruppe, die den Großteil der Nutzfläche besitzt, während die verbliebenen staatlichen Nutzflächen seit den 1990er Jahren an kleinere Betriebe aufgeteilt und privatisiert werden (vgl. EG14).

Insgesamt ist auch der Umsatz der einzelnen landwirtschaftlichen Betriebe Elbe-Elsters deutlich höher als der Pyrzyces. So ist die Summe des Umsatzes der für diese Arbeit befragten Landwirte Elbe-Elsters im Durchschnitt rund siebenmal so hoch wie die der befragten Betriebe Pyrzyces (e.E. & e.B.[31]). Auch die Produktivität der Betriebe, gemessen am Umsatz pro ha ist in Elbe-Elster rund zweimal so hoch, wie der Betriebe Pyrzyces (e.E. & e.B.[32]). Trotzdem konnte mit Pyrzyce ein Untersuchungsraum gefunden werden, der kaum über Subsistenzwirtschaft verfügt. Auch zeichnen sich die Betriebe Pyrzyces mit den genannten 18,3ha im Durchschnitt durch vergleichsweise große Betriebe (Durchschnitt Polen: 5,8ha; Statistisches Amt Warschau 2005) aus.

In beiden Regionen herrschen Mischbetriebe vor. Neben den typischen tierischen und pflanzlichen landwirtschaftlichen Produkten wie Getreide, Raps, Milch und Schweinefleisch produzieren einige Anbieter in Nischen, wie etwa im Bereich der Fischzucht oder des Pilzanbaus. Insgesamt lassen sich die unterschiedlichen Betriebe beider Regionen – bis auf wenige Ausnahmen, auf die gegebenenfalls gesondert eingegangen wird – zunächst in drei große dominierende Gruppen zusammenfassen:

1. Ostdeutsche LPG-Nachfolgebetriebe: Heute erzielen in Elbe-Elster landwirtschaftliche Großbetriebe, die aus den landwirtschaftlichen Produktionsgenossenschaften (LPGen) der ehemaligen DDR hervorgingen, den Großteil des Umsatzes. Nach der Wiedervereinigung 1990 wurden diese meist in wenige immer noch mehrere 100ha bzw. über 1000ha große Betriebe geteilt und privatisiert. Große Anteile der Fläche befinden sich heute in der Hand von Nachfolgebetrieben, die i.d.R. als juristische Personen oder Personengesellschaften organisiert sind und bis zu 30 Mitarbeiter beschäftigen (Landwirtschaftsamt Elbe-Elster 2005; Pfeiffer 2004, S. 106). Insgesamt erzielen 23,5% der in Elbe-Elster befragten Betriebe einen Umsatz von über 500.000€ (e.E.). Fast alle von ihnen entstanden nach Auskunft des Landwirtschaftsamtes Elbe-Elster aus LPGen.

---

[31] Um eine möglichst hohe Zahl an Antworten zu bekommen, wurden die Betriebe nicht nach den genauen Umsätzen gefragt, sondern mussten eine Kategorie ankreuzen. Aus diesen Umsatzkategorien wurde jeweils der Mittelwert gebildet (bei der Kategorie >5.000.000€ wurde der Wert 7.500.000€ verwendet) und mit der Anzahl der Betriebe der jeweiligen Kategorie multipliziert.

[32] Um eine möglichst hohe Zahl an Antworten zu bekommen, wurden die Betriebe nicht nach den Hektar-Größen gefragt, sondern mussten eine Kategorie ankreuzen. Aus diesen Größenkategorien wurde jeweils der Mittelwert gebildet (bei der Kategorie >500ha wurde der Wert 1000ha verwendet) und mit der Anzahl der Betriebe der jeweiligen Kategorie multipliziert.

2. Ostdeutsche Familienbetriebe: Neben den großen Betrieben gibt es in Elbe-Elster vor allem Familienbetriebe, die zwar nur einen Bruchteil der landwirtschaftlichen Nutzfläche des Kreises – oft im Nebenerwerb – bewirtschaften, jedoch über drei Viertel der Betriebe insgesamt stellen (Landwirtschaftsamt Elbe-Elster 2005). In der Regel erwirtschaften diese Betriebe einen Umsatz von bis 10.000 bis 50.000€, nur wenige Betriebe erreichen höhere Umsätze (e.E.). Zwar haben sich einige Familienbetriebe auf Nischen wie Obstanbau und Fischzucht spezialisiert, die Mehrzahl sind jedoch Mischbetriebe. Viele der Betriebe sind Wiedereinrichter (meist ehemalige Besitzer von landwirtschaftlichen Betrieben oder Abkömmlinge aus den Besitzerfamilien) und Neueinrichter, die erst nach 1990 die Arbeit aufgenommen haben.

3. Polnische Familienbetriebe: In Pyrzyce dominieren kleine haupterwerbliche Mischbetriebe (Statistisches Amt Stettin 2004) mit einem insgesamt deutlich niedrigeren Umsatz als in Elbe-Elster (vgl. Tab. 6.13 in Anhang 3). 83,7% der Betriebe Pyrzyces erzielen einen Umsatz von jeweils unter 50.000€ (e.E.). Dieser liegt oftmals sogar unter denen der Nebenerwerbsbetriebe Elbe-Elsters. Im Durchschnitt verfügen die polnischen Landwirte nur über weniger als ein Fünftel des Einkommens eines deutschen Landwirts (Petrick et al. 2002). Die Ursachen hierfür sind vor allem die geringe Flächenausstattung und ein geringer Kapitaleinsatz bei meist veralteter Technik. Lediglich 1,8% der befragten Betriebe erwirtschaften über 500.000€ Umsatz im Jahr. Sie befinden sich meist in ausländischer Hand (e.E.; Pawlak 2004, S. 100). Durch die geringen Umsätze und die damit verbundenen niedrigen Gewinne leben viele Kleinbauern in armen Verhältnissen, so dass häufig Transport- und Personenkraftfahrzeuge fehlen und ihre Mobilität stark eingeschränkt ist. Auf der anderen Seite konnten sich in den letzten zehn Jahren jedoch auch einige mittelständische Strukturen herausbilden. So schafften es einige polnische Landwirte mit unternehmerischen Fähigkeiten wie z.B. zur Zusammenarbeit mit anderen Betrieben, zu geschickter Kreditaufnahme, und Investitionen – im Folgenden „Initiatoren“ oder „Initiativbetriebe“[33] genannt – ihren Besitz zu vergrößern und einen relativen Wohlstand zu erreichen (vgl. EG15). Insgesamt gehen Experten davon aus, dass bis zum Jahr 2020 der Großteil der kleinen Betriebe aufgegeben sein wird und die Mehrheit der verbliebenen Betriebe Pyrzyces Nutzflächen von über 100ha aufweisen werden (vgl. EG16; Jäger-Dabek 2003, S. 158).

---

[33] Im Rahmen dieser Arbeit werden die Begriffe „Initiatoren“ oder „Initiativbetriebe“ für ideenreiche engagierte Akteure verwendet.

3.3.5 Regionale Förderprogramme in den Untersuchungsräumen

Wie in Kapitel 3.2.4 dargelegt, werden in Ostdeutschland und Polen verschiedene politische Maßnahmen durchgeführt, die auch in den Untersuchungsräumen zur Anwendung kommen. Für Elbe-Elster und Pyrzyce sind derzeit insbesondere zwei politische Programme der regionalen Wirtschaftspolitik der Europäischen Union von Bedeutung, die sich in ihren Zielen und Ansätzen auch auf Konzepte der cluster-orientierten Politik stützen. In Elbe-Elster ist dies die Gemeinschaftsinitiative für die Entwicklung des ländlichen Raums „Leader+" und in Pyrzyce das regionale Programm „INTERREG III A Mecklenburg – Vorpommern/ Brandenburg – Wojewodschaft Zachodniopomorskie".

Leader+ in Elbe-Elster

In Zusammenarbeit der Europäischen Union[34] mit dem Land Brandenburg wurde 2001 in Elbe-Elster die Umsetzung der Gemeinschaftsinitiative „LEADER+" gestartet. Ziel dieser Initiative ist die Umsetzung pilothafter, nachhaltig wirksamer und gebietsspezifischer Strategien für die Entwicklung unterschiedlicher ländlicher Räume. Kooperation sowie die Vernetzung der ländlichen Gebiete besitzt dabei eine besondere Bedeutung (EU 2000, S. 1ff; MLUR 2002, S. 1ff). Dabei sollen neuartige Strategien für eine nachhaltige Entwicklung umgesetzt werden. Kernbereiche sind:

- die Verbesserung der wirtschaftlichen Rahmenbedingungen, insbesondere zur Entwicklung von Beschäftigungsperspektiven sowie zur Schaffung dauerhafter Arbeitsplätze,
- die nachhaltige Stärkung und Entwicklung des ländlichen Raumes als Lebens-, Arbeits- und Erholungsraum,
- die Verbesserung der organisatorischen Fähigkeiten der regionalen Partnerschaften sowie die Vernetzung der Akteure im ländlichen Raum und
- die Förderung des Bewusstseins für die eigenen, regionsspezifischen Entwicklungspotenziale (Schraden e.V. 2006).

In Elbe-Elster wird die LEADER+ Initiative durch den „Wirtschaftsraum Schraden e.V." vertreten, in dem verschiedene Organisationen (z.B. Tourismusverbände, Agrarunternehmen, Handelskammern) und andere Stakeholder teilnehmen.

---

[34] Bereich Förderung und Entwicklung des ländlichen Raums durch den Europäischen Ausrichtungs- und Garantiefonds für die Landwirtschaft (EAGFL)

Zweck des Vereins ist die Entwicklung der wirtschaftlichen und kulturellen Zusammenarbeit im sogenannten Wirtschaftsraum Schraden[35]. Dabei verfolgt der Verein folgende Aufgabenstellungen: 1. Koordinierung der örtlichen, wirtschaftlichen und kulturellen Leistungsträger zum Aufbau von Netzwerken, 2. Mitwirkung bei der Erarbeitung und Umsetzung von Konzeptionen, 3. Interessenvertretung der Mitglieder gegenüber Behörden, Institutionen und Verbänden, 4. Aufbau einer gemeinsamen Identität für das Vereinsgebiet, Mitwirkung bei Infrastrukturvorhaben, 5. Durchführung von Werbung und Öffentlichkeitsarbeit, 6. Organisation von überörtlichen Veranstaltungen im Vereinsgebiet (Schraden e.V. 2006). Für die landwirtschaftlichen Betriebe der Region sieht der Verein hauptsächlich vier relevante Förderaufgabenbereiche:

1. Förderung und Entwicklung der regional ansässigen, klein- und mittelständischen Unternehmen sowie Etablierung regionaler Wirtschaftskreisläufe, Kooperationen und Verbundnetze
2. Schutz, Bewahrung und umweltverträgliche Entwicklung der naturräumlichen Besonderheiten
3. Förderung einer umweltgerechten Landwirtschaft / Landbewirtschaftung sowie Sicherung der Wettbewerbsfähigkeit regionaler Unternehmen über regionale Wertschöpfungs- und Vermarktungsketten
4. Entwicklung eines naturraumbezogenen und umweltverträglichen Tourismus mit alternativen Erwerbsmöglichkeiten für die regionale Landwirtschaft (Schraden e.V. 2006)

Im Bereich der Landwirtschaft besteht die Hauptleistung des Wirtschaftsraums in der Schaffung des „Kooperationsverbund Elster-Röderland e.V.“. Dieser befasst sich mit Vertriebskooperation regionaler Erzeuger zum Zwecke der Verbraucheraufklärung. Ziele des Kooperationsverbundes sind:

- gemeinsame Vermarktung regionaler Produkte,
- Entwicklung eines Herkunftszeichen für Produkte des Wirtschaftsraumes mit entsprechenden Qualitätsanforderungen an die Vergabe desselben,
- Verbraucheraufklärung über regionale landwirtschaftliche Produkte und deren Herstellung und Verarbeitung (Schraden e.V. 2006).

Dabei wendet sich der Verbund an die Agrarbetriebe der Region, den Handel und regionale und überregionale Verbraucher.

---

[35] Der Wirtschaftsraum ist nicht deckungsgleich mit dem Landkreis Elbe-Elster, sondern umfasst nur den südlichen Teil des Landkreises und einen Teil des Landkreises Oberspreewald-Lausitz (vgl. Schraden e.V. 2006).

INTERREG in Pyrzyce

In Pyrzyce existiert mit der Initiative „INTERREG III A Mecklenburg – Vorpommern/ Brandenburg – Wojewodschaft Zachodniopomorskie“ ein EU-Förderprogramm größerer räumlicher Dimension. Ziel der INTERREG-Initiativen ist es, „dafür zu sorgen, dass nationale Grenzen kein Hindernis für eine ausgewogene Entwicklung und Integration des europäischen Raums sind“ (EU 2004, S. 1). Die Umsetzung des Programms geschieht dabei über drei Ausrichtungen (EU 2004, S. 2):

A) Förderung einer integrierten Regionalentwicklung in benachbarten Grenzgebieten, einschließlich Gebieten an den Außengrenzen (Nachbarschaftsprogramme),
B) Beitrag zu einer harmonischen räumlichen Integration innerhalb der EU,
C) Verbesserung der Entwicklungs- und Kohäsionspolitik bzw. damit im Zusammenhang stehenden Verfahrensweisen, durch transnationale/interregionale Zusammenarbeit.

Dabei gliedert sich das Programm in verschiedene Prioritätsbereiche, deren Durchführung durch unterschiedliche Maßnahmen gewährleistet werden soll (vgl. Kasten 7), auf die in Kapitel 5 näher eingegangen wird.

Kasten 7: Prioritäten des INTERREG Programms in Pyrzyce

Priorität A Wirtschaftliche Entwicklung und Kooperation
Maßnahme A 1: Maßnahmen für die Stabilisierung und Entwicklung von Industrie- und Gewerbebetrieben mit besonderen Entwicklungschancen unter (...) Ausschöpfung der Potenziale der grenzübergreifenden arbeitsteiligen Zusammenarbeit von Unternehmen und Gewerbebetrieben
Maßnahme A 2: Maßnahmen für die Förderung der grenzübergreifenden Zusammenarbeit und Kooperation zwischen Forschungseinrichtungen und Unternehmen der Wirtschaft (...)
Maßnahme A 3: Maßnahmen zum abgestimmten Binnen- und Außenmarketing der Region (...)

Priorität B Verbesserung der technischen und touristischen Infrastruktur
Maßnahme B 1: Maßnahmen zur weiteren Verbesserung der grenzübergreifenden, wirtschaftsnahen und technischen Infrastruktur zur Umsetzung der Innovationspotenziale der Region
Maßnahme B 2: Maßnahmen für die Verbesserung der überregionalen und inneren verkehrsinfrastrukturellen Erschließung der Region (...)
Maßnahme B 3: Maßnahmen zur Schaffung der infrastrukturellen Voraussetzungen für die Entwicklung grenzübergreifender touristischer Angebote (...)

Priorität C Umwelt
Maßnahme C 1: Maßnahmen zum Natur- und Landschaftsschutz (...) für die Erhaltung des Attraktionswertes der Kulturlandschaft der Region zur Sicherung der natürlichen Ressourcen (...)
Maßnahme C 2: Maßnahmen zur mittel- und langfristigen Verbesserung der Wasserqualität in den Binnen- und Küstengewässern sowie der Luftqualität (...)

Priorität D Ländliche Entwicklung
Maßnahme D 1: Grenzübergreifende Maßnahmen zur Sicherung der traditionellen land,- forst- und fischereiwirtschaftlichen Produktion, zur Diversifikation der Produktion und zur Entwicklung alternativer Erwerbszweige zur Stabilisierung des ländlichen Raumes, Investitionen zur Verbesserung der Lebensqualität (...)

Priorität E Qualifizierung und beschäftigungswirksame Maßnahmen
Maßnahme E 1: Maßnahmen zur Förderung des Bildungsniveaus in der Grenzregion im Zusammenhang mit den definierten Entwicklungspotenzialen der Region, berufsbegleitende Qualifizierungsmaßnahmen für Mitarbeiter von KMU und Verwaltungen (...)

Priorität F Innerregionale Zusammenarbeit. Investitionen für Kultur und Begegnung, Fonds für kleine Projekte
Maßnahme F 1: Maßnahmen zur Verstärkung der intraregionalen und interkommunalen Kooperationen (...)
Maßnahme F 2: Maßnahmen zum Ausbau (...) von Kultur- und Bildungsstätten (...)
Maßnahme F 3: Fonds für kleine Projekte (SPF)

Priorität G Besondere Unterstützung der an die Beitrittsländer angrenzenden Regionen
(keine Maßnahme formuliert)

Quelle: Mecklenburg-Vorpommern 2005, S. 29ff

Erste Projekte dieses Programms wurden in Zachodniopomorskie 2005 bewilligt (Mecklenburg-Vorpommern 2005).

Kasten 8: Zwischenfazit zur spezifischen Situation in den Untersuchungsräumen

Kapitel 3.3 stellte die wesentlichen Merkmale, Gemeinsamkeiten und Unterschiede der Untersuchungsräume dar.

Beide Untersuchungsräume verfügen über wesentliche Gemeinsamkeiten bzw. Ähnlichkeiten in ihrer räumlichen Lage, ihrer Raumstruktur, ihrer sozioökonomischen Struktur, in der Bedeutung der Landwirtschaft und zum Teil auch in der Struktur der Landwirtschaft (viele Mischbetriebe). Dabei besteht in beiden Untersuchungsräumen eine Konzentration landwirtschaftlicher Betriebe, sodass das erste Kriterium für die Existenz landwirtschaftlicher Cluster erfüllt ist. Auch werden in beiden Regionen Förderprogramme der EU durchgeführt, die ländlichen Räumen in ihrer Gesamtheit und den Aufbau von Vernetzungen fördern.

Trotz dieser Gemeinsamkeiten unterscheiden sich die Untersuchungsräume in verschiedenen Bereichen. So besitzt Elbe-Elster insgesamt ein umfangreicheres und vielfältigeres Angebot an landwirtschaftlichen Zulieferern, Abnehmern und Dienstleistern. Während in Pyrzyce Familienbetriebe vorherrschen, lassen sich in Elbe-Elster mit den LPG-Nachfolgebetrieben und den Familienbetrieben zwei dominierende Gruppen identifizieren. Insgesamt zeichnet sich Elbe-Elster gegenüber Pyrzyce durch im Schnitt größere Betriebe mit modernerer Technik, besseren Transportmöglichkeiten und höherem Kapitaleinsatz aus. Dies beeinflusst die Vernetzungen der Betriebe (vgl. Kapitel 4).

4 Untersuchung der Vernetzungsstrukturen

Gemäß der Fragestellung (vgl. K. 2.4.3) legen Kapitel 4.1-4.3 dar, mit welchen außerlandwirtschaftlichen Bereichen und Akteuren die landwirtschaftlichen Betriebe in den Untersuchungsräumen vernetzt sind und welche Arten und Ausprägungen der Vernetzungen sich unterscheiden lassen. Dabei werden die Vernetzungen in ihren unterschiedlichen Dimensionen dargestellt, die verschiedenen Raummuster aufgezeigt und wichtige Unterschiede der Vernetzungen nach Untersuchungsraum analysiert. Kapitel 4.4 beschäftigt sich dann mit den Fragen welchen Einfluss die Vernetzungen auf die Wettbewerbsfähigkeit der landwirtschaftlichen Betriebe besitzen und welche Rolle der Strukturwandel spielt.

Ausgehend von dem verfeinerten Modell des Agrarsystems (vgl. Abb. 19) lassen sich die Vernetzungsbeziehungen und -bereiche wie folgt gliedern:

- Akteure und Strukturen der materiellen Vernetzungen (K. 4.1),
- Akteure und Strukturen der immateriellen Vernetzungen (K. 4.2),
- Machtbeziehungen der Landwirtschaftsbetriebe in der Wettschöpfungskette (K. 4.3)

In Abbildung 19 noch nicht berücksichtigt wurde der Einfluss der Vernetzungen auf die Wettbewerbsfähigkeit der landwirtschaftlichen Betriebe und die Rolle des Strukturwandels (K. 4.4 – 4.5).

Weitere Unterteilungen erfolgen nach den von Arnold (vgl. K. 2.3.1) identifizierten und im Modell des Agrarsystems dargestellten Akteursgruppen (Zulieferer, Abnehmer, Dienstleister und weitere Akteure) sowie nach unterschiedlichen Typen und Merkmalen der landwirtschaftlichen Betriebe.

4.1 Akteure und Strukturen der materiellen Vernetzungen

Als materielle Vernetzungen werden im Rahmen dieser Arbeit Vernetzungen bezeichnet, in denen materielle Sachgüter (z.B. Maschinen, Fleisch oder Getreide) zwischen den Vernetzungspartnern gehandelt werden (Kulke 2004, S. 23). Demgegenüber stehen immaterielle Vernetzungen, bei denen die Vernetzungspartner durch immateriellen Austausch (z.B. Beratung, Reparatur) mit einander verbunden sind[36] (Kulke 2004, S. 23). Die materiellen Vernetzungspartner lassen sich in Zulieferer und Abnehmer

[36] Auf Grund dieser Güterunterscheidung werden die Dienstleistervernetzungen daher als immaterielle Vernetzungen betrachtet, obwohl dem immateriellen Güterfluß ein materieller Güterfluß, nämlich die Bezahlung in Geldeinheiten gegenüber steht.

unterscheiden. Die Vernetzungen zu Dienstleistern, die sowohl materiellen besonders aber immateriellen Charakter haben, werden in Kapitel 4.2 untersucht.

Es werden nun die quantitativen Umfänge und Raummuster der materiellen Vernetzungen der landwirtschaftlichen Betriebe (nach Zahl der Betriebe und nach Anteil der Umsätze) in den Untersuchungsräumen dargestellt und analysiert. Dies beinhaltet die Betrachtung signifikanter Unterschiede zwischen den Betrieben und der zu diesen Unterschieden führenden Faktoren.

4.1.1 Materielle Vernetzungen mit Zulieferern

Zu den Zulieferbetrieben gehören die Händler von Landwaren (z.B. Saatgut, Düngemittel, Pflanzenschutz- und Futtermittel) sowie die Händler von Maschinen und technischen Gerät, (Landmaschinen; vgl. Schäkel 1996, S. 9). Dabei existieren sowohl bei den Landwaren- als auch bei den Landmaschinenhändlern Anbieter mit spezialisierten sowie mit breit gefächertem und sich ergänzendem Angebot (z.B. aufeinander abgestimmte Angebotslösungen für die Ausbringung von Saatgut, Dünger und Pflanzenschutz). Häufig kaufen Landwirte ihre Landmaschinen und Landwaren von anderen Landwirten. In Pyrzyce sind die nachgelagerten und vorgelagerten Betriebe oft identisch (vgl. EG16). Große Landwarenhändler bieten hier „Komplettlösungen" an, bei denen der Landwirt seine zur Produktion benötigten Vorleistungen bei einem Händler kauft und auch seine erzeugten Produkte an diesen wieder verkauft. Neben der Produktion der einzelnen Produkte (z.B. Milch, Fleisch und Getreide) übernehmen die landwirtschaftlichen Betriebe z.B. je nach Größe und Produktionsart oft auch andere Funktionen in der Wertschöpfungskette (z.B. Teile der Distribution), so dass die Grenzen zwischen den Kettengliedern der Wertschöpfungskette, wie schon bei Nuhn (1993b, S. 116) beschrieben, auch in den Untersuchungsräumen nicht eindeutig sind.

Die erhobenen Daten zeigen, dass in beiden Untersuchungsräumen für die meisten Unternehmen starke lokale (Kreis bzw. Powiat) und regionale (Bundesland bzw. Woiwodschaft) Vernetzungen unterschiedlicher Arten bestehen. Über 60% der befragten Betriebe aus beiden Regionen beziehen ihre Waren überwiegend von lokalen Zulieferern (vgl. Tab. 9 und graphische Gegenüberstellung der materiellen Vernetzungen mit Zuliefern und Abnehmern auf Seite 98[37]). Dem gegenüber ist in Pyrzyce der Anteil von Betrieben, die vor allem auf Zulieferer außerhalb Westpolens zurückgreifen, unbedeutend (3,5%). Allerdings haben sich in der Region in den letzten Jahren einige Zulieferer von außerhalb angesiedelt, die vor allem die bereits größer gewordenen Ini-

[37] Da die Tabelle nicht die Umsätze der Betriebe berücksichtigt, lässt sich hier noch keine Aussage über die Größe der materiellen Flüsse in die einzelnen Raumkategorien treffen. Vergleiche daher Tabelle 10.

tiativbetriebe mit modernen Landwaren und Landmaschinen beliefern. So siedelte sich zum Beispiel in Pyrzyce ein deutscher Verkaufsbetrieb für moderne Traktoren und schwere Landmaschinen an (vgl. EG19) und in Zachodniopomorskie wurde eine Vertriebsniederlassung für hoch entwickeltes deutsches Saatgut gegründet, welche in Pyrzyce 2004 einen Marktanteil von über 10% besaß (vgl. EG16). Dabei gehen sowohl polnische als auch deutsche Zulieferer davon aus, dass in Zukunft die Nachfrage nach qualitativ hochwertigen modernen Zulieferprodukten in Pyrzyce und ganz Polen wachsen wird (vgl. EG16; EG10).

In Elbe-Elster bezieht nur ein kleiner Teil der Betriebe mehr als 50% seiner Lieferungen außerhalb Ostdeutschlands. Es bleibt allerdings zu berücksichtigen, dass die Zulieferbetriebe ihrerseits auf Zulieferbetriebe zurückgreifen, von denen ein Großteil nicht aus der Region kommt. So kaufen etwa Tierfutterzulieferer wesentliche Bestandteile wie Proteine aus Brasilien (vgl. EG10).

Tab. 9: Regionale Verteilung der Zulieferer der befragten landwirtschaftlichen Betriebe

	Landkreis/ Powiat		**Bundesland/ Woiwodschaft**		**Ostdeutschland/ Westpolen**		**national**		**international**		**gesamt**	
	abs.	in %	abs.	in %	abs.	in %	abs.	in %	abs.	in %	abs.	in %
gesamt	204	65,0	51	16,2	35	11,1	20	6,4	4	1,3	314	100
Elbe-Elster	88	61,1	14	9,7	24	16,7	15	10,4	3	2,1	144	100
Pyrzyce	116	68,2	37	21,8	11	6,5	5	2,9	1	0,6	170	100

Quelle: e.E. & e.B. Gezählt wurden nur Betriebe mit einem Anteil ≥ 50% in einer Regionalkategorie. Die Werte in den Regionalkategorien sind nicht kumuliert. Das heißt, z.B. die Regionalkategorie Bundesland zeigt Bundesland ohne Kreis.

Bei der Betrachtung der regionalen Verteilung der Vernetzungen mit Zulieferern *nach Umsatz* Tab. 10 fällt zunächst der bereits beschriebene Unterschied zwischen den Umsätzen der ostdeutschen und der polnischen Betriebe auf. Zudem zeigt sich, dass die umsatzstarken Betriebe tendenziell stärker überregional einkaufen, da der Anteil des Umsatzes der Zulieferungen, die überregional erfolgen, höher ist als der Anteil überregionaler Zulieferer (vgl. Abb. 21 und Abb. 22). Trotzdem bleibt auch hier der relativ größte Anteil des Umsatzes der Betriebe beider Regionen innerhalb des Kreises/Powiats. Ca. 70% (46,7% + 24,0%; vgl. Tab. 10) des Umsatzes der ostdeutschen und ca. 60% des Umsatzes der polnischen Landwirte gehen an Zulieferer aus Kreis/Powiat oder Bundesland/Woiwodschaft. Es fällt auf, dass ein hoher Anteil der Zulieferer Pyrzyces nach Umsatz von außerhalb Westpolens kommt. Dies liegt daran, dass viele Zulieferungen auf Sammelbestellung der Dorfvorsteher durch überregionale fahrende Händler direkt in die Dörfer der Landwirte geliefert werden (vgl. LWPY1).

Somit besitzen die Landwirte auch ohne eigene Transportmöglichkeiten die Gelegenheit, wichtige Produkte zu kaufen. In Elbe-Elster ist das Angebot an Zulieferern demgegenüber umfangreicher, so dass die Betriebe auf Grund dieses Lokalisationsvorteils (vgl. K. 2.1.2) weniger auf Zulieferer außerhalb des Nahraums zurückgreifen müssen. Entsprechend kaufen die Landwirte hier stärker direkt in den Untersuchungsräumen ein. Die materiellen Flüsse zwischen den Betrieben mit direkten Zulieferern aus dem Ausland sind mit 2,3% in Elbe-Elster und 5,2% in Pyrzyce gering.

Tab. 10: Regionale Verteilung der Vernetzungen mit Zulieferern nach Umsatz (in%)

	Landkreis/ Powiat	Bundesland/ Woiwodschaft	Ostdeutschland/ Westpolen	national	international
Zulieferer	43,4	22,7	21,9	9,4	2,6
Elbe-Elster	46,7	24,0	19,7	7,3	2,3
Pyrzyce	37,8	22,2	8,9	26,7	5,2

Quelle: e.E. & e.B. Gültige Fälle: Insg. 308, EE 142, PY 164. Um eine möglichst hohe Zahl an Antworten zu bekommen, wurden die Betriebe nicht nach den genauen Umsätzen gefragt, sondern mussten eine Kategorie ankreuzen (vgl. Anhang 2). Aus diesen Umsatzkategorien wurde jeweils der Mittelwert gebildet (bei der Kategorie >5.000.000€ wurde der Wert 7.500.000€ verwendet) und mit der Anzahl der Betriebe der jeweiligen Kategorie multipliziert. Die Werte in den Regionalkategorien sind nicht kumuliert.

4.1.2 Materielle Vernetzungen mit Abnehmern

Insgesamt konnten in Elbe-Elster und Pyrzyce vier große Abnehmerarten unterschieden werden: Großhändler, Einzelhändler, Verarbeiter und Endverbraucher. Die wichtigsten direkten Abnehmer sind dabei Großhändler (in EE 32%, in PY 51%) und Verarbeiter (EE 36%, PY 42%) (vgl. Anhang 3 Tabelle 3.1 und Kapitel 4.3.3).Wie schon bei den Zulieferern findet auch bei den Abnehmern der befragten Betriebe der Großteil der Vernetzungen innerhalb des Landkreises/Powiats statt (vgl. Tab. 11). Der Anteil nationaler direkter Abnehmer ist insgesamt gering. Internationale direkte Abnehmerbeziehungen machen bei keinem der Betriebe mehr als 50% des Umsatzes aus[38]. Anders als bei den Zulieferern verkaufen die Landwirte gemessen an der Zahl der Betriebe in Elbe-Elster signifikant[39] stärker an überregionale Partner als die Landwirte Pyrzyces (vgl. Abb. 21-24). Dies ist nach Angaben der Landwirte nicht zuletzt auf erheblich räumliche Konzentrationstendenzen bei den Abnehmern zurückzuführen (vgl. WSEE; WSPY).

---

[38] Es besitzen jedoch einige Betriebe Vernetzungen, die weniger als 50% des Umsatzes ausmachen. Dies erklärt den scheinbaren Widerspruch zwischen Tabelle 11 in der diese Betriebe in der Spalte „international" auf Grund des geringen internationalen Umsatzes nicht erfasst werden (vgl. Anmerkungen Tab. 11) und der Tabelle 12, die alle Umsatzanteile erfasst.

[39] (α =10%)

Tab. 11: Regionale Verteilung der Abnehmer der befragten landwirtschaftlichen Betriebe

	Landkreis/ Powiat		**Bundesland/ Woiwod-schaft**		**Ostdeutsch-land/ Westpolen**		**national**		**inter-national**		**gesamt**	
	abs.	in %	abs.	in %	abs.	in %	abs.	in %	abs.	in %	abs.	in %
gesamt	186	57,6	62	19,2	54	16,7	21	6,5	0	0,0	323	100
Elbe-Elster	71	47,7	18	12,1	43	28,9	17	11,4	0	0,0	149	100
Pyrzyce	115	66,1	44	25,3	11	6,3	4	2,3	0	0,0	174	100

Quelle e.E. & e.B. Gezählt wurde nur, wenn ein Betrieb einen Anteil von >= 50% in einer Regionalkategorie angab. Die Werte in den Regionalkategorien sind nicht kumuliert.

Die in Tabelle 11 dargestellten regionalen Unterschiede zwischen den Untersuchungsregionen haben mehrere Ursachen. Insbesondere in Pyrzyce ist die in Kapitel 1.3 und 2.3.1 dargestellte Konzentration der Abnehmer noch nicht soweit fortgeschritten, dass sie zu einer Dominanz der direkten überregionalen Vernetzungen geführt hat. Auch sind die Abnehmerbeziehungen nicht in dem Maße durch überregionale Händler organisiert wie bei den Zulieferern, sodass das beschriebene Mobilitätsproblem (Mangel an verfügbaren Transportfahrzeugen) stärker greift. Demgegenüber können die Landwirte in Elbe-Elster ein größeres Angebot an Distributionsmöglichkeiten nutzen. Denn erstens verfügen sie auf Grund ihrer Umsatzstärke über umfangreichere personelle und materielle Ressourcen, die es ihnen erleichtern, verschiedene Distributionskanäle zu nutzen. Zweitens besitzen sie oft ein größeres Wissen über die verschiedenen Möglichkeiten des Absatzes (z.B. bei der Erstellung gemeinsamer regionaler Markenprodukte; vgl. WSEE; WSPY). Insbesondere die großen Betriebe Elbe-Elsters setzen einen hohen Anteil ihrer Produkte außerhalb Brandenburgs oder sogar Ostdeutschlands ab. Folglich ist nicht nur absolut nach Betriebsanzahl, sondern auch gemessen am Umsatz der Betriebe der Unterschied zwischen Elbe-Elster und Pyrzyce signifikant[40] (vgl. Tab. 12).

[40] α= 1% bei einem Umsatz der befragten gültigen Betriebe in Elbe-Elster von 86,6 Millionen Euro (142 Betriebe) und Pyrzyce von 13,5 Millionen Euro (164 Betriebe).

Tab. 12: Regionale Verteilung der Vernetzungen mit Abnehmern nach Umsatz (in %)

	Landkreis/ Powiat	Bundesland/ Woiwodschaft	Ostdeutschland/ Westpolen	national	international
Abnehmer	36,3	19,8	26,2	13,6	4,0
Elbe-Elster	34,2	18,2	29,4	14,8	3,6
Pyrzyce	52,6	30,8	5,0	5,5	6,8

Quelle: e.E. & e.B. Gültige Fälle: Insgesamt 308, EE 142, PY 164. Um eine möglichst hohe Zahl an Antworten zu bekommen, wurden die Betriebe nicht nach den genauen Umsätzen gefragt, sondern mussten eine Kategorie ankreuzen. Aus diesen Umsatzkategorien wurde jeweils der Mittelwert gebildet (bei der Kategorie >5.000.000€ wurde der Wert 7.500.000€ verwendet) und mit der Anzahl der Betriebe der jeweiligen Kategorie multipliziert. Die Werte in den Regionalkategorien sind nicht kumuliert.

Transportkosten fallen bei größeren Produktmengen weniger ins Gewicht. Auch gab ein großer Milcherzeuger aus Elbe-Elster an, dass es für ihn kein logistisches Problem darstellt, einen leichtverderblichen und transportempfindlichen Rohstoff (Nuhn 1993b, S. 143) wie Milch mit eigenen LKW in Italien zu verkaufen, wenn sich dies, wie es schon häufig der Fall war, finanziell lohnt (vgl. WSEE). Dass trotzdem ein erheblicher Teil des Umsatzes der Betriebe Elbe-Elsters lokal oder regional abgesetzt wird (zusammen rund 52%), liegt auch an den Betrieben mit niedrigem Umsatz, bei denen sich die Transportkosten weniger bezahlt machen. Bei diesen kleinen, oft im Nebenerwerb geführten Betrieben, spielt außerdem die Motivation der Landwirte zum Aufbau umfangreicher Vernetzungen eine wichtige Rolle (Müller et al. 2002, S. 219ff). Viele von ihnen üben die Landwirtschaft oft aus „Spaß an der Sache" (WSEE) aus und zeigen Parallelen zum satisfying behaviour (Sick 1993, S. 76; K. 2.3.1). Sie wollen den primären landwirtschaftlichen Tätigkeiten „auf dem Feld" nachgehen und wählen daher in den anderen Bereichen wie Einkauf, Absatz oder Beratung oft die – auch räumlich – naheliegendste Möglichkeit. Dabei besitzen die Landwirte oft eine begrenzte Kooperationsbereitschaft und Flexibilität. Häufig herrscht ein historisch begründetes Misstrauen gegenüber Kooperationen oder die Landwirte „wollen ihre Ruhe haben" (WSEE).

Hält man sich die fortschreitenden Konzentrationstendenzen in der landwirtschaftlichen Verarbeitungsindustrie vor Augen, die auch Pyrzyce erreicht haben (vgl. K. 3.3; EG23), so ist auf Grund der beschriebenen Befunde davon auszugehen, dass diese für die kleinen und weniger flexiblen Betriebe größere Abhängigkeitsprobleme bewirken dürften als für die großen Gesellschaften. Zumal die Betriebsleiter der großen Gesellschaften nach Ansicht der örtlichen Landwirte „eine andere Persönlichkeit haben, (...) über den Tellerrand gucken können" und „gelernt haben, zusammen zu arbeiten" (WSEE).

Die Abbildungen 21-24 stellen noch einmal die regionalen Verteilungen der Zulieferer und Abnehmern der befragten landwirtschaftlichen Betriebe absolut und nach Umsatz gegenüber. Deutlich erkennbar ist in beiden Regionen die stärker lokale Verteilung der Zulieferer- und Abnehmer gegenüber der eher regionalen und überregionalen Verteilung nach Umsatz.

Abb. 21: Regionale Verteilung der Zulieferer der befragten landwirtschaftlichen Betriebe

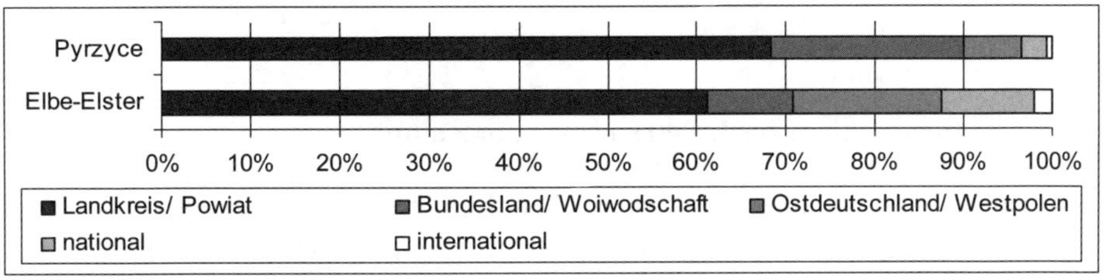

Quelle: e.E., e.B.& e.D.

Abb. 22: Regionale Verteilung der Vernetzungen mit Zulieferern nach Umsatz

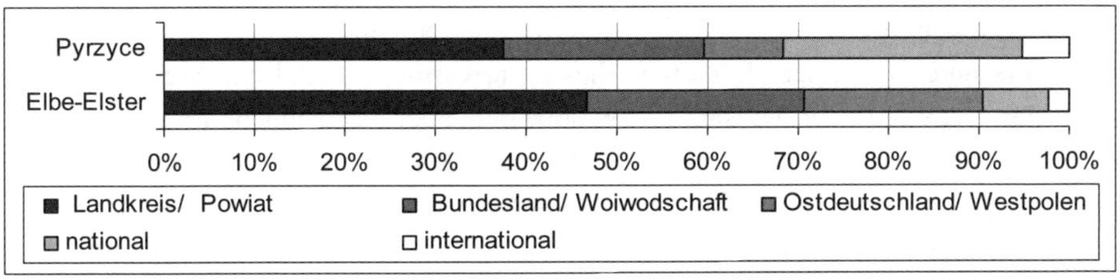

Quelle: e.E., e.B.& e.D.

Abb. 23: Regionale Verteilung der Abnehmer der befragten landwirtschaftlichen Betriebe

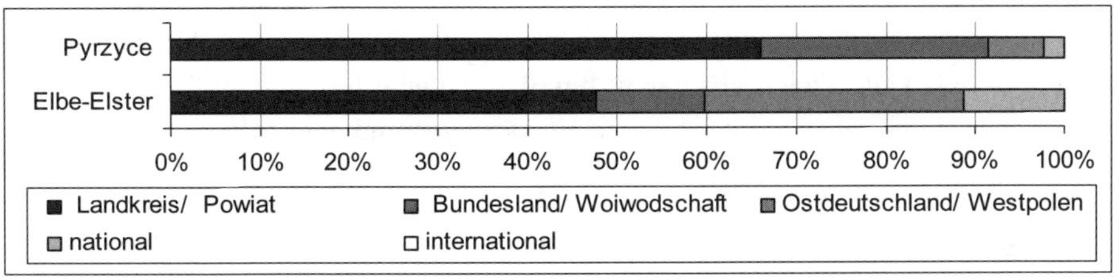

Quelle: e.E., e.B.& e.D.

Abb. 24: Regionale Verteilung der Vernetzungen mit Abnehmern nach Umsatz

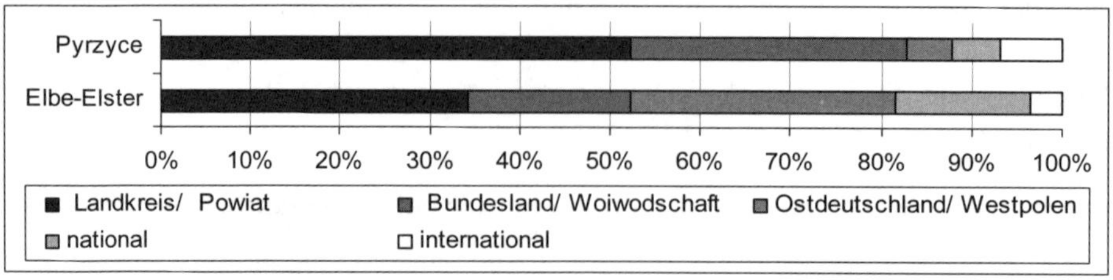

Quelle: e.E., e.B.& e.D.

4.1.3 Unterschiede nach Betriebsmerkmalen und -typen

Um ein näheres Verständnis für die Ursachen der unterschiedlichen Vernetzungen in den Untersuchungsräumen zu bekommen und differenzierte Handlungsempfehlungen ableiten zu können, ist eine detaillierte Analyse der landwirtschaftlichen Betriebe und ihren Vernetzungen nach weiteren charakteristischen Merkmalen nötig.

Wie schon die regionale Verteilung der Umsätze zeigte, lassen sich zwischen den Betrieben in Abhängigkeit von verschiedenen Merkmalen Unterschiede in der Wahl ihres Zulieferers und Abnehmers finden. So besitzt erwartungsgemäß ein deutlich höherer Anteil der – sowohl nach Umsatz (>100.000€) als auch nach Fläche (>200ha) – großen Betriebe Zulieferer und Abnehmer außerhalb des Bundeslandes/der Woiwodschaft (e.E. & e.B.). Dies trifft insbesondere für Personengesellschaften und juristische Personen, also die LPG-Nachfolgebetriebe, zu während die deutschen und polnischen Familienunternehmen in der Summe lokaler orientiert sind. So gilt in der Tendenz: Je größer der Betrieb, desto geringer die lokale Ausrichtung.

Neben den Betriebsgrößen lassen sich auch nach Betriebsalter Unterschiede in den Vernetzungen erkennen. Betriebe, die zum Zeitpunkt der Befragung weniger als fünf Jahre existierten, weisen deutlich weniger lokale Zulieferer- und Abnehmervernetzungen (e.E. & e.B.) auf. Dies weist darauf hin, dass jüngere Betriebe größere Schwierigkeiten haben, in bestehende lokale Netze einzudringen und/oder offener sind für überregionale Kontakte.

Bei der Betrachtung nach Betriebsform weisen die mit über 70% in beiden Untersuchungsräumen anteilmäßig dominierenden Mischbetriebe die deutlichste lokale Ausrichtung bei ihren Zulieferbetrieben auf. Auch der Futterbau, der seine Abnehmer im Allgemeinen. im ländlichen Raum hat, ist stark lokal orientiert. Zugleich haben die spezialisierten Betriebe weniger Zulieferer in der Region als die anderen Betriebsformen. Dies lässt sich anhand ihrer jeweiligen Spezialisierung (z.B. Karpfenzucht) erklären, die oft spezielle und in der Region seltene oder nicht vorhandene Zulieferer verlangt (vgl. LWEE5).

Kasten 9: Zwischenfazit zu materiellen Vernetzungen

Die Akteure der materiellen Vernetzungen ließen sich in Zulieferer- und Abnehmervernetzungen differenziert untersuchen.

So konnte gezeigt werden, dass die Mehrzahl der Betriebe den überwiegenden Anteil ihrer Zulieferer- und Abnehmerbeziehungen innerhalb der Region (Bundesland bzw. Woiwodschaft) selbst besitzt (vgl. Abb. 25).

Die Abnehmervernetzungen der landwirtschaftlichen Betriebe Elbe-Elsters sind stärker überregional geprägt. Ursachen für diese Ausrichtung sind eine zunehmende räumliche Konzentration der Abnehmer, bessere Transportmöglichkeiten, umfangreichere Ressourcen und ein größeres Wissen über Absatzmöglichkeiten. Die starke lokale Ausrichtung der Betriebe Elbe-Elsters bei ihren Zuliefervernetzungen trotz guter Transportmöglichkeiten weist auf Lokalisationsvorteile durch ein umfangreiches Zuliefer-Angebot hin.

In der Tendenz zeigte sich, dass große, junge und spezialisierte Betriebe eher überregional vernetzt sind, während sich kleine, ältere und Mischbetriebe stärker lokal orientieren. Dabei erleichtert die räumliche Nähe den Aufbau materieller Vernetzungen insbesondere der weniger mobilen Landwirte.

Zusammenfassend konnten materielle lokale und regionale Vernetzungen als konstitutive Elemente des regionalen Agrarsystems in beiden Regionen nachgewiesen werden. Die Bedingungen für einen Cluster, nämlich lokale Konzentration und Interaktion (Vernetzung), sind somit erfüllt und damit ein regionales Agrarsystem in beiden Untersuchungsräumen nachgewiesen.

Bei der Identifikation eines lokalen Clusters ist zu berücksichtigen, dass es sich bei den Zulieferern und Abnehmern nur um die jeweils direkt vor- bzw. nachgelagerte Stufe der Wertschöpfungskette handelt. Wie viele weitervorgelagerte Produkte lokal produziert werden und wie viele Endprodukte lokal oder regional konsumiert werden, ist nicht bekannt. Unter dem Strich zeigt sich dennoch, dass sich neben der landwirtschaftlichen Produktion auch große Teile jeweils direkt anschließender Produktionsstufen der Warenkette innerhalb der Region befinden. Auf Grund der zuvor beschriebenen Konzentration landwirtschaftlicher Betriebe und den hier dargestellten materiellen Vernetzungen mit verwandten Aktivitäten existiert in beiden Regionen ein regionales Agrarsystem.

Abb. 25: Materielle Vernetzungen der regionalen Agrarsysteme in den Untersuchungsregionen

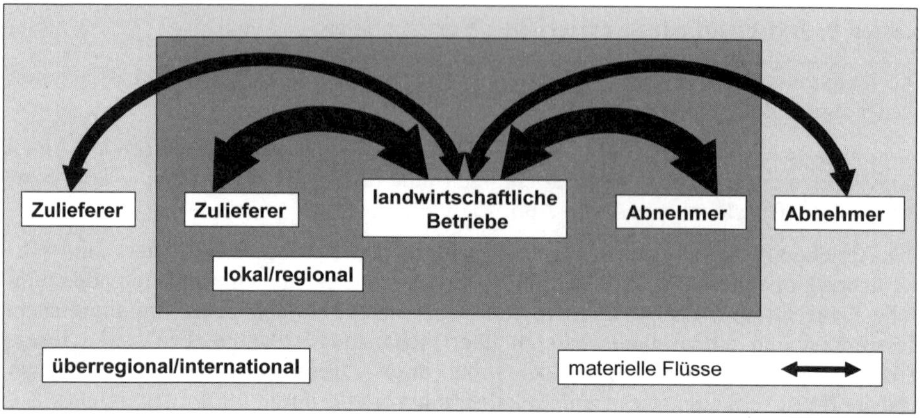

Quelle: e.D.

Abbildung 25 zeigt zum Abschluss von Kapitel 4.1 vereinfacht die materiellen Vernetzungen der regionalen Agrarsysteme in den Untersuchungsregionen. Deutlich sichtbar sind die stärkeren Ausprägungen der regionalen und lokalen Vernetzungen gegenüber den überregionalen und internationalen Vernetzungen.

4.2 Akteure und Strukturen der immateriellen Vernetzungen

Nach der Untersuchung der materiellen Vernetzungen folgt nun die Analyse der immateriellen Vernetzungen. Dafür werden die immateriellen Vernetzungen auf ihre Bedeutung (besonders als Wissensquelle), Arten und Dimensionen, Raummuster sowie die beteiligten Akteure untersucht (vgl. K. 2.4.3). Auch hierbei werden besondere Merkmale, Unterschiede und Gemeinsamkeiten betrachtet und anhand der bisherigen Erkenntnisse erklärt.

Immaterielle Vernetzungen besitzen für die Clusterbildung in den theoretischen Ansätzen eine besondere Bedeutung, da sie Wissenstransfer und Lernprozesse fördern. Es wird deshalb überprüft werden, ob und inwiefern diese These für die Untersuchungsräume zutrifft. Im Anschluss erfolgt eine nach Vernetzungspartnern differenzierte Betrachtung der immateriellen Vernetzungen. Hierbei lassen sich die Vernetzungen mit Dienstleistern, Zulieferern, Abnehmern sowie weiteren Akteuren unterscheiden. Die immateriellen Vernetzungen mit Dienstleistern werden zudem nach Art des Dienstleisters (z.B. Bank oder Handwerker) und nach Art der Vernetzung getrennt betrachtet. Dabei bestehen zum einen Auftraggeber-Auftragnehmerbeziehungen, bei denen die landwirtschaftlichen Betriebe im Rahmen des Kerngeschäfts immaterielle Güter beziehen (z.B. der Abschluss einer Versicherung oder eines Bankkredites; vgl. Kulke 2004, S. 23), die sie bezahlen. Zum anderen existieren weitergehende formelle und informelle Beziehungen außerhalb des Kerngeschäfts (z.B. Informationsaustausch über neue Marktentwicklungen oder projektbezogene Kooperationen, die auf Gegenseitigkeit beruhen und daher nicht den Charakter einer klassischen Dienstleistung besitzen).

4.2.1 Immaterielle Vernetzungen als Wissensquelle bei betrieblichen Entscheidungen

Porter und andere (vgl. K. 2.1) sehen den Zugang und den Austausch von Informationen sowie gegenseitiges Lernen als eine wichtige Bedingung zur Innovations- und Wettbewerbsfähigkeit. Auch die Betriebsleiter in den Untersuchungsräumen schätzen dies so ein (vgl. Tab. 13). So betrachten 76,7% der Betriebe Elbe-Elsters und 68,5% der Betriebe Pyrzyces den Zugang zu wirtschaftlichen Informationen als wichtig oder sehr wichtig für die Wettbewerbsfähigkeit des eigenen Betriebes.

Tab. 13: Bedeutung des Zugangs zu wirtschaftlichen Informationen für die Wettbewerbsfähigkeit des Betriebes (Einschätzung der Betriebsleiter)

	sehr wichtig		wichtig		mittel		weniger wichtig		unwichtig		gesamt	
	abs.	in %	abs.	in %	abs.	in %	abs.	in %	abs.	in %	abs.	in %
Elbe-Elster	70	46,7	45	30,0	24	16,0	2	1,3	9	6,0	150	100
Pyrzyce	48	27,4	72	41,1	34	19,4	17	9,7	4	2,3	175	100
gesamt	118	36,3	117	36,0	58	17,8	19	5,8	13	4,0	325	100

Quelle: e.E. & e.B. Gültige Fälle: 325

Porter und andere stellen die Bedeutung von Zusammenarbeit und Kooperation mit anderen Betrieben zum Erlangen von Wissen und Informationen heraus. Dass dies auch für den Bereich der Landwirtschaft gilt, bestätigten die Landwirte beider Untersuchungsräume in Workshops (Dannenberg/Schleyer/Wüstemann 2005; WSPY).

Insbesondere bei Fördermitteln und Subventionen, aber auch bei Vorschriften und rechtlichen Verordnungen, sind nach Angaben der Betriebsleiter immaterielle Vernetzungen wichtig. Um die Akteure dieser immateriellen Vernetzungen der landwirtschaftlichen Betriebe und ihren Einfluss zu identifizieren, wurde den landwirtschaftlichen Betriebsleitern die Frage gestellt: „Von wem holen Sie sich bei wichtigen betrieblichen Entscheidungen Rat?“ (s. Anhang 2 Frage 5.1)

Dabei zeigte sich, dass der immaterielle und informelle Austausch mit Akteuren nicht nur aus dem geschäftlichen, sondern auch aus dem sozialen und lokalen Umfeld für viele Betriebsleiter als Quellen für Ratschläge bei wichtigen betrieblichen Entscheidungen dient. Nur 5% (18) der insgesamt 332 Betriebe gaben keine (oder nur Fachliteratur und/oder Presse) der in Tab. 14 gelisteten Vernetzungen als Ratgeberquellen an. Die große Mehrheit von 95% greift hingegen auf private und/oder geschäftliche Beziehungen zurück. Am häufigsten wird in beiden Regionen (EE 41%; PY 59%)der Rat von Familienmitgliedern gesucht. Dies unterstreicht die in Kapitel 2.3 beschriebene wichtige Rolle sozialer Gruppen im ländlichen Raum. Zudem erweisen sich Zulieferer (EE 15%; PY 22%), der Bauernverband (EE 27%; PY 10%) und andere Landwirte (EE 17%; PY 15%) als Ratgeber.

Tab. 14: Ratgebertypen bei betrieblichen Entscheidungen

Ratgeber	Elbe-Elster		Pyrzyce		gesamt	
	abs.	in%	abs.	in%	abs.	in%
Familie	65	41,4	103	58,9	168	50,6
Zulieferer	23	14,6	39	22,3	62	18,7
Bauernverband	43	27,4	17	9,7	60	18,1
andere Landwirte	27	17,2	27	15,4	54	16,3
öffentliche Einrichtungen	5	3,2	37	21,1	42	12,7
spezielle private Dienstleister	29	18,5	6	3,4	35	10,5
Fachliteratur/Fachzeitschriften	20	12,7	14	8,0	34	10,2
private landwirtschaftliche Beratung	23	14,6	0	0,0	23	6,9
Presse	11	7,0	9	5,1	20	6,0
Fachverbände	9	5,7	10	5,7	19	5,7
Genossenschaftsverbände	8	5,1	2	1,1	10	3,0
sonstiges	37	23,6	14	8,0	51	15,4

Quelle: e.E. & e.B. Mehrfachnennungen möglich; EE: 100%= 157; PY 100%= 175; Gesamt 100%= 332) Die Frage nach den Ratgebern war frei vorgegeben (vgl. Anhang 2). Die Antworten wurden anschließend zu den aufgeführten Kategorien zusammengefasst.

Die vergleichsweise geringe Bedeutung des Bauerverbandes und auch der Genossenschaftsverbände in Pyrzyce macht deutlich, dass die wenigen existenten Verbandsstrukturen in Pyrzyce noch nicht etabliert und gefestigt sind. Zugleich zeigt das Beispiel Elbe-Elster, dass etablierte Verbandsstrukturen durchaus wichtige Ratgeberfunktionen übernehmen können. Eine besondere Bedeutung kommt dabei in beiden Regionen den erfolgreichen Initiativbetrieben zu. Dies beschrieb die Leiterin einer Agrargenossenschaft in Elbe-Elster wie folgt:

„Erfahrungsaustausch ist die billigste Investition. Man schaut zum Nachbarn, was der besser macht.“ (WSEE)

Erfolgreiche Betriebe können so gerade für die Landwirte, die sich keine Berater leisten können wichtige Vorbildfunktionen übernehmen. Oft sind sie die Ersten, die Innovationen oder neue Ideen in die Region bringen. So können z.B. der Einsatz bisher in der Region unbekannter Technologien oder der Aufbau neuer Betriebsbereiche (z.B.

der Anbau von Energiepflanzen oder die Errichtung einer Pension mit Streichelzoo) auch anderen Landwirten alternative Produktions- und Geschäftsmöglichkeiten aufzeigen (vgl. LWEE1; WSEE).

Gemäß der vorhandenen Angebotsstruktur (vgl. K. 3.3.2) und der Finanzsituation der Betriebe greifen die landwirtschaftlichen Betriebe in Pyrzyce stark auf kostenlose öffentliche Beratungsstellen (21%) zurück, während die Betriebe in Elbe-Elster verstärkt spezielle private Dienstleister (19%) und landwirtschaftliche Berater (15%) konsultieren. Den Rat öffentlicher Einrichtungen nutzen die Landwirte in Elbe-Elster dagegen kaum, wobei zu berücksichtigen bleibt, dass die brandenburgischen Landwirtschaftsämter anders als in Pyrzyce keine allgemeinen landwirtschaftlichen Berater beschäftigen. Die Abnehmer der landwirtschaftlichen Betriebe spielen hingegen in beiden Regionen als Ratgeber eine untergeordnete Rolle (EE 3%; PY 2%). Im Durchschnitt wendeten sich die befragten Landwirte in Elbe-Elster an 1,7 und in Pyrzyce an 1,5 unterschiedliche Ratgebertypen[41] (vgl. Tab.14).

Viele der immateriellen Vernetzungen mit außerbetrieblichen Akteuren befinden sich im Nahbereich der Betriebe. So beschränken sich die Vernetzungen mit der Familie meist auf die unmittelbare ansässige Familie (üblicherweise auf die Ehefrau oder den Vater, die oft im Betrieb arbeiten oder arbeiteten). Dies liegt daran, dass sie diese Personen besonders gut kennen und ihnen vertrauen. Darüber hinaus verstehen Familienmitglieder aber auch, wie kaum jemand anders, die Situation des Betriebsleiters, geben kostenlosen und leicht verfügbaren Rat. Auch bei den Vernetzungen mit anderen Landwirten handelt es sich meist um nachbarschaftliche langjährige Beziehungen. Verbindungen im Bauernverband sind meist ebenfalls auf kreis- oder kreisähnlicher Ebene strukturiert (Landesbauernverband Brandenburg 2006).

4.2.2 Immaterielle Vernetzungen mit Dienstleistern innerhalb des Kerngeschäfts

Es werden nun zunächst die Beziehungen der landwirtschaftlichen Betriebe zu Dienstleistern innerhalb des Kerngeschäfts untersucht (z.B. vertraglich geregelte Kreditvergabe, Versicherungsabschluss, Reparatur). Als Indikator für ihre Bedeutung lassen sich neben der Anzahl der Betriebe, die mit Dienstleistern zusammenarbeiten, auch Aussagen zur Wichtigkeit der erbrachten Dienstleistung (sowohl aus den Interviews und Expertengesprächen als auch aus der standardisierten Befragung) für den jeweiligen Betrieb nutzen.

---

[41] Die Unterschiede sind nicht signifikant ($\alpha=10\%$).

Landwirtschaftliche Betriebe benötigen i.d.R. für ihren Geschäftsablauf eine Reihe von Dienstleistern. Zu den wichtigsten zählen dabei Versicherungen, Banken, landwirtschaftliche Betriebsberatung, Handwerker, Marketing sowie Rechts- und EDV-Dienstleister. Von herausragender Bedeutung sind in beiden Regionen die Versicherungen und Banken (vgl. EG15).

Insgesamt existiert in Pyrzyce ein deutlich eingeschränkteres Angebot an privaten Unternehmensdienstleistern (vgl. EG20), das nicht zuletzt aus der geringeren Nachfrage der finanzschwachen Landwirte resultiert. Während auf Versicherungen und Banken im Allgemeinen nicht verzichtet werden kann, wird bei Dienstleistungen im Bereich von Recht und Marketing aus Kostengründen gespart. Zudem ist das Angebot an solchen Dienstleistungen in der Region gering bzw. teilweise nicht vorhanden. Im Bereich des Marketings greifen die Betriebe, wenn überhaupt, auf öffentliche Angebote zurück, die von der Qualität und Professionalität nicht mit deutschen Marketing-Agenturen vergleichbar sind (vgl. EG20).

Auch bei Handwerkern konnten die Betriebe in Pyrzyce auf Grund einfacher Technik bisher sparen, da z.B. elektronische Datenverarbeitung kaum angewandt wird. Allerdings zeichnet sich hier ein zunehmender Wandel ab. So setzten vor allem die größeren mittelständischen Betriebe im zunehmenden Maße auf moderne Technik, die auch ein stärkeres Angebot an Wartungs- und Reparaturdiensten notwendig macht. Besonders während der Erntezeit ist eine kurzfristige (d.h. innerhalb von Stunden) Reparaturmöglichkeit der Landmaschinen von großer Bedeutung. Moderne Landmaschinen-Zulieferer werden daher in Zukunft auch Reparaturwerkstätten im Powiat einrichten (vgl. EG19).

Neben öffentlichen Beratungsstellen, wie den Beratern des Landwirtschaftsamts und der nationalen Agentur für Restrukturierung und Modernisierung der Landwirtschaft gibt es in Pyrzyce praktisch keine private landwirtschaftliche Betriebsberatung. Diese Unterschiede spiegeln sich in den Einschätzungen der Bedeutung der Dienstleister in der standardisierten Befragung wider. Um einen Eindruck über die Qualität dieser Beziehungen zu bekommen, wurden die landwirtschaftlichen Betriebe, die die einzelnen Dienstleistungen nutzen, gefragt, für wie wichtig sie die jeweils erbrachten Leistungen für ihren Betrieb halten. Dabei sind erwartungsgemäß Versicherungen und Banken die nach Angaben vieler Betriebe zu den Grundversorgern gehören in beiden Untersuchungsräumen von großer Bedeutung (vgl. Tab. 15).

Tab. 15: Anteil landwirtschaftlicher Betriebe, die immaterielle Zusammenarbeit mit dem jeweiligen Dienstleister für wichtig/ sehr wichtig halten (in %)

Dienstleister (Fälle)	Elbe-Elster	Pyrzyce
Betriebsberatung (242)	53,2 [1)]	44,1 [1)]
Banken (287)	52,8 [3)]	67,1 [3)]
Versicherungen (295)	55,9 [2)]	68,6 [2)]
Handwerker (266)	52,2 [2)]	39,8 [2)]
Marketing (183)	17,9 [1)]	11,7 [1)]
Recht (213)	46,2 [3)]	30,2 [3)]
EDV (178)	44,0 [3)]	23,2 [3)]
sonstiges (39)	52,4 [2)]	38,9 [2)]

Signifikanter Unterschied zwischen den beiden Untersuchungsräumen: [1)] α= 10% [2)] α= 5% [3)] α= 1%
Quelle: e.E. & e.B.

Insgesamt schätzen die polnischen Landwirte die genutzten Dienstleistungen als weniger wichtig ein als die deutschen. In den Interviews mit den Landwirten konnten dafür zwei mögliche Erklärungen gefunden werden. Erstens ließ sich feststellen, dass die Dienstleistungen in Pyrzyce i.d.R. von deutlich schlechterer Qualität sind und häufig keinen wichtigen Beitrag zum landwirtschaftlichen Geschäft leisten können. Zweitens sind die landwirtschaftlichen Betriebe auch bei gutem Angebot finanziell nicht in der Lage, umfangreiche Dienste in Anspruch zu nehmen.

In Elbe-Elster sind neben Banken und Versicherungen für über die Hälfte der Betriebe auch die Leistungen von landwirtschaftlichen Betriebsberatungen, Handwerkern und weiteren, meist speziellen Dienstleistungen (s. sonstiges) wie Lohnunternehmern[42] von wichtiger Bedeutung. Nur ein Bruchteil der Nutzer von Marketing (EE 17,9%; PY 11,7%) sieht diese Dienstleistung für seinen Betrieb als wichtig oder sehr wichtig an. Die hohe Bedeutung der verschiedenen Dienstleister in Elbe-Elster lässt sich auf Grund ihres höheren Entwicklungstandes – etwa im Bereich Computertechnologie und des professionellen Management – sowie ihrer Größe erklären. Angesichts der fortschreitenden technologischen Entwicklung und des Wachstums einiger Betriebe Pyrzyces ist jedoch auch dort langfristig von einem Wandel der Dienstleistervernetzungen in Pyrzyce auszugehen (vgl. K. 4.5.5).

Bei der räumlichen Verteilung der Dienstleister (vgl. Abb. 26 & Anhang 3 Tab. 4.2) der befragten landwirtschaftlichen Betriebe ist erneut eine Konzentration auf die Region und speziell auf den Kreis/das Powiat zu erkennen. Dabei werden vor allem Handwerker, Banken und Versicherungen lokal nachgefragt. Insgesamt zeigt sich, dass die Betriebe Elbe-Elsters auch Dienstleister stärker überregional und weniger lokal nachfragen als diejenigen Pyrzyces. Dabei müssen vor allem EDV-, Marketing-, Rechts- und spezialisierte Dienstleistungen häufig

42 Zum Beispiel für Erntearbeiten

von außerhalb der Region bezogen werden (vgl. EG20). Diese Dienstleistungen sind in Pyrzyce generell von deutlich geringerer Bedeutung.

Abb. 26: Regionale Verteilung der Dienstleister der befragten Betriebe

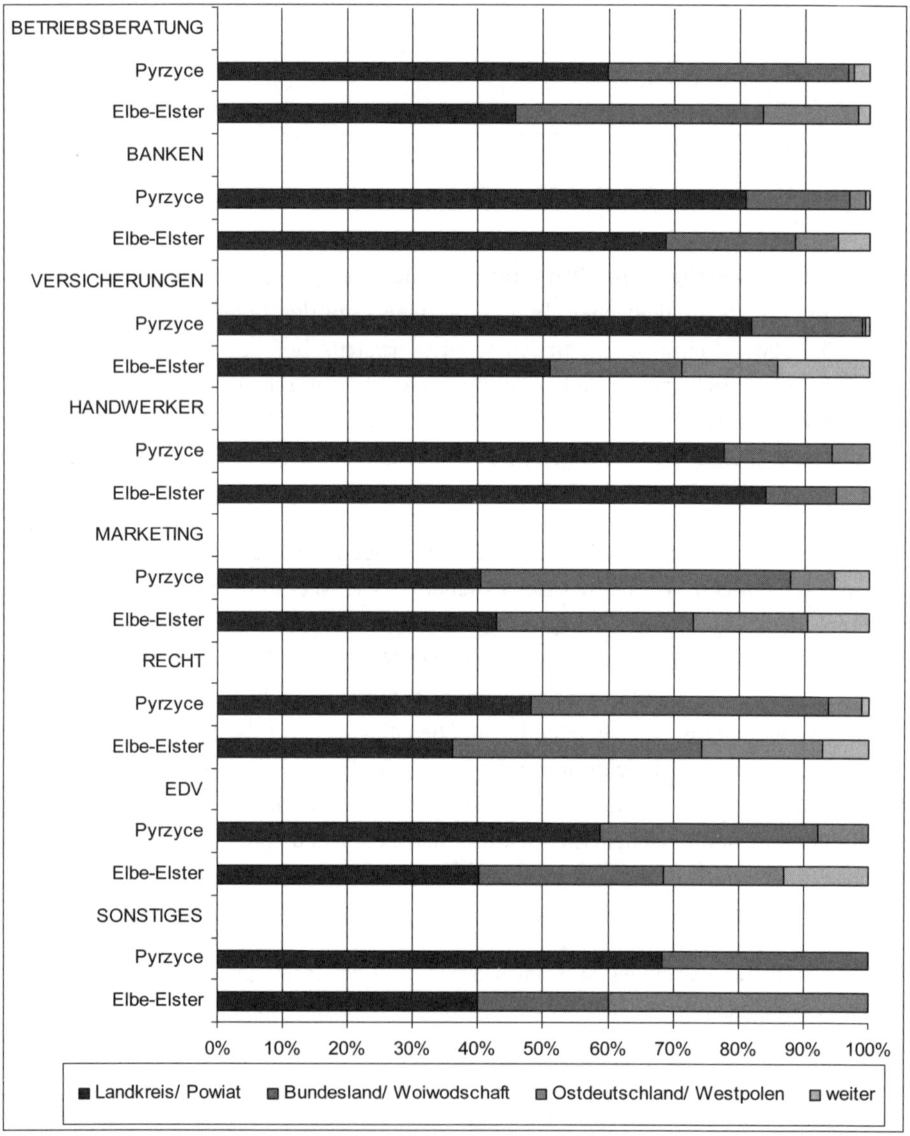

Quelle: e.E. & e.B. Gezählt wurden nur Betriebe mit einem Anteil ≥ 50% in einer Regionalkategorie. Tabelle 4.2 in Anhang 3 bildet die absoluten Zahlen ab.

4.2.3 Immaterielle Vernetzungen mit Dienstleistern außerhalb des Kerngeschäfts

Neben den immateriellen Vernetzungen innerhalb des Kerngeschäfts bestehen zwischen den Betrieben und ihren Dienstleistern, aber auch mit ihren Zulieferern und Abnehmern häufig auch die in Kapitel 2 beschriebenen Vernetzungen außerhalb des Kerngeschäfts (bezahlte Dienstleistung oder Kauf bzw. Verkauf eines Produkts). Als Indikator für diese Vernetzungen dienen Aussagen der Betriebe darüber, wie oft sich bei Geschäften mit den einzelnen Akteuren eine Zusammenarbeit ergibt, die über die Kernleistung (z.B. ein Kredit von einer Bank) hinausgeht. Zudem wurden die Betriebe gefragt, um welche Art von Zusammenarbeit es sich dabei handelt (z.B. der Austausch von geschäftsrelevanten Informationen, gemeinsame Projekte, gemeinsame Strategien). Schließlich beantworteten die Betriebsleiter generell, wie in Kapitel 4.2.1 beschrieben, die Frage, bei wem sie sich bei wichtigen betrieblichen Entscheidungen Rat holen (vgl. Tab. 14).

Zusammenarbeit außerhalb des Kerngeschäfts ist bei Geschäftsbeziehungen mit allen wichtigen Dienstleistern in beiden Regionen die Regel. Sie wird von den Dienstleistern und den landwirtschaftlichen Betrieben, die diese nutzen, in über 80% der Fälle praktiziert (e.E & e.B). Hierbei werden oft Wissen über Marktentwicklungen und andere wirtschaftlich relevante Neuigkeiten ausgetauscht. Ein großer Teil dieses Wissens ist dabei nicht kodifiziert oder niedergeschrieben (tacit knowledge; vgl. K. 2.1.2). Der überwiegende Teil der Betriebe beider Regionen hält diese Kontakte für mittel bis sehr wichtig (vgl. Anhang 3 Tab. 4.3). Wie die Kontakte innerhalb werden auch die Kontakte außerhalb des Kerngeschäfts von den Landwirten Elbe-Elsters als wichtiger angesehen als von den Landwirten Pyrzyces.

Bis auf Verflechtungen mit wenigen spezialisierten Dienstleistern finden i.d.R. über 60%, zum Teil sogar über 90% der Vernetzungen außerhalb des Kerngeschäfts lokal (Landkreis/Powiat) oder regional (Land/ Woiwodschaft) statt (vgl. Abb. 27). In Pyrzyce ist der Anteil lokaler und regionaler Beziehungen dabei höher als in Elbe-Elster (vgl. z.B. Betriebsberatung, Versicherungen, Marketing). Erklären lässt sich dies durch das beschriebene Mobilitätsproblem der polnischen Landwirte. Dabei entspricht die Raumstruktur der Vernetzungen außerhalb des Kerngeschäfts im Wesentlichen der der Vernetzungen innerhalb. Dies verwundert nicht, da fast jeder über das Kerngeschäft mit Dienstleistern vernetzte Betrieb auch außerhalb des Kerngeschäfts mit diesen verflochten ist.

Abb. 27: Regionale Verteilung der Dienstleister zu denen immaterielle Vernetzungen außerhalb des Kerngeschäfts bestehen

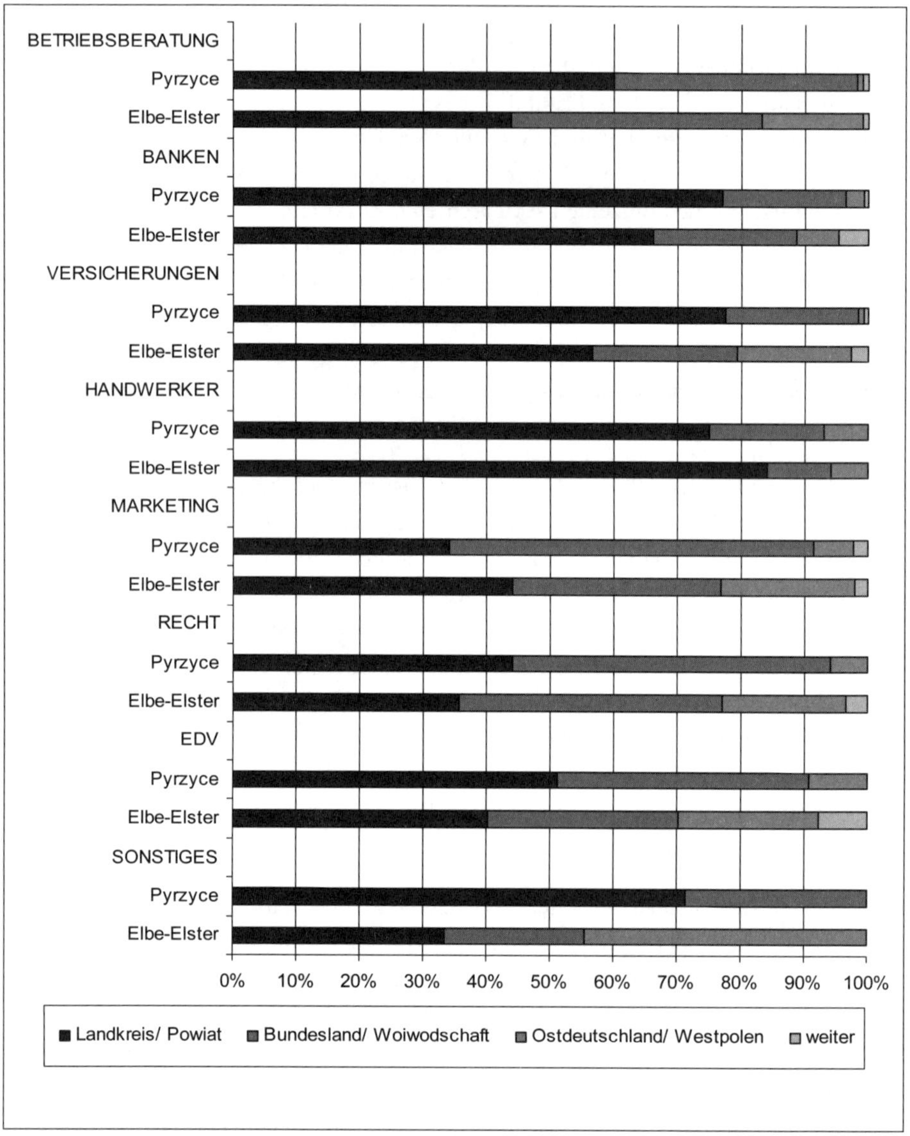

Quelle: e.E. & e.B. Gezählt wurden die Betriebe, die über den direkten Geschäftsablauf hinausgehende Informationen als „sehr wichtig" bis „weniger wichtig" einschätzen.

4.2.4 Immaterielle Vernetzungen mit Zulieferern und Abnehmern

Immaterielle Zulieferer-Vernetzungen

Kapitel 4.1.2 zeigte, dass die Zulieferer für einen großen Teil der Landwirte beider Untersuchungsräume als Ratgeber von erheblicher Bedeutung sind. Insgesamt gaben über zwei Drittel (EE 67,3%; PY 82,9%; vgl. Anhang 3 Tab. 2.3.) der befragten Betriebe an, mit ihren Zulieferern über den Kauf von Produkten hinaus zusammenzuarbeiten. Dabei sehen deutlich mehr Betriebsleiter Pyrzyces die immateriellen Vernetzungen mit ihren Zulieferern als für die Wettbewerbsfähigkeit wichtig an als in Elbe-Elster. Dies ist nachvollziehbar, da neben den Abnehmern die Zulieferer eine der wenigen ohne Kosten zugänglichen professionellen Möglichkeiten zu immateriellen Vernetzungen darstellen. Die Landwirte Elbe-Elsters können hingegen auf ein breites Angebot von Beratern zurückgreifen.

Bei der Betrachtung der Art der Zulieferer-Vernetzungen lassen sich die Bereiche „informeller Informationsaustausch“, „Beratung und Weiterbildung“ sowie „gemeinsame Projekte“ unterscheiden. Dabei entfällt der größte Teil (70,1%) auf den Bereich des Informationsaustauschs, während auf Beratung und Weiterbildung 16,4% und gemeinsame Projekt 13,4% entfallen (vgl. Anhang 3 Tab. 2.5). In Pyrzyce spielen mit 20,9% die Beratung und Weiterbildung eine große Rolle. Hier nehmen die Landwirte häufig an Kursen, z.B. über Anbau und Düngestrategien, teil. Während Beratung und Weiterbildung in Elbe-Elster mit 7,5% von geringerer Bedeutung ist, betreiben hier 25,4% der Betriebe konkrete Projekte, wie etwa gemeinsame Pflanzenschutz- und Düngeversuche sowie den Austausch von Arbeitskräften. Dabei zeigten Interviews (z.B. LWPY4; LWPY5) erwartungsgemäß, dass die Beratungen und Weiterbildungen vor allem durch einseitigen Informationstransfer der Zulieferer geprägt sind, während die gemeinsamen Projekte stärker auf Gegenseitigkeit und Vertrauen basieren. *Dass die immateriellen Vernetzungen zu Zulieferern in Pyrzyce zwar häufiger, in Elbe-Elster jedoch qualitativ hochwertiger sind,* lässt sich am Beispiel des Mischfutterwerks Deuka in Herzberg (Elbe-Elster) verdeutlichen. Während die Zulieferer Pyrzyces üblicherweise 2-3mal im Jahr eine Weiterbildung für die Landwirte der Region veranstalten (vgl. LWPY3), bietet Deuka kostenlose umfangreiche persönliche Beratung durch Außendienstarbeiter vor Ort an. Dies betrifft u.a. die Bereiche Management, Tierhaltung, Klima (z.B. bei Zugluft), Fruchtbarkeit, Stallbau, Verletzungsrisiko der Tiere, Verbesserung der Wirtschaftlichkeit und Schlachtauswertungen. Der Verkaufsleiter eines Futterwerks erklärt die Bedeutung von Kooperation von Zulieferern und Landwirten wie folgt:

„80% der Ausgaben der Bauern sind Futterkosten. Wenn wir also für eine höhere Rentabilität sorgen, können die Landwirte mehr für das Futter ausgeben. Geht z.B. eine

Tränke durch falsche Nutzung kaputt, nehmen die Tiere zu wenig Futter auf, dass kann man durch Beratung vermeiden. Mit unserer Beratung können wir dem Landwirt nicht zu höheren Preisen für seine Schweine verhelfen. Die Preise werden vom Markt bestimmt. Aber wir können ihm helfen, dass eine Sau statt 19 Ferkel 25 wirft. Die brauchen dann auch mehr Futter“ (EG10).

Neben der Beratung bietet die Deuka auch Weiterbildung an und engagiert sich in gemeinsamen Projekten mit Landwirten. Derartig umfangreiche Zusammenarbeit und persönliche Beratung vor Ort konnte in Pyrzyce nicht festgestellt werden.

Immaterielle Abnehmervernetzungen

Der dargestellte Unterschied in Quantität und Qualität der immateriellen Vernetzungen zwischen Elbe-Elster und Pyrzyce setzt sich teilweise bei den Abnehmervernetzungen fort. Hier gaben 67,5% (EE 49,7%; PY 80,6%; e.E. & e.B.) der befragten Betriebe an, über den Verkauf von Produkten hinaus mit Abnehmern zusammenzuarbeiten. Insgesamt sind die immateriellen Abnehmerbeziehungen etwas schwächer ausgeprägt als die immateriellen Zuliefererbeziehungen. So betreiben etwa nur 17% (bei Zulieferern 24%) der befragten Betriebe häufige bis sehr häufige zusätzliche Zusammenarbeit.

Bei der räumlichen Verteilung ergeben sich leichte Unterschiede zu den Zuliefervernetzungen. Insgesamt sind auch hier die meisten befragten Betriebe (58,1%) lokal vernetzt. 52,5% der immateriell mit ihren Abnehmern vernetzen Betriebe Elbe-Elsters haben jedoch in der Mehrheit Partner außerhalb des Kreises. Auch bei den Arten der immateriellen Vernetzungen gibt es keine nennenswerten Unterschiede zu den Zulieferervernetzungen. Während bei den Landwirten Pyrzyces mit 20,9% ein erheblicher Anteil auf Beratung und Weiterbildung fällt, ist dies bei den Landwirten Elbe-Elsters mit 7,5% von geringerer Bedeutung. Letztere sind stärker in gemeinsame Projekte (z.B. im Rahmen von Förderprogrammen oder gemeinsame Werbeaktionen) mit den Abnehmern eingebunden (25,4%). Dabei sind Beratung und Weiterbildung (12%) von geringerer Bedeutung als bei den Zulieferern.

Mit 58% (EE) bzw. 65% (PY) findet die deutliche Mehrheit der immateriellen Vernetzungen innerhalb des Kreises/Powiats statt. Insgesamt ist der Aufbau lokaler Vernetzungen auf Grund der räumlichen und kulturellen Nähe nach Ansicht von Experten deutlich einfacher (vgl. EG4). Selbstverständlich sind solche lokalen immateriellen Vernetzungen in der hier dargestellten Intensität jedoch nicht. So sagte ein lokaler Experte in Elbe-Elster über seine Erfahrungen mit lokaler regionaler Kooperation in anderen Landkreisen:

„Hier gibt es eine regionale Stärke der Elbe-Elster-Landwirte: Auf Grund ihrer Tradition und gewachsenen landwirtschaftlichen Strukturen fällt es den Landwirten deutlich leichter, sich zu organisieren und z.B. Einkaufmöglichkeiten (z.B. für Futter) zu bilden. Dies war in der Region Cottbus z.B. nicht möglich, da die einzelnen Personen nur unter großem Aufwand und über Berater (die Kosten verursachten) zusammengeführt werden konnten. Dies machte die Zusammenarbeit zu aufwändig" (EG4).

Manche Zulieferer Elbe-Elsters beschränken sich sogar bewusst auf die nähere Region, da sie dort ihre Kunden kennen und so Zahlungsversäumnisse oder den plötzlichen Absprung eines Kunden weniger fürchten (vgl. EG10).

Inhalte und Unterschiede der immateriellen Vernetzungen mit Zulieferern und Abnehmern

Trotz der großen Gemeinsamkeiten der Vernetzungsstrukturen mit Zulieferern und Abnehmern konnte schon beim Vergleich der Wissensquellen (vgl. K. 4.2.1) deutlich gemacht werden, dass Abnehmer in beiden Untersuchungsräumen signifikant (α=1%) weniger als Ratgeber vor wichtigen betrieblichen Entscheidungen herangezogen werden (in beiden Regionen von unter 5% der befragten Betriebe) als die Zulieferer (EE 14,6%= 23 Betriebe; PY 22,3%= 39 Betriebe e.E.). Dies erklärten die Landwirte damit, dass Landwirte und Zulieferer auf Grund des großen Qualitätsdrucks, der auch durch die Abnehmer erzeugt wird, häufig gezwungen sind, sich zu beraten und Ideen auszutauschen. Die Zusammenarbeit mit den Abnehmern beruht hingegen stärker auf Vorgaben und festen Zielen als auf gemeinsamen offenen Lösungsansätzen, wie auch die folgende Aussage eines Landwirts bestätigt:

„Der Abnehmer hat die Macht und macht die Vorgaben; es finden keine Preisverhandlungen statt. Mit dem Zulieferer muss dann oft zusammengearbeitet werden, um gemeinsam die Vorgaben zu erfüllen" (WSEE).

Die räumliche Ausprägung der immateriellen Vernetzungen der Landwirte mit Zulieferern und Abnehmern in beiden Regionen ist fast identisch mit derjenigen der materiellen Vernetzungen. Auch die Vernetzungen mit Dienstleistern außerhalb des Kerngeschäfts entsprachen im Wesentlichen denen innerhalb des Kerngeschäfts (vgl. K. 4.2.2; 4.2.3). Dies weist darauf hin, dass die materiellen Vernetzungen für die immateriellen Vernetzungen im Cluster von konstitutiver Bedeutung sind und umgekehrt.

Da gezeigt wurde, dass die materiellen Vernetzungen mit Zulieferern und Abnehmern sowie die Vernetzungen mit Dienstleistern innerhalb des Kerngeschäfts im Wesentlichen lokal oder regional erfolgen, macht dies deutlich, dass räumliche Nähe immaterielle Vernetzungen sowohl direkt als auch indirekt begünstigt.

4.2.5 Immaterielle Vernetzungen mit weiteren Akteuren im ländlichen Raum

Kapitel 4.2.1 zeigte, dass neben den großen beschriebenen Akteurs-Gruppen eine Vielzahl von weiteren Akteuren existiert, mit denen die landwirtschaftlichen Betriebe in sozialen, aber auch wirtschaftlichen Vernetzungen stehen. Eine Form der Vernetzung mit anderen landwirtschaftlichen Betrieben und lokalen Stakeholdern besteht über die Mitgliedschaft in Verbänden, Vereinen und anderen Organisationen. Diese Strukturen sind insbesondere in Elbe-Elster umfangreich vorhanden und nachgefragt. 66% der befragten Betriebe Elbe-Elsters und 43% der befragten Betriebe Pyrzyces sind über den Betrieb direkt oder über den Betriebsleiter Mitglied in einem Verband, Verein oder einer ähnlichen Organisation.

Tab. 16: Mitgliedschaften in Vereinen, Verbänden und ähnlichen Organisationen

	Elbe-Elster		Pyrzyce		gesamt	
	abs.	in % [1)]	abs.	in % [1)]	abs.	in % [1)]
Mitglied in mindestens einer Organisation	104	66,2	75	42,9	179	53,9
Fachverbände und Erzeugergemeinschaften	60	38,2	52	29,7	112	33,7
Bauernverband	57	36,3	21	12,0	78	23,5
Genossenschaftsverbände	12	7,6	4	2,3	16	4,8
Weitere Organisationen	40	25,5	5	2,9	45	13,6

[1)] EE: 100%= 157; PY 100%= 175; Gesamt 100%= 332

Quelle: e.E. & e.B. Für diese Untersuchung wurden die Betriebe gefragt, in welchen Vereinen, Verbänden und anderen Organisationen ihr Betrieb bzw. der Betriebsleiter in seiner Funktion als Betriebsleiter Mitglied ist.

Die quantitativ bedeutendsten Organisationen in beiden Regionen sind die Fachverbände (insbesondere Getreideerzeugerverbände) und Erzeugergemeinschaften (z.B. die Milch- und Fleischerzeugergemeinschaften). In Elbe-Elster sind zudem 36% der befragten Betriebe Mitglied im Bauernverband. Weitere Organisationen sind soziale Vereine (Sportverein, freiwillige Feuerwehr), Aufsichtsräte oder Naturschutzbeiräte. Mit zusammen über 25% sind sie in Elbe-Elster von erheblicher Bedeutung. In Pyrzyce besitzen diese weiteren Organisationen hingegen kaum Mitglieder. Insgesamt sind die Verbindungen, die durch Vereine und Organisationen entstehen, meist lokaler Natur. Die Fachverbände und der Bauernverband sind zusätzlich auf Landes- und Bundesebene organisiert und bieten auf diesen Ebenen verschiedene Foren (z.B. Sitzungen, Veranstaltungen, Messeauftritte, Zeitschriften, Webseiten) an, um regionale und nationale Kontakte zu knüpfen (Landesbauernverband Brandenburg 2006). Dabei betonen sowohl Vertreter von Verbänden als auch Landwirte, wie wichtig die räumliche Nähe für die Vernetzungen ist. Dass umgekehrt mangelnde räumliche Nähe ein Problem sein kann, zeigt sich bei einem der wenigen Verbände in Elbe-Elster, der nicht lokal agiert. So sagte Detlev Gürgen, der Vorsitzende des Verbandes der Landwirte im Nebenberuf e.V. Brandenburg-Berlin:

„In Elbe-Elster sind wir kaum vertreten. Das liegt daran, dass unser Verband abhängig ist von ehrenamtlichen Personen, die mehr oder wenig zufällig im Norden Brandenburgs wohnen und arbeiten. Dadurch finden unsere Veranstaltungen auch da statt. Da dort aber keiner aus Süd-Brandenburg hinfährt, wird sich das Problem auch in Zukunft nicht lösen“ (EG1).

In Pyrzyce hingegen fehlen viele Verbandsstrukturen ganz oder sind so dünn besetzt, dass sie nicht effektiv arbeiten können (e.E.; Chloupkova/Svendsen/Svendsen 2003, S. 247ff). So gibt es kaum funktionierende Verbandssysteme mit regelmäßigen Veranstaltungen. Dies erschwert den Landwirten, organisiert nach außen aufzutreten, gemeinsame Interessen zu verfolgen und sich über wirtschaftlich relevante Themen oder Veranstaltungen zu informieren. Darüber hinaus fehlen möglichen Kooperationspartnern von außerhalb dadurch Ansprechpartner für erste Kontakte. Von zentraler Bedeutung sind hier daher oft andere Landwirte und die Vorsteher der Dörfer, in denen die einzelnen Landwirte leben. In Pyrzyce ist ein kompetenter Dorfvorsteher auf lokaler Ebene eine wichtige Schaltstelle für die dörfliche Landwirtschaft. Er sammelt Informationen über Preisangebote, Fördermöglichkeiten und vieles andere und gibt sie an weniger informierte Landwirte weiter. Er gibt Sammelbestellungen auf und erzielt somit Rabatte oder organisiert Treffen und Schulungen mit Zulieferern, Abnehmern und Dienstleistern. Außerdem ist er oft entscheidend für die Außendarstellung eines Dorfes und seiner Landwirte (vgl. LWPY8). Die Bedeutung anderer Landwirte aus der Region als Ratgeber beschreibt ein Betriebsleiter aus Pyrzyce an einem Beispiel:

„Wenn ich mit einem Abnehmer einen Vertrag über viel Geld abschließe reicht mir der Vertrag nicht aus, denn es kommt schon vor, dass das Unternehmen pleite geht. Deshalb frage ich hier immer andere Landwirte, die ich gut kenne und denen ich vertrauen kann, ob sie das Unternehmen kennen und ob es kreditwürdig ist“ (LWPY4).

Seine Aussage unterstreicht dabei zugleich die in Kapitel 2.1.1 beschriebene Bedeutung von Vertrauen als Bestandteil von lokaler Embeddedness (Bathelt/Glückler 2002, S. 160f; Glückler 2001, S. 214f)

4.2.6 Unterschiede nach Betriebsmerkmalen und -typen

Die Betriebe in den Untersuchungsregionen unterscheiden sich in ihren Vernetzungsstrukturen etwa auf Grund des unterschiedlichen Entwicklungsstandes teilweise deutlich. Auch lassen sich weitere Unterschiede identifizieren, die besonders für eine Entwicklung spezifischer Handlungsempfehlungen (vgl. K. 5) von Bedeutung sind.

Kleine Betriebe (nach Umsatz und Fläche) gehen seltener immaterielle Kontakte ein. Bei den Dienstleistervernetzungen sind, wie schon bei den Zulieferer- und Abnehmerbeziehungen, die großen Betriebe mit Umsatzgrößen von über 500.000€ (i.d.R. die großen Gesellschaften) meist deutlich überregionaler orientiert als die kleineren Unternehmen. Auch arbeiten die Betriebe über 500.000€ Umsatz deutlich häufiger in gemeinsamen Projekten – also intensiver als z.B. beim Informationsaustausch – mit ihren Zulieferern, Abnehmern und Dienstleistern zusammen als die umsatzschwächeren Betriebe. So arbeiten z.B. rund 28% dieser umsatzstarken Betriebe mit ihren Zulieferern zusammen, während dies nur (13%)[43] der umsatzschwächeren tun (e.E.).

Unterschiede in der Zusammenarbeit gibt es aber auch nach Betriebsalter. Junge Betriebe (0-5 Jahre) setzen z.B. besonders stark auf externe Beratung und Weiterbildung und orientieren sich stärker überregional. Letzteres zeigt sich am deutlichsten bei der Auswahl von Handwerkern. Hier greifen die Betriebe, die weniger als 5 Jahre existieren, mit 23,8% deutlich mehr auf Handwerker außerhalb Brandenburgs bzw. Zachodniopomorskies zurück als der Durchschnitt (5,4%)[44]. Dabei fragen die jungen Betriebe in stärkerem Maße landwirtschaftliche Betriebsberatung, Handwerker und EDV-Dienstleister nach. Hierfür ist von vier möglichen Ursachen auszugehen. Zum einen fehlt den jungen Betrieben bzw. ihren Betriebsleitern oft das Wissen aus jahrelanger Erfahrung um einige Tätigkeiten selbst durchzuführen. Zum anderen sind die jüngeren Betriebe meist nicht so stark in lokale Netzwerke eingebunden, so dass sie auf externes Wissen zurückgreifen müssen. Des Weiteren verfügen die jungen Betriebe anders als die ehemaligen LPGen nicht über ausgeprägte eigene Werkstattkapazitäten. Schließlich besitzen die neueren Betriebe oft entsprechend moderne Geräte wie Computer und Navigationssysteme, bei denen eigene Reparaturen und Wartungen kaum möglich sind (e.E.).

Der Einsatz von neuen Technologien birgt also nicht nur die Chance, einen Wettbewerbsvorsprung zu erzielen. Dominiert die moderne Ausrüstung den Arbeitsalltag, können durch sie neue Abhängigkeiten entstehen. Ist eine kurzfristige Reparatur, etwa auf Grund der größeren Entfernung des Betriebes zum Reparaturdienstleiser, nicht

---

43 Der Unterschied ist signifikant (α=5%).
44 Der Unterschied ist signifikant (α=1%).

gewährleistet, können schnell hohe Kosten entstehen (z.B. während der Erntezeit). Zudem besteht durch umfangreiche spezielle (Technologie-) Investitionen wie z.B. in eine Melkanlage die Gefahr neuer Pfadabhängigkeiten.

Schwach bzw. uneinheitlich sind die Unterschiede bei der Betrachtung der Betriebe nach Betriebsform, zumal auf Grund der hohen Anzahl von Mischbetrieben die weiteren Teilmengen sehr gering sind (vgl. Anhang 3 Tab. 6.2). Bei den Dienstleistern sind die spezialisierten Betriebe stärker überregional ausgerichtet als die anderen. Dies ist insbesondere bei der Betriebsberatung (26,4% außerhalb des Bundeslandes/der Woiwodschaft gegenüber 9,7% im Durchschnitt[45]) und beim Recht (35,7% gegenüber 16,9%[46]) der Fall (e.E.). Dies erklärt sich u.a. dadurch, dass spezialisierte Betriebe auch spezielle Dienstleister benötigen, für die in den Untersuchungsräumen jedoch der Markt zu gering ist, so dass auf regionsexterne Dienstleister zurückgegriffen werden muss (vgl. LWEE5).

In Gesprächen mit Landwirten und Experten (vgl. WSEE; WSPY 03.05.2005) konnte festgestellt werden, dass sich insbesondere die Betriebe der ehemaligen LPGen häufiger und auch intensiver mit Zulieferern, Abnehmern und Dienstleistern vernetzen. Hierfür gibt es mehrere Gründe. Zum einen besitzen diese Betriebe häufig Führungspersonal, welches über langfristig gewachsene Kontakte aus der LPG-Zeit verfügt. Dieses Personal ist zumeist tief in die lokalen und ostdeutschen Strukturen eingebunden. Des Weiteren verfügen fast alle Betriebsleiter der großen Betriebe über eine Mitgliedschaft in einem oder mehreren Vereinen und Verbänden, wie z.B. dem Bauernverband, dem Rinderzüchterverband, aber auch der lokalen freiwilligen Feuerwehr sowie Sportvereinen und Bürgerinitiativen (e.E.). Dadurch stehen sie oft intensiv in langjährigen persönlichen Kontakten mit verschiedenen Entscheidungsträgern der örtlichen Landwirtschaft, aber auch des wirtschaftlichen, politischen, sozialen und kulturellen Umfelds (Hainz 2000, S. 40). Außerdem verfügen viele der LPG-Nachfolgebetriebe oftmals noch über Geschäftsbeziehungen zu anderen Betrieben, die aus der gleichen LPG ausgegliedert wurden und nun als Zulieferer oder Abnehmer auftreten bzw. in Projekten mit ihnen zusammenarbeiten. Schließlich fällt es den LPG-Nachfolgebetrieben auf Grund der größeren personellen und materiellen Ressourcen leichter, z.B. Projekte wie gemeinsame Saatgutforschung durchzuführen, Verbandsbeiträge zu bezahlen, Verbandstätigkeiten auszuüben oder Dienstleistungen zu beziehen (Pfeiffer 2004, S. 112).

Demgegenüber sind die meisten polnischen Kleinbauern und deutschen Nebenerwerbslandwirte deutlich schlechter in formelle und informelle Netzwerke eingebun-

---

45 Der Unterschied ist signifikant (α=5%).

46 Der Unterschied ist signifikant (α=5%).

den. Der zur Vertrauens- und Netzwerkbildung erforderliche hohe Zeit-Kosten-Mühe-Einsatz (Butzin 2000, S. 151) ist von ihnen nur schwer zu erbringen. Darüber hinaus erfordert die intensive Einbindung in ein Netzwerk aber auch einen Teilverzicht der eigenen Handlungs- und Entscheidungsautonomie (Butzin 2000, S. 151). Hier mangelt es den kleinen Betrieben oft an der notwendigen Motivation beim Aufbau und der Pflege von Kontakten. So berichtete ein Betriebsleiter im Interview über Nebenberufslandwirte:

„Die Nebenberufler wollen ihr eigener Herr sein, wollen ihre Ruhe haben“ (WSEE).

Gemeinsame Projekte existieren daher bei diesen Betrieben deutlich seltener. Schwierig ist die Situation für die Neu- und Wiedereinrichter. Sie haben zum Teil große Probleme, in die oft über Jahrzehnte gewachsenen lokalen Vernetzungsstrukturen einzudringen (vgl. WSEE). Dies gilt besonderes, wenn sie nicht aus der Region kommen und ihnen daher der soziale Hintergrund fehlt.

Wie in Kapitel 2.1.1 beschrieben, weist Schätzl (2001, S. 231f) daraufhin, dass Social Capital, wie die Identifikation mit einer Region, durch erfolgreiches Zusammenarbeiten gestärkt wird. Umgekehrt zeigte sich in Elbe-Elster, besonders aber in Pyrzyce, dass die Misserfolge des staatlichen Kollektivs (nicht nur in der Landwirtschaft) eine Abschottung und Desillusionierung bewirkten, die bei vielen Landwirten und anderen Akteuren auch heute noch vorhanden ist (vgl. K. 2.1.2). Besonders in Pyrzyce besteht seit der Wende das Problem, dass ein Großteil des vor dem Sozialismus vorhandenen Social Capitals einem Misstrauen gegenüber verschiedenster Formen der Zusammenarbeit gewichen ist (Chloupkova/Svendsen/Svendsen 2003, S. 250). Auch herrscht Misstrauen gegen „die reichen Landwirte aus dem Westen“, die sich oft große Flächen sicherten und sich so den Neid der polnischen Landwirte zuzogen (Janzen 1998, S. 47). Viele Landwirte Pyrzyces bewirtschaften ihre Betriebe deshalb eher abgeschottet (Pawlak 2004, S. 95; Borsig/Kriszan 2003, S. 55).

Im ländlichen Raum Pyrzyces fällt der lokale Ruf schwerer ins Gewicht als in der Anonymität der Stadt, da sich externe Geschäftspartner und Banken häufig direkt im Dorf (etwa beim Dorfvorsteher) über das Geschäftsgebaren und die Kreditwürdigkeit der Landwirte informieren und dort auch private Erfahrungen und Auffassungen in die Bewertung einfließen (strukturelle Embeddedness; vgl. Kap. 2.1.1). In den meisten Dörfern Pyrzyces gibt es Landwirte, deren Reputation und Akzeptanz zum Beispiel durch persönliche oder dorfinterne Probleme (z.B. ein Ruf als Dieb, Zahlungsverweigerer oder Alkoholkranker) auch bei ihren Warenkettenkontakten schweren Schaden genommen hat. Dies führt in verschiedenen Fällen dazu, dass diese Landwirte so stark ausgegrenzt werden, dass viele normale Geschäftskontakte (materiell wie immateriell) nicht mehr möglich sind (vgl. LWPY7; LWPY26).

Ein Grundproblem ist oft auch die mangelhafte Mobilität (fehlende Kraftfahrzeuge). Dadurch besitzen viele Betriebe meist nur einen sehr eingeschränkten Zugang zu Informationen und nur einen Betrieb als Zulieferer und Abnehmer, der sie mit Komplettlösungen (vgl. K. 4.1) versorgt. So begeben sich die Betriebe häufig in eine starke Abhängigkeit zu einzelnen Akteuren der Agrar- und Nahrungsmittelindustrie (Pawlak 2004, S. 100), in der sie auf wichtige Arbeitsschritte, wie Marketingstrategien oder Betriebslogistik, keinen Einfluss mehr haben (Nuhn 1993a, S. 137).

Einige der Landwirte Pyrzyces haben sich allerdings in ihren Außenbeziehungen geöffnet; bei diesen meist umsatzstärkeren und oft jüngeren Landwirten ist Misstrauen auf Grund positiver Erfahrungen der Zusammenarbeit weitgehend nicht mehr vorhanden. Viele stehen heute in engem Kontakt mit den lokalen Behörden und übernehmen Aufgaben in den Gemeinden (z.B. als Dorfvorsteher). Wegen ihrer guten Ausbildung, der ausgeübten Funktionen, größerer materieller Ressourcen und besseren Informationen kooperieren diese oft wohlhabenden mittelständischen Initiativbetriebe i.d.R. deutlich intensiver und häufiger mit Zulieferern, Abnehmern und Dienstleistern (vgl. LWPY7). So gelingt es ihnen teilweise, sich aus starren Strukturen zu lösen und zumindest Wissens- und Informationsdefizite abzubauen.

Kasten 10: Zwischenfazit zu immateriellen Vernetzungen

Die Ergebnisse zeigen, dass zu den konstitutiven Elementen des regionalen Agrarsystems nicht nur die in 4.1 untersuchten materiellen Vernetzungen, sondern auch immaterielle Verflechtungen gehören.

Neben den immateriellen Vernetzungen zu privaten und öffentlichen Dienstleistern existieren auch wettbewerbsrelevante immaterielle Vernetzungen zu Zulieferern, Abnehmern und weiteren Akteuren und Gruppen. Besonders bei umsatzschwachen Betrieben ist der Austausch mit gesellschaftlichen und sozialen Akteuren in der Region von entscheidender Bedeutung für die Generierung von betriebswirtschaftlich relevantem Wissen. Social Capital, lokale Interaktionen und Embeddedness in unterschiedlichen Ausprägungen spielen somit, wie in den Clusteransätzen und den Ansätzen zu ländlichen Räumen angenommen, eine zentrale Rolle.

Immaterielle Vernetzungen bestehen nicht nur in Form von Dienstleistungen. Darüber hinaus kommt es zu Wissensaustausch, Weiterbildungen und Projekten mit verschiedenen Akteuren. Wie im Konzept der Branchen-Cluster (vgl. K. 2.1.4) sind auch für die Mehrheit der Betriebsleiter Wissensaustausch und voneinander Lernen wichtige Bedingungen für die Wettbewerbsfähigkeit. Beide Prozesse finden in immateriellen Außenvernetzungen statt.

Während die Raummuster der materiellen Vernetzungen regional konzentriert sind, existiert bei den immateriellen eine lokale Konzentration. Dabei ließ sich die Bedeutung räumlicher Nähe für immaterielle Vernetzungen an Beispielen bestätigen. Räumliche Nähe fördert immaterielle Vernetzungen in den Regionen direkt durch günstige Erreichbarkeit, aber auch indirekt, indem sie Vertrauen, kulturelle und soziale Nähe unterstützt und materielle Vernetzungen begünstigt, aus denen immaterielle Vernetzungen entstehen können.

Die immateriellen Vernetzungen weisen in Abhängigkeit von den Untersuchungsräumen verschiedene Unterschiede auf. Während die Betriebe Elbe-Elsters, z.B. auf Grund einer größeren Menge verfügbaren Kapitals, professioneller Managementstrukturen oder wartungsintensiver Maschinen, verstärkt auf das vorhandene Angebot verschiedener privater Dienstleister zurückgreifen, ist dies bei den Landwirten Pyrzyces selten der Fall. Auch Vereine und Verbände sind bisher in Pyrzyce kaum etabliert. Dies lässt sich neben mangelnder Ressourcen auch damit erklären, dass in Pyrzyce der Zugang zu Wissen als weniger wichtig angesehen wird als in Elbe-Elster.

Der Grad der immateriellen Einbindung in den Cluster variiert in Abhängigkeit von den unterschiedlichen Betriebsmerkmalen und Betriebstypen zum Teil erheblich. Offenbar sind größere und auch ältere Betriebe stärker lokal eingebunden; kleinere Betriebe und Nebenerwerbsbetriebe haben hingegen geringere Verflechtung. Zudem wurde deutlich, dass bei spezialisierten und hochentwickelten Betrieben eine verstärkte Nachfrage nach speziellen Dienstleistern besteht, die oft nur überregional gedeckt werden kann.

Abb. 28: Immaterielle Vernetzungen der untersuchten regionalen Agrarsysteme

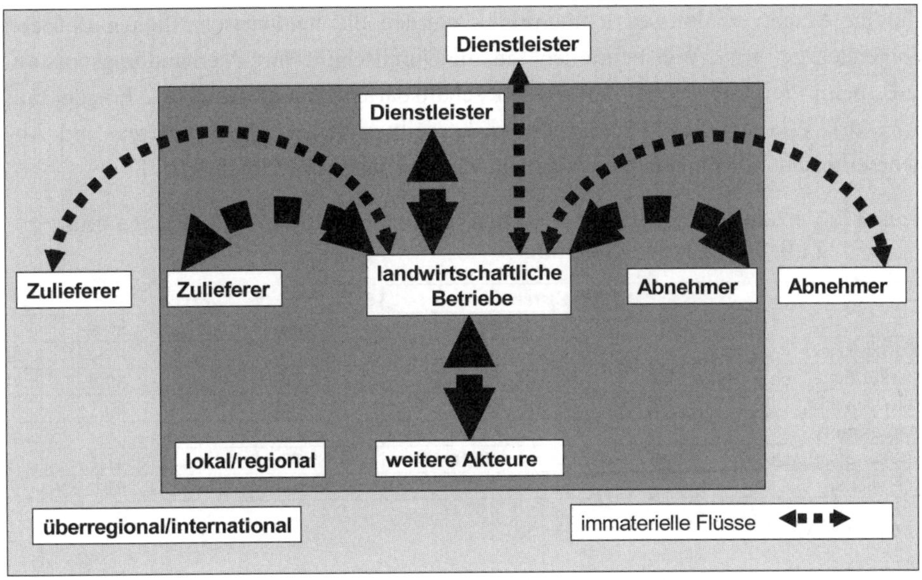

Quelle: e.D.

Abbildung 28 zeigt zum Abschluss des Kapitels 4.3 vereinfacht die immateriellen Vernetzungen der regionalen Agrarsysteme in den Untersuchungsregionen. Deutlich sichtbar sind die stärkeren Ausprägungen der regionalen und lokalen Vernetzungen gegenüber den überregionalen und internationalen Vernetzungen.

4.3 Machtbeziehungen der Landwirtschaftsbetriebe in der Warenkette

Kapitel 4.1 und 4.2 machten deutlich, dass die materiellen und immateriellen Vernetzungen durch unterschiedliche Machtverhältnisse (vgl. K. 2.2) zwischen den Akteuren geprägt werden und diese auch umgekehrt mitprägen können. Dabei wurde im Konzept der Global Commodity Chains (vgl. K. 2.2.3) angenommen, dass landwirtschaftliche Produktionsketten durch Machtbeziehungen geprägt werden und im Allgemeinen abnehmerdominiert sind, so dass die landwirtschaftlichen Betriebe in verschiedenen Formen von ihren Abnehmern abhängig sind. Diese Annahmen sollen im Folgenden anhand von drei Indikatoren (1. Einschätzung der Betriebsleiter, 2. vertragliche Bindung, Machtverhältnisse nach Betriebsmerkmalen und 3. Wahl des Absatzweges) für die Untersuchungsräume überprüft werden.

4.3.1 Verhandlungsposition der Betriebe nach Einschätzung der Betriebsleiter

Um die Machtverhältnisse zu überprüfen wurden die landwirtschaftlichen Betriebe Folgendes gefragt: „Wie beurteilen Sie im Durchschnitt Ihre Verhandlungsposition (z.B. beim Preis) gegenüber der Ihres Geschäftspartners“ (vgl. Anhang 2 Fragen 2.6.; 3.7; 4.6). Wie aus Tab. 17 deutlich wird, ergibt sich bei den Zulieferer- und Abnehmerbeziehungen in den Untersuchungsräumen ein uneinheitliches Bild.

Tab. 17: Verhandlungsposition zwischen landwirtschaftlichen Betrieben und Zulieferern bzw. Abnehmern

	Elbe-Elster		Pyrzyce	
	abs.	in %	abs.	in %
Zulieferer				
stärker bis gleich	83	60,1	69	39,9
schwächer	55	39,9	104	60,1
Abnehmer				
stärker bis gleich	66	52,0	72	41,1
schwächer	61	48,0	103	58,9

Quelle: e.E. & e.B.

Die Mehrheit der Betriebsleiter in Elbe-Elster schätzt ihre Verhandlungsposition gegenüber ihren Zulieferern und Abnehmern als stärker bis gleich ein, während die Mehrheit der Landwirte in Pyrzyce sich in einer schwächeren Position sieht[47]. Dies lässt sich u.a. strukturell erklären. In Pyrzyce handelt es sich bei den Zulieferern und Abnehmern i.d.R. um wenige große Betriebe mit regionaler Oligopolstellung. Ihnen stehen viele kleinbäuerliche landwirtschaftliche Betriebe gegenüber. Ein großer Teil der Betriebe in Pyrzyce wird dabei von wenigen „lead firms“ in einer durch Nachfrage- und/oder Anbietermacht koordinierten hierarchischen vertikalen Wertschöpfungskette gesteuert. Durch die Oligopolisten gesteuerte Preise sind nur eine Form der Probleme, die sich zum Teil daraus für die Landwirte Pyrzyces ergeben (vgl. LWPY1; LWPY2; Baßeler/Heinrich/Koch. 1995, S. 193f). Die Abhängigkeit erschwert es auch, autonom auf Veränderungen zu reagieren, neue Produkte anzubieten und neue Produktionsprozesse zu entwickeln. Schamp (2005, S. 96) weist darauf hin, dass solche Teile eines Clusters „höchst verwundbar“ sind, da es hier zu kumulativen negativen Effekten kommen kann, wenn eine solche lead firm ausfällt. Dabei ist zu berücksichtigen, dass viele Abnehmer und Zulieferer in Polen identisch sind, also Zuliefer- und Abnehmer-

47 Dabei ist der Unterschied zwischen den Untersuchungsräumen signifikant: Zulieferer (α=1%), Abnehmer (α=10%). Es bleibt jedoch zu berücksichtigen, dass die eigene Einschätzung der Landwirte subjektiv und nur begrenzt aussagekräftig ist.

beziehungen oft zu ein und demselben Unternehmen bestehen, so dass doppelte Abhängigkeiten gegenüber einzelnen Unternehmen herrschen.

Für die Betriebe Pyrzyces wie auch für die Elbe-Elsters gibt es aufgrund der quantitativen Erhebung keinen signifikanten Unterschied, zwischen der Position gegenüber einem Zuliefererbetrieb oder einem Abnehmerbetrieb, so dass die im GCC-Ansatz angenommene Steuerung durch nachgelagerte Bereiche anhand des Indikators Verhandlungsposition nicht erkennbar ist. Die Lage in Elbe-Elster erwies sich jedoch aufgrund der qualitativen Interviews als nicht eindeutig. Ein Betriebsleiter beschrieb die Situation seines Betriebes wie folgt:

„Stufenproduktion braucht Qualitätssicherung durch den Abnehmer (...) Zulieferer und Landwirte müssen zwar für die Produkte haften, jedoch ist der Abnehmer dafür zuständig, dies zu kontrollieren" (WSEE).

Insgesamt lässt sich anhand der bisher dargestellten Einschätzungen der Betriebsleiter noch keine abnehmergesteuerte Vernetzungsstruktur identifizieren. In Elbe-Elster konnten insgesamt eher gleichgewichtige bis leicht für die Landwirte bessere Verhandlungspositionen vorgefunden werden. In Pyrzyce hingegen sehen sich die Landwirte sowohl gegenüber den Zulieferern als auch gegenüber den Abnehmern vorwiegend als die schwächeren Verhandlungspartner.

Bei der Betrachtung der Verhandlungspositionen gegenüber den Dienstleistern zeigt sich, dass die landwirtschaftlichen Betriebe Pyrzyces gegenüber allen größeren Dienstleistergruppen im Durchschnitt in einer schwächeren Position sind als die Elbe-Elsters. Besonders gegenüber den Dienstleistern, auf die die Landwirte Pyrzyces am wenigsten verzichten können, also den Banken und Versicherungen, befinden sich ein hoher Anteil (67,3% und 63,2%) der Betriebe Pyrzyces in einer ungünstigen Verhandlungssituation (vgl. Anhang 3 Tab. 4.6). Dies unterstreicht die grundsätzlich schwache Stellung der Landwirte Pyrzyces im Agrarsystem. Auch die Betriebe Elbe-Elsters sehen sich gegenüber ihren Banken in einer insgesamt schwachen Position. Anders als die Betriebe Pyrzyces sieht sich jedoch die Mehrheit der Betriebe Elbe-Elsters gegenüber den meisten Dienstleistergruppen (einschließlich den Versicherungen) als der stärkere Verhandlungspartner. Vor allem auf Grund der Umsatzgröße der Betriebe und des ausgeglicheneren Verhältnisses zwischen Dienstleistungsangebot und –nachfrage sind die Machtverhältnisse in Elbe-Elster insgesamt deutlich günstiger als in Pyrzyce (vgl. Anhang 3 Tab. 4.6).

4.3.2 Vertragliche Bindung und Angebot an Vernetzungspartnern

Neben der Einschätzung der Betriebe über ihre Verhandlungsposition gibt auch die vertragliche Bindung der landwirtschaftlichen Betriebe Aufschluss über ihre Abhängigkeits- und Machtverhältnisse. Die vertragliche Bindung hat Vor- und Nachteile. So gewährt sie dem Landwirt eine gewisse Planungssicherheit und stellt zudem einen „bequemen" Weg dar, seine Produkte einfach und ohne aufwändige Suche nach geeigneten Anbietern zu erzeugen. Außerdem bieten feste Verträge oft Rabatte oder kostenlosen Service, wie Hauslieferungen an. Schließlich lässt sich durch langjährige Zusammenarbeit auch ein Vertrauensverhältnis aufbauen, welches Zusammenarbeit und Wissenstransfer begünstigt (Bathelt/Glückler 2002, S. 164). Auf der anderen Seite können sich die landwirtschaftlichen Betriebe leicht in ein Abhängigkeitsverhältnis begeben, wenn sie langfristige Verträge besitzen und sich dadurch auf wenige Kooperationspartner festlegen. Dies kann hinderlich sein, wenn sie auf veränderte Rahmenbedingungen, z.B. Produkt- oder Mengenänderungen, reagieren müssen (Bathelt/Glückler 2002, S. 166ff). Für die landwirtschaftlichen Betriebe in den Untersuchungsräumen ist auf Grund von Expertengesprächen davon auszugehen, dass sie i.d.R. deutlich kleiner sind als ihre Zulieferer und Abnehmer (vgl. K. 2.2 und LWPY1; LWPY2). Ein fester und dabei besonders ein langfristiger Vertrag weist nach dieser Annahme tendenziell auf ein Abhängigkeitsverhältnis hin, während fehlende vertragliche Gebundenheit auf eine größere Unabhängigkeit der landwirtschaftlichen Betriebe schließen lässt.

In Elbe-Elster besitzen knapp 50% der landwirtschaftlichen Betriebe feste Abnehmerverträge und 42% feste Zulieferverträge[48]. In Pyrzyce sind 89 der 175 untersuchten Betriebe (51%) fest durch Zulieferverträge und mit 123 Betrieben (70%) deutlich mehr Betriebe durch feste Abnehmerverträge gebunden [49] als in Elbe-Elster. Dabei weisen die Ergebnisse eher auf eine Abhängigkeit der Betriebe besonders gegenüber ihren Abnehmern hin. So sind die polnischen Betriebe im Durchschnitt langfristiger vertraglich gebunden als die in Elbe-Elster[50]. 51% (89 Betriebe) der befragten Landwirte Pyrzyces haben feste Verträge mit ihren Zulieferern, insgesamt 10% (18) befinden sich in langfristigen mehrjährigen Verträgen. In Elbe-Elster sind 42% (66) der befragten Betriebe in Zulieferverträgen, über langfristige Verträge verfügen dabei nur 5% (8). Zudem verfügen die polnischen Landwirte auf Grund ihrer Umsatzgröße – anders als die die ostdeutschen Betriebe und hier insbesondere die großen Gesellschaften – nicht selbst über relevante Marktmacht. Auch stehen die Betriebe Pyrzyces auf Grund der wenigen erreichbaren Zulieferer und Abnehmer (häufig erfüllt ein einzelner Betrieb

[48] Der Unterschied ist nicht signifikant.
[49] Der Unterschied zu den Zulieferverträgen ist bei einem Signifikanzniveau von α=1% signifikant.
[50] Signifikanzniveau (α)=10%

für einen Landwirt dabei beide Funktionen; vgl. EG16), wie bereits angesprochen, einem ausgeprägten Angebots- oder Nachfrageoligopol gegenüber. Dies ist in Elbe-Elster auf Grund der Erreichbarkeit eines größeren Angebots an Zulieferern und Abnehmern weniger der Fall. Die Gefahr, auf Grund langfristiger Verträge in verkrustete Strukturen zu geraten und neue Entwicklungen zu verpassen, ist aber auch bei ihnen gegeben. Dies trifft besonders auf Betriebe zu, die sich stark spezialisieren und sich für eine große Investition, z.B. eine Melkanlage, langfristig auf bestimmte Produkte festgelegt haben, da von ihnen durch diese Investitionen wertvolle Finanzmittel für alternative Investitionen fehlen (vgl. EG7)[51].

In Interviews[52] mit Landwirten zeigte sich, dass in der Tendenz – in Abhängigkeit von den Produkten – meist diejenigen Landwirte ein besonders erfolgreiches und gutes Verhältnis zu ihren Zulieferern und Abnehmern hatten, die über kurzfristige Verträge (nicht länger als ein Jahr) verfügten (vgl. LWEE16; LWPY10). Diese gewähren den Zulieferern und Abnehmern eine gewisse vertraglich festgelegte Planungssicherheit. Für die landwirtschaftlichen Betriebe kann dies dazu führen, dass sich auch auf Grund größeren Vertrauens weitere Verhandlungsspielräume ergeben wie etwa bei Mengen und Preisen (vgl. LWPY10; LWPY11; LWPY12). Gleichzeitig gaben diese Landwirte an, dass sie ihre Verträge üblicherweise danach meist verlängern und sich so zwar nicht immer kontinuierliche, zumindest aber mit Unterbrechung langjährige und zuverlässige Verbindungen ergeben. Dabei wahren sich die Betriebe jedoch ein gewisses Maß an Flexibilität beim Einkauf, in der Produktion und in der Distribution. Offenbar haben diese Landwirtschaftsbetriebe so eine Möglichkeit gefunden, die Vorteile sowohl schwacher Verbindungen (Offenheit, Flexibilität) als auch enger Verbindungen (z.B. Vertrauen, Verlässlichkeit) zu nutzen, ohne durch nachteilige Effekte übermäßiger Einbettung (Bathelt/Glückler 2002, S. 165) behindert zu werden.

---

51 In der Literatur wird dieses Problem „Sunk Costs“ (versunkene Kosten) genannt. Die versunkenen Kosten beziffern den Kostenwert des Ressourcenverbrauchs einer Investition oder eines Projektes. Für die Entscheidung zur Fortführung eines Investitionsprojektes sind diese jedoch nicht entscheidungsrelevant, da die Kosten bereits entstanden sind (vgl. Gabler-Wirtschafts-Lexikon 1994, S. 3210; Management Lexikon 2006). Es besteht für den Milchbauern somit kein Grund wegen der vorhandenen Investition weiter Milch zu produzieren. Das Problem beschränkt sich auf das Fehlen der verwendeten Ressourcen für weitere Projekte.

52 Statistisch ließ sich keine signifikante Aussage treffen.

4.3.3 Machtverhältnisse nach Betriebsmerkmalen, -typen und Wahl des Absatzweges

Ausgehend von den dargelegten Verhandlungspositionen sind bei der Betrachtung der Machtpositionen auch Unterschiede nach Betriebsmerkmalen zu erkennen. Besonders Unterschiede nach Betriebsgröße und -alter werden deutlich.

Erwartungsgemäß besitzen die großen Betriebe deutliche Vorteile in ihrer Verhandlungsposition. So befinden sich 72% der Betriebe mit einem Umsatz von über 500.000€ (i.d.R. die großen ostdeutschen Gesellschaften) in zumindest gleichwertigen Verhandlungspositionen gegenüber ihren Zulieferern (e.E.). Gleichzeitig sehen sich z.B. 62% der Betriebe mit einem Umsatz von unter 20.000€ – dies sind im wesentlichen kleine polnische Familienbetriebe und deutsche Nebenerwerbslandwirte – in einer schwächeren Verhandlungsposition gegenüber ihren Zulieferern, während dies bei den Betrieben mit einem Umsatz über 500.000€ nur 28% sind. Auch bei den Verhandlungspositionen gegenüber Abnehmern und Dienstleistern ergibt sich ein ähnliches Bild (e.E.). *Dies bestätigt die Annahme des Konzepts der Global Commodity Chains, nachdem i.d.R. meist nur sehr große Landwirtschaftsbetriebe eine stärkere Position innerhalb der Wertschöpfungskette erreichen können* (vgl. K. 2.2.3).

Die Analyse der Unterschiede nach Betriebsalter zeigt, dass die Betriebe, die schon länger als 30 Jahre existieren eine überdurchschnittlich gute Verhandlungsposition gegenüber ihren Zulieferern, Abnehmern und Dienstleistern besitzen. So betrachten von den Betrieben mit einem Durchschnittsalter über 30 Jahre nur 23% der befragten Betriebe ihre Verhandlungsposition gegenüber ihren Abnehmern als schwächer (gegenüber 54% im Gesamtdurchschnitt der befragten Betriebe; e.E.). Auch dies spricht für die großen Gesellschaften, deren Vorgängerbetriebe im Allgemeinen schon deutlich über 30 Jahre in der Region ansässig sind. Zugleich deutet es aber auch auf die Vorteile einer langfristigen Eingebundenheit in die Region und die Warenkette hin.

Während sich das Alter eines Betriebes naturgemäß nicht beeinflussen lässt und auch die Größe eines Betriebes nur schwer auszubauen ist, weist der GCC-Ansatz auf einen weiteren Faktor hin, der die Verhandlungsposition landwirtschaftlicher Betriebe beeinflussen könnte, der sich jedoch durch die Wahl der Produktion und der Vertriebswege eher beeinflussen bzw. umgehen lässt. Dieser ist die Steuerung landwirtschaftlicher Warenketten durch Abnehmer.

Basierend auf den in Kapitel 2.2.3 beschriebenen Annahmen zur Abnehmerdominierung werden im Folgenden die Absatzbeziehungen der landwirtschaftlichen Betriebe genauer untersucht. Dabei vertreiben die Landwirte beider Untersuchungsräume ihre

Produkte zum größten Teil über vier Vertriebswege: 1. den Großhandel, 2. Betriebe zur weiteren Verarbeitung, 3. den Einzelhandel und 4. direkt an den Endverbraucher. Für die meisten Betriebe sind dabei die Großhändler und Weiterverarbeiter die wichtigsten Abnehmer (vgl. Tab. 18).

Tab. 18: Die wichtigsten Abnehmergruppen der Betriebe

	Großhändler		Einzelhändler		Verarbeiter		Endverbraucher		sonstiges		gesamt	
	abs.	in %	abs.	in %	abs.	in %	abs.	in %	abs.	in %	abs.	in %
gesamt	135	42,3	18	5,6	125	39,2	31	9,7	10	3,1	319	100
Elbe-Elster	47	32,2	12	8,2	52	35,6	26	17,8	9	6,2	146	100
Pyrzyce	88	50,9	6	3,5	73	42,2	5	2,9	1	0,6	173	100

Quelle: e.E. u. e.B. Gezählt wurden die Betriebe, die mindestens 50% ihrer Produkte an eine Abnehmergruppe verkaufen. Die jeweilige Abnehmergruppe wurde danach als die wichtigste für den jeweiligen Betrieb identifiziert. 11 Betriebe die jeweils 50% an zwei Abnehmergruppen absetzen, wurden doppelt gezählt

Trotzdem gibt es auch hier zwischen beiden Regionen Unterschiede. So verkaufen in Elbe-Elster mit 8,2% rund doppelt so viele Betriebe den größten Teil ihrer Produkte an Einzelhändler und mit 17,8% sogar sechsmal mehr direkt an den Endverbraucher als in Pyrzyce. Auch können sie 6,2% ihrer Produkte über weitere Absatzkanäle, wie Erzeugergemeinschaften, vertreiben. Die Betriebe in Pyrzyce besitzen hingegen mit den Großhändlern und den Verarbeitern nur zwei bedeutende Absatzmöglichkeiten. Die Möglichkeiten für die Landwirte in Elbe-Elster, ihre Produkte zu vertreiben, sind demnach vielschichtiger als in Pyrzyce.

Um weitere Aufschlüsse über die Abhängigkeitsverhältnisse der Betriebe und vor allem die im GCC-Konzept (vgl. K. 2.2.3) angenommene Abnehmerdominanz zu bekommen, lassen sich die Einschätzungen der Betriebsleiter nach Wahl ihrer Absatzwege darstellen (vgl. Tab. 19). Zunächst ist, anders als erwartet, kein signifikanter Unterschied zwischen den Betrieben festzustellen, die ihre Produkte zum größten Teil (50% und mehr) an eine Abnehmergruppe vertreiben und denen, die sich nicht zu über 50% auf eine Käufergruppe spezialisieren. Deutliche Unterschiede zeigen sich hingegen bei der Betrachtung der Machtverhältnisse der landwirtschaftlichen Betrieben gegenüber ihren Abnehmern nach Art der dominierenden Abnehmergruppe. Besonders ungünstig ist die Machtposition der Landwirte gegenüber den weiterverarbeitenden Betrieben. Über zwei Drittel der Betriebsleiter schätzen ihre Position hier als schlechter ein. Demgegenüber ergibt sich im Bereich der Direktvermarktung ein umgekehrtes Bild. 69% der Betriebe sehen hier ihre Verhandlungsposition als gleich oder stärker.

Tab. 19: Machtverhältnisse der Betriebe nach dominierender[53] Abnehmerart

Abnehmerart	stärker bis gleich		schwächer		gesamt	
	abs.	in %	abs.	in %	abs.	in %
Weiterverarbeiter	42 [3)]	34,71	79 [3)]	65,29	121	100
Einzelhändler	7	43,75	9	56,25	16	100
Großhändler	60 [3)]	46,88	68 [3)]	53,13	128	100
Direktvermarktung	18 [2)]	69,23	8 [2)]	30,77	26	100
sonstiges	3	60,00	2	40,00	5	100
gesamt	130	43,92	166	56,08	296	100

[1)] signifikanter Unterschied zur Gesamtverteilung (α= 1%) [2)] α= 5% [3)] α= 10%. Die Unterschiede zwischen Direktvermarktung und Weiterverarbeiter sind noch einmal deutlich stärker.
Quelle: e.E. & e.B.

Der Bereich der Weiterverarbeitung kann demzufolge als der ausgeprägteste Machtpol innerhalb der hier dargestellten Vernetzungen identifiziert werden, während Direktvermarktung (sofern sie möglich ist) für die Landwirte offenbar eine gute Alternative darstellt, sich von schlechten Verhandlungspositionen zu lösen.

Kasten 11: Zwischenfazit zu Machtbeziehungen

Die Vernetzungen der landwirtschaftlichen Betriebe in beiden Regionen sind durch unterschiedliche Machtbeziehungen geprägt.

Insbesondere sieht sich die Mehrheit der befragten polnischen Familienbetriebe gegenüber ihren Geschäftspartnern in der Rolle des Schwächeren. Dabei konnten nicht nur Abnehmer als dominante Akteure identifiziert werden. Ungünstige Machtverhältnisse bestehen auch gegenüber Zulieferern und mächtigen Dienstleistern. Dagegen gelingt es vielen Betrieben Elbe-Elsters vor allem auf Grund der unterschiedlichen Betriebs- und Nachfragestruktur im Verhältnis zu ihren Verhandlungspartnern zumindest eine gleichgewichtige Stellung einzunehmen. Die Machtverhältnisse innerhalb der Agrarsysteme werden durch verschiedene regionale Faktoren wie Betriebs- und Nachfragestruktur beeinflusst. Größere Betriebe besitzen offenbar eine stärkere Machtposition. Allerdings können die Betriebe auch durch Verhandlungs- und Vertragsgeschick sowie die Wahl des richtigen Geschäftspartners ihre Abhängigkeitsverhältnisse verbessern.

[53] 50 und mehr Prozent des Absatzes eines Betriebes entfallen auf diese Abnehmergruppe.

4.4 Einfluss der Vernetzungen auf die Wettbewerbsfähigkeit der landwirtschaftlichen Betriebe (Clusteranalyse)

Es zeigte sich, dass in den Untersuchungsräumen eine räumliche Konzentration von landwirtschaftlichen Betrieben und der mit ihnen verflochtenen Wertschöpfungsbereichen der landwirtschaftlichen Warenkette existiert. Zudem ließ sich erkennen, dass die räumliche Nähe dieser Akteure offenbar die immateriellen Vernetzungen unter ihnen begünstigt.

Es soll nun erstens geklärt werden, inwiefern diese immateriellen Vernetzungen einen positiven Einfluss auf die Wettbewerbsfähigkeit landwirtschaftlicher Betriebe besitzen. Dies geschieht im Rahmen einer Clusteranalyse in der die Betriebe anhand von Wettbewerbsfähigkeitsindikatoren gruppiert werden. Hierbei wird 1. untersucht welche Betriebe wettbewerbsstark sind und welche nicht und 2. wird geprüft, ob sich die wettbewerbsstarken Betriebe durch deutlich stärkere immaterielle Vernetzungen auszeichnen als die wettbewerbsschwachen Betriebe.

Als zweites wird analysiert, welche Rolle die räumliche Ausprägung der immateriellen Vernetzungen spielen und ob lokale Vernetzungen allein zur Erzielung von Wettbewerbsfähigkeit genügen oder diese, wie in Kapitel 2.1.2 angenommen, durch Vernetzungen außerhalb des Nahraums ergänzt werden müssen. Dazu wird verglichen, ob sich die wettbewerbsstarken Betriebe durch einen niedrigeren oder höheren Anteil lokaler Vernetzungen auszeichnen als die wettbewerbsschwachen Betriebe.

4.4.1 Gruppierung nach Wettbewerbsfähigkeit

Für eine Analyse der Wettbewerbsfähigkeit landwirtschaftlicher Betriebe müssen zunächst geeignete Mess- und Darstellungsformen gefunden werden. In der ökonomischen Literatur existiert keine einheitliche Definition von Wettbewerbsfähigkeit, sondern der Begriff wird je nach Betrachtungsebene und Zeithorizont unterschiedlich konkretisiert. Dementsprechend vielfältig sind auch die Meßmethoden zur Quantifizierung der Wettbewerbsfähigkeit. Sie reichen von der Bestimmung der Marktanteile mittels Produktions- oder Exportanteilen über Rentabilitätskriterien, wie Gewinn- oder Umsatzrenditen, bis zur Kalkulation der Produktionskosten (Mothes/Pirscher 1999, S. 2; Day/Wensley 1988, S. 1ff). Jede der aufgeführten Methoden besitzt dabei eine festgelegte und begrenzte Aussagefähigkeit.

Grundsätzlich wird die Wettbewerbsfähigkeit landwirtschaftlicher Betriebe durch viele verschiedene endogene und exogene Einflussfaktoren beeinflusst, so dass sich die Auswirkungen einzelner Faktoren nur schwierig bestimmen lassen. Um herauszufinden, ob immateriell vernetzte Betriebe gegenüber weniger vernetzten Betrieben eine günstigere Wettbewerbsposition besitzen, müssen Indikatoren bestimmt werden, die durch Vernetzungen direkt beeinflusst werden und die die Wettbewerbsfähigkeit der Landwirtschaftsbetriebe zumindest teilweise darstellen. So bietet es sich z.B. nicht an, allgemeine Erfolgsindikatoren wie z.B. Umsatz pro Mitarbeiter zu wählen, da diese nicht direkt durch Vernetzungen bestimmt, sondern durch verschiedene Faktoren beeinflusst werden.

Ausgehend von den in Kapitel 2. beschriebenen Ansätzen werden als *Indikatoren* für die Wettbewerbsposition daher die jeweiligen Einschätzungen der Betriebe zu folgenden Fragen verwendet:

1. Wie bewerten Sie Ihren Zugang zu wirtschaftlichen Informationen?
2. Wie beurteilen Sie Ihre Verhandlungsposition gegenüber der Ihres Zulieferers?
3. Wie beurteilen Sie Ihre Verhandlungsposition gegenüber der Ihres Abnehmers?

Die Wahl dieser Indikatoren lässt sich wie folgt begründen:

1. Indikator: Der Zugang zu betriebswirtschaftlich relevanten Informationen ist, so zeigte Kapitel 2.1, nach Ansicht zahlreicher Autoren von großer Bedeutung für die Wettbewerbsfähigkeit (z.B. Bathelt/Glückler 2002, Cooke/Morgan 1998). Zudem gab die deutliche Mehrheit (72%) der befragten Betriebe in den Untersuchungsräumen an, dass sie den Zugang zu wirtschaftlichen Informationen für wichtig bis sehr wichtig für die Wettbewerbsfähigkeit ihres Betriebes hält. Auch in Betriebsleiterinterviews ließ sich die Bedeutung der Informationsbeschaffung dokumentieren. So gab z.B. ein Landwirt in Pyrzyce an, dass er seine Maschinen zu deutlich höheren Preisen bei einem Händler eingekauft hatte, weil er einen günstigeren Händler im Umkreis von wenigen Kilometern schlicht nicht kannte (vgl. LWPY13; s. auch Originalzitat Seite 131).

2./3. Indikator: Auch die Verhandlungsposition ist für die Wettbewerbsposition von großer Bedeutung, da sie Einfluss auf den Abschluss eines Geschäfts, z.B. bei der Festsetzung von Preis, Zahlungstermin und Menge, besitzt (vgl. LWPY10; LWPY11; LWPY12).

Sowohl die Verhandlungspositionen als auch der Informationszugang der Betriebe können durch ihre Vernetzungen beeinflusst werden. So wurde gezeigt, dass der Zugang zu Informationen durch Wissenstransfer direkt über die Vernetzungen der Betriebe tangiert werden kann. Zudem ist davon auszugehen, dass Betriebe durch Vernetzungen auch eine größere Kenntnis und einen besseren Überblick über das Angebot an Zulieferern und Abnehmern erlangen und deshalb bessere Möglichkeiten des Preisvergleiches besitzen, was ihnen somit eine verbesserte Verhandlungsposition sichert.

Klassifizierung: Anhand der drei Indikatoren lassen sich die einzelnen Betriebe, ihrer Merkmalsausprägungen entsprechend, durch eine Clusteranalyse (Bahrenberg/Giese/Nipper 1992, S. 278ff) in fünf verschiedene Gruppen klassifizieren (vgl. Tab. 20). Die Variablen wurden dazu auf die Werte 0 (schwächer bis deutlich schwächer bzw. ausreichend bis ungenügend) oder 1 (gleich bis deutlich stärker bzw. gut bis sehr gut) dichotomisiert. Die Werte in den Indikatorenspalten geben die Variablenmittelwerte an. Diese gehen von 0,0 (= alle Betriebe der Gruppe weisen die Ausprägung schwächer bis deutlich schwächer bzw. ausreichend bis ungenügend auf) bis 1,00 (= alle Betriebe der Gruppe weisen die Ausprägung gleich bis deutlich stärker bzw. gut bis sehr gut auf; vgl. Pospeschill 2002, S. 134ff; Bahrenberg/Giese/Nipper 1992, S. 278ff).

Tab. 20: Betriebsgruppenklassifizierung nach Wettbewerbsfähigkeitsindikatoren

Betriebsgruppen	wettbewerbsstarke Betriebe	gut informierte, zulieferverhandlungstarke Betriebe	verhandlungsstarke schwach informierte Betriebe	gut informierte verhandlungsschwache Betriebe	wettbewerbsschwache Betriebe
Zahl der Betriebe	83 Betriebe	18 Betriebe	51 Betriebe	41 Betriebe	98 Betriebe
Verhandlungsposition zum Zulieferer	gleich oder stärker (0,84)	gleich oder stärker (1,00)	gleich oder stärker (0,65)	schwächer (0,00)	schwächer (0,16)
Verhandlungsposition zum Abnehmer	gleich oder stärker (1,00)	schwächer (0,00)	gleich oder stärker (1,00)	schwächer (0,00)	schwächer (0,00)
Zugang zu wettbewerbsrelevanten Informationen	gut bis sehr gut (1,00)	gut bis sehr gut (1,00)	ausreichend bis ungenügend (0,00)	gut bis sehr gut (1,00)	ausreichend bis ungenügend (0,00)

Quelle: e.E. & e.B.: Clusterzentrenanalyse mit SPSS; Distanzmaß quadrierte Euklidische Distanz

Die nach diesen Indikatoren wettbewerbsfähigste Gruppe, hier als „wettbewerbsstarke Betriebe“ bezeichnet, besteht aus 83 Betrieben, die fast alle nach eigener Einschätzung eine stärkere oder zumindest gleichstarke Verhandlungsposition zu ihren Zulieferern und Abnehmern und einen guten bis sehr guten Zugang zu wettbewerbsrelevanten Informationen besitzen. Demgegenüber gibt es 98 „wettbewerbsschwache Betriebe“, die sich entsprechend in schlechten Verhandlungspositionen sehen und nur ungenügend bis ausreichend informiert sind. Die restlichen Betriebe lassen sich in „verhandlungsstarke schwach informierte“, „gut informierte verhandlungsschwache“ und „gut informierte zuliefererverhandlungsstarke“ Betriebe unterscheiden.

Insgesamt treten in allen Betriebsgruppen Betriebe unterschiedlichen Typs auf. Sowohl bei den wettbewerbsstarken als auch bei den wettbewerbsschwachen Betrieben befinden sich deutsche und polnische Betriebe, große und kleine, aber auch alte und junge Betriebe. So ist zwar der Anteil der polnischen Betriebe in der Gruppe der Wettbewerbschwachen höher als in derjenigen der Wettbewerbsstarken. Doch schaffen es auch unter den dargestellten schwierigen Rahmenbedingungen in Pyrzyce 44 von 172 hier gültigen befragten Betrieben (26%) in die Gruppe der wettbewerbsstarken Betriebe zu gelangen. Insgesamt ist ein Vergleich der Wettbewerbsfähigkeit der polnischen und deutschen Betriebe anhand dieser Analyse jedoch nicht möglich. So ist z.B. zu berücksichtigen, dass sich die Verhandlungspositionen der Betriebe in Pyrzyce auf andere Zulieferer und Abnehmer beziehen als die in Elbe-Elster. Der Anteil der Personen- und Kapitalgesellschaften ist mit 29% bei den wettbewerbsstarken Betrieben rund dreimal so hoch wie bei den wettbewerbsschwachen, was angesichts der beschriebenen Vorteile der großen Betriebe nicht überrascht. Auch verfügt mit 47% erwartungsgemäß ein deutlich höherer Anteil der wettbewerbsstarken Betriebe über einen Umsatz von mehr als 50.000€ als bei den wettbewerbsschwachen (20%)[54]. Hier kommt offensichtlich zum Tragen, dass die (Umsatz-)Größe eines Betriebes auch seine Marktmacht positiv beeinflusst und dass größere personelle und materielle Ressourcen auch den Informationszugang verbessern. Umgekehrt zeigt sich jedoch auch, dass Größe keine notwendige Bedingung für einen guten Zugang zu wettbewerbsrelevanten Informationen und für starke Verhandlungspositionen ist. Denn es sind auch viele umsatzschwache Betriebe, Einzelunternehmen und Nebenerwerbsbetriebe in der Gruppe der wettbewerbsstarken Betriebe.

Von Bedeutung ist die Verteilung der Betriebe, die einschließlich ihrer Vorgängerbetriebe nach 1989 gegründet wurden. Zwar befinden sich unter den wettbewerbsstarken Betrieben viele Nachfolgebetriebe der LPGen, die auf umfangreiche Netzwerke aus DDR-Zeiten zurückgreifen können. Der überwiegende Teil der wettbewerbstarken Betriebe wurde jedoch erst nach der politischen Wende in Ostdeutschland und Polen gegründet. Von den wettbewerbsschwachen Betrieben sind hingegen über zwei Drittel (68%) vor 1989 gegründet (e.E). Dies weist darauf hin, dass bei diesen Betrieben offenbar Nachteile wie unflexible Verhaltensmuster, mangelnde Offenheit und Bequemlichkeit durch Routine die Vorteile langjähriger Eingebundenheit in die Region aufheben und somit *Lock-In-Effekte* (vgl. K. 2.1.1) auftreten. Demgegenüber zeichnen sich die jungen Betriebe durch ein größeres Maß an überregionalen Kontakten und einen höheren Grad an Vernetzungen mit privaten Dienstleistern aus (K. 4.2.6). Auf Grund der Betriebsmerkmale lassen sich abschließend drei Tendenzen feststellen:

---

[54] Der Unterschied ist signifikant (α=1%).

1. Grundsätzlich alle untersuchten Betriebstypen, unabhängig von den hier dargestellten Betriebsmerkmalen, können gute Verhandlungspositionen und guten Zugang zu wettbewerbsrelevanten Informationen erzielen und damit auch ihre Wettbewerbsposition stärken.
2. Nichtsdestotrotz besitzen die großen Betriebe tendenziell Vorteile gegenüber den kleinen.
3. Besonders jüngere Einzelbetriebe mit hohen immateriellen Vernetzungen können gute Wettbewerbs- und Machtpositionen aufbauen.

Die genaue Rolle der immateriellen Vernetzungen wird im Folgenden geklärt.

4.4.2 Die Bedeutung immaterieller Vernetzungen für die Wettbewerbsfähigkeit

Um aufzuzeigen, welche Bedeutung immaterielle Vernetzungen für die Wettbewerbsfähigkeit der Betriebe besitzen, werden nun die immateriellen Vernetzungen der „wettbewerbsstarken" und der „wettbewerbsschwachen"[55] Betriebe anhand verschiedener Vernetzungsindikatoren mit unterschiedlichen Akteuren verglichen. Dahinter steht folgende Annahme: Sollten immaterielle Vernetzungen Einfluss auf die Wettbewerbsfähigkeit der Betriebe nehmen, so müssten sich die wettbewerbsstarken Betriebe durch qualitativ hochwertigere Vernetzungen und/oder eine größere Zahl auszeichnen.

Zur Darstellung der Qualität der immateriellen Vernetzungen wurden die Betriebsleiter 1. gefragt, wie wichtig Dienstleister generell für den eigenen Betrieb sind und 2. wie wichtig bei den Kontakten mit Dienstleistern der Austausch über den direkten Geschäftsablauf hinaus ist (vgl. Anhang Frage 4.1; 4.3).

Abb. 29 zeigt, welchen Wert nach Einschätzungen der Betriebsleiter die verschiedenen Dienstleistungen für die Betriebe der unterschiedlichen Gruppen besitzen. Es wird deutlich, dass bei den wettbewerbsstarken Betrieben die Arbeit von Dienstleistern durchgehend einen höheren Stellenwert besitzt als bei den wettbewerbsschwachen Betrieben.

---

[55] Beide Gruppen stellen insgesamt 181 und somit 62% der 291 gültigen Fälle dar.

Abb. 29: Anteile der Betriebe, die Dienstleister für mittel bis sehr wichtig für ihre Wettbewerbsfähigkeit halten (in%)

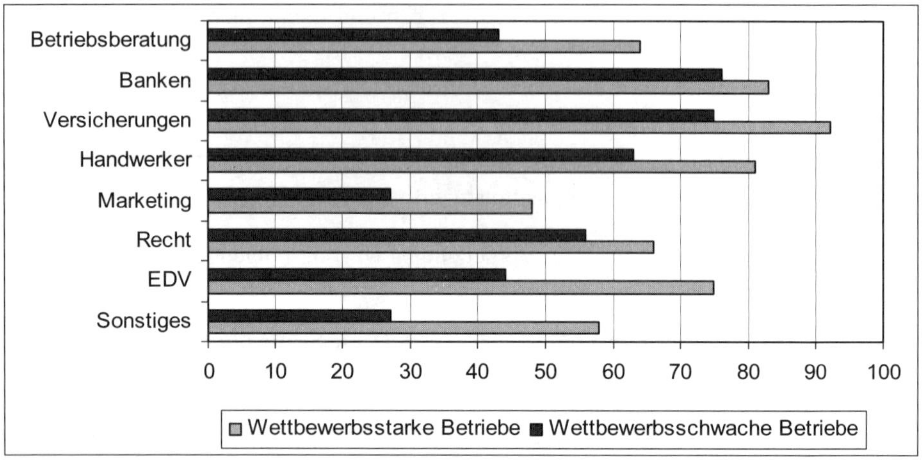

Quelle: e.E., e.B. & e.D.

So geben z.B. 64% der wettbewerbsstarken Betriebe an, dass externe Betriebsberatung für ihren Betrieb von großer Bedeutung ist, während nur 43% der wettbewerbsschwachen Betriebe landwirtschaftlicher Betriebsberatung größere Bedeutung beimessen[56].

Von Bedeutung scheint dabei, wie erwartet, auch die immaterielle Zusammenarbeit zu sein, die sich über das Kerngeschäft hinaus ergibt (vgl. Abb. 30).

---

[56] Der Unterschied ist signifikant (α=1%).

Abb. 30: Anteile der Betriebe, die Zusammenarbeit mit Dienstleistern außerhalb des Kerngeschäfts für mittel bis sehr wichtig für ihre Wettbewerbsfähigkeit halten (in %)

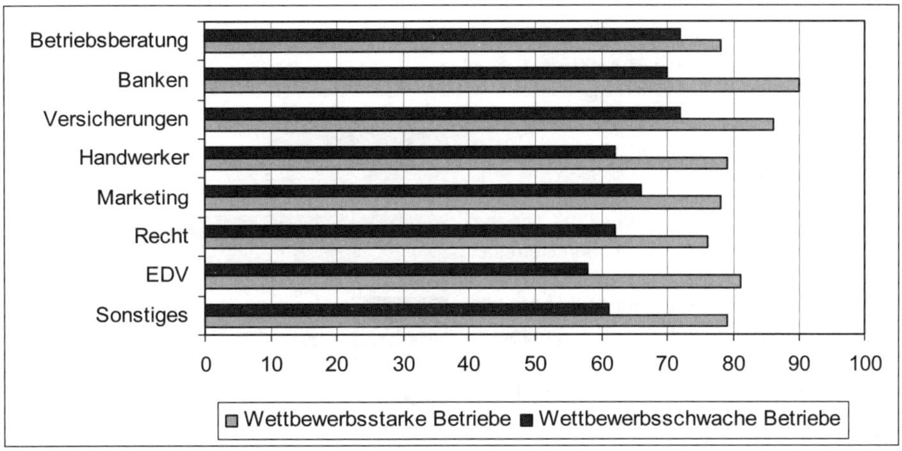

Quelle: e.E., e.B. & e.D.

Hierbei arbeiten z.B. fast alle wettbewerbsstarken Betriebe auch außerhalb des Kerngeschäfts mit ihren Banken (90%) zusammen. Zwar ist auch bei den wettbewerbsschwachen Betrieben diese Zusammenarbeit mit durchgehend über 70% ausgeprägt, jedoch deutlich geringer[57].

Die Betriebsleiter der wettbewerbsstarken Betriebe schätzen die dargestellten immateriellen Vernetzungen also nicht nur als wichtiger ein als die der wettbewerbsschwachen Betriebe. Sie betreiben auch häufiger über das Kerngeschäft hinausgehende Zusammenarbeit. *Die beiden Indikatoren weisen somit darauf hin, dass die wettbewerbsstarken Betriebe ihre Wettbewerbsposition u.a. diesen qualitativ hochwertigen immateriellen Vernetzungen verdanken.*

Die wettbewerbsstarken Betriebe sind aber auch quantitativ häufiger immateriell mit anderen Akteuren vernetzt. So wird auf die Zusammenarbeit mit anderen landwirtschaftlichen Betrieben und die Mitgliedschaft in einem Verband oder Verein bei den wettbewerbsstarken Betrieben deutlich häufiger Wert gelegt als bei den schwachen. Mit 39% sind nur etwa halb so viele wettbewerbsschwache Betriebe in einem Verband oder Verein wie wettbewerbsstarke (65%[58]; vgl. Abb. 31). Offenbar beeinflussen die Verbände und Vereine den Erfolg von landwirtschaftlichen Betrieben positiv. Dies würde sich auch mit historischen Entwicklungen decken. So sind Erfolg und Mengen-

57 Der Unterschied ist signifikant (α=1%).
58 Der Unterschied ist signifikant (α=1%).

leistung der deutschen Milchwirtschaft seit 1874 erheblich auf technologische Verbesserung und die Vermittlung von Fachkenntnissen zurückzuführen, die der „Milchwirtschaftliche Verein" vorantrieb (Hackenschmied 1986; in Nuhn 1993b, S. 143).

Abb. 31: Anteile der Betriebe, die immaterielle Zusammenarbeit mit weiteren Akteuren betreiben (in%)

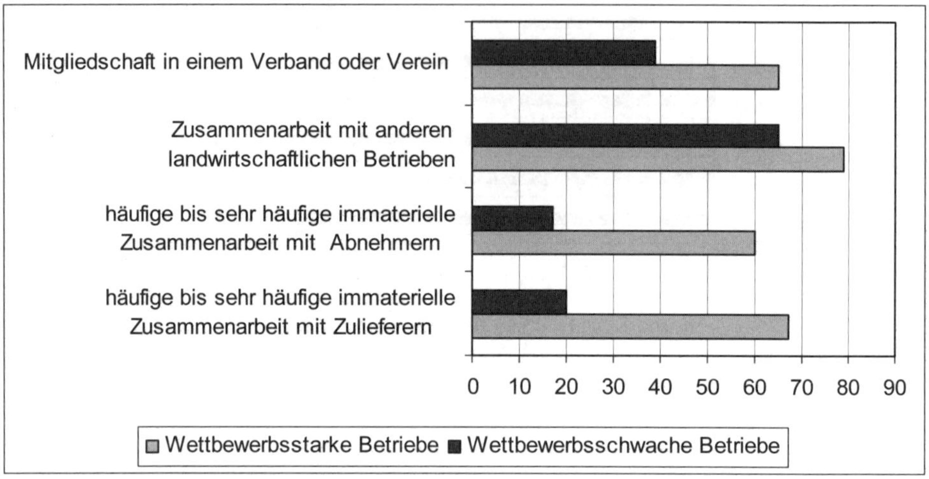

Quelle: e.E., e.B. & e.D.

Die größten Unterschiede bei den immateriellen Vernetzungen treten bei der Zusammenarbeit mit Zulieferern und Abnehmern auf. Während rund zwei Drittel der wettbewerbsstarken Betriebe mit ihren Zulieferern (67%) und Abnehmern (60%) auch über das Kerngeschäft hinaus zusammenarbeiten, sind dies bei den wettbewerbsschwachen Betrieben nur 17 bzw. 20%[59].

Ausgehend von den dargestellten Indikatoren wirken häufige, qualitativ hochwertige immaterielle Vernetzungen mit verschiedenen Akteuren positiv auf die Wettbewerbsfähigkeit der Betriebe. Darauf weisen auch die Aussagen der Betriebsleiter hin.

Aussagen von Betriebsleitern wettbewerbsstarker Betriebe:

„Ich habe im Moment einen Zulieferer, der mich gut berät. Würde ein anderer Zulieferer billiger anbieten (...) würde ich bei ihm (dem jetzigen Zulieferer) bleiben, weil ich mit ihm sehr gute Erfahrungen gemacht habe" (LWPY4).

---

59 Die Unterschiede sind signifikant (α=1%).

„Zurzeit sind die Felder überwässert. Durch meine Kontakte habe ich eine Möglichkeit gefunden, dass die EU die Maßnahmen, die zur Behebung der Überwässerung nötig sind zu 70% bezahlt“ (LWPY12).

„Ich arbeite mit meinen Nachbarn zusammen, z.B. beim Austausch von Maschinen, Hilfe bei anstehenden Arbeiten und Informationsaustausch. Rat hole ich beim Wirtschaftsberater, insbesondere für die Bilanz und Kredite ist das sehr wichtig“ (LWEE1).

Aussagen von Betriebsleitern wettbewerbsschwacher Betriebe:

„Es fehlt mir die Zusammenarbeit. Ich muss mich selbst um meine „Sachen“ kümmern. Dass es auch hier in der Nähe einen Landmaschinenhandel gibt, wusste ich nicht, sonst hätte ich dort gekauft. Ich habe jetzt gehört, dass ich meine Maschine dort deutlich billiger bekommen hätte“ (LWPY13).

„Ich habe nur einen Abnehmer, eine Zusammenarbeit gab es noch nie“ (LWEE16).

4.4.3 Die Bedeutung lokaler Warenketten-Vernetzungen für die Wettbewerbsfähigkeit

Aus den bisherigen Ergebnissen wurde sichtbar, dass räumliche Nähe immaterielle Vernetzungen begünstigen kann und immaterielle Vernetzungen ihrerseits positiv die Wettbewerbsfähigkeit landwirtschaftlicher Betriebe beeinflussen können. Im Folgenden soll geprüft werden, ob räumlich nahe Vernetzungen allein ausreichen, um eine hohe Wettbewerbsfähigkeit zu erreichen, oder ob diese, wie in den theoretischen Ansätzen angenommen (vgl. K. 2.1.2), durch über den Nahraum hinausreichende Vernetzungen ergänzt werden müssen. Als Indikatoren werden dafür die Anteile der Betriebe mit überwiegend lokalen Zulieferer- und Abnehmerbeziehungen an den jeweiligen Betriebsgruppen dargestellt (vgl. Tab. 21).

Tab. 21: Zusammenhang zwischen Wettbewerbsfähigkeit und lokalen Vernetzungen

Betriebsgruppen	wettbewerbsstarke Betriebe	gut informierte zulieferverhandlungsstarke Betriebe	verhandlungsstarke schwach informierte Betriebe	gut informierte verhandlungsschwache Betriebe	wettbewerbsschwache Betriebe
Verhandlungsposition zum Zulieferer	gleich oder stärker (0,84)	gleich oder stärker (1,00)	gleich oder stärker (0,65)	schwächer bis deutlich schwächer (0,00)	schwächer bis deutlich schwächer (0,16)
Verhandlungsposition zum Abnehmer	gleich oder stärker (1,00)	schwächer bis deutlich schwächer (0,00)	gleich oder stärker (1,00)	schwächer bis deutlich schwächer (0,00)	schwächer bis deutlich schwächer (0,00)
Zugang zu wettbewerbsrelevanten Informationen	gut bis sehr gut (1,00)	gut bis sehr gut (1,00)	ausreichend bis ungenügend (0,00)	gut bis sehr gut (1,00)	ausreichend bis ungenügend (0,00)
überwiegend lokale Zulieferer	56%	50%	53%	73%	71%
überwiegend lokale Abnehmer	47%	61%	61%	63%	63%

Quelle: e.E. & e.B.: Clusterzentrenanalyse mit SPSS; Distanzmaß quadrierte Euklidische Distanz. Die eingeklammerten Werte geben die Variablenmittelwerte an. Diese gehen von 0,0 (alle Betriebe der Gruppe weisen die Ausprägung schwächer bzw. ausreichend bis ungenügend auf) bis 1,00 (alle Betriebe der Gruppe weisen die Ausprägung gleich oder stärker bzw. gut bis sehr gut auf); vgl. Pospeschill 2002

Betrachtet man die lokalen Vernetzungen der Betriebsgruppen, so wird deutlich, dass die Gruppe der wettbewerbsschwachen Betriebe über einen signifikant ($\alpha = 5\%$) höheren Anteil von Betrieben mit überwiegend nur lokalen Zulieferern und Abnehmern verfügt als die Gruppe der wettbewerbsstarken Betriebe. So gaben z.B. 71% der wettbewerbsschwachen Betriebe an, sich bei den Zulieferbeziehungen auf lokale Anbieter zu beschränken, während dies bei den wettbewerbsstarken nur 56% sind. Besonders auffällig ist dabei, dass sich die Gruppe mit der deutlichsten Verhandlungsstärke gegenüber den Zulieferern („Gut informierte und zulieferverhandlungsstarke Betriebe") am wenigsten auf lokale Zulieferer konzentriert. Auch bei den Abnehmerbeziehungen beschränken sich 63% der wettbewerbsschwachen Betriebe überwiegend auf lokale Abnehmer, während nur 47%[60] der wettbewerbsstarken Betriebe den überwiegenden Anteil ihrer Abnehmer innerhalb des Landkreises/Powiats besitzen.

Hierfür gibt es insbesondere zwei potenzielle Ursachen: Erstens suchen unterdurchschnittlich kooperative und schlecht informierte Betriebe tendenziell die (räumlich)

---

[60] Der Unterschied ist signifikant (α=5%).

naheliegendste Möglichkeit zum notwendigen Geschäftskontakt. Zweitens versuchen kooperative und gut informierte Betriebe bewusst, auch räumlich ihren Horizont für Kontakte und Kooperation zu erweitern, da sie davon überzeugt sind, so ihre Wettbewerbsposition zu stärken (vgl. WSEE). Zudem besitzen die nur lokal orientierten Betriebe meist auch absolut weniger Vernetzungen als die überregional orientierten.

Offenbar gilt:

1. Immaterielle Vernetzungen werden durch räumliche Nähe begünstigt.
2. Der Informationszugang und die Verhandlungsposition der landwirtschaftlichen Betriebe und folglich zumindest auch ein Teil der Wettbewerbsfähigkeit, lassen sich durch immaterielle Vernetzungen begünstigen. Dies legt den Schluss nahe, dass räumliche Nähe zu Vernetzungspartnern den Zugang zu Informationen und die Verhandlungsposition beeinflussen kann und damit auch die Wettbewerbsfähigkeit der Betriebe zumindest indirekt unterstützt.

Die Beschränkung auf lokale Vernetzungen reicht jedoch nicht für eine Steigerung der Wettbewerbsfähigkeit aus. Dies gilt insbesondere dann, wenn sich die lokalen Vernetzungen – wie bei vielen älteren polnischen Kleinbetrieben der Fall – vor allem auf soziale Kontakte und qualitativ weniger hochwertige öffentliche Dienstleister beschränken. Es bedarf zusätzlich überregionaler Vernetzungen, wie sie bei den wettbewerbsstarken Betrieben vorhanden sind. Wie im Konzept der innovativen Milieus sind auch in den Untersuchungsregionen Außenkontakte, Offenheit und Aufnahmebereitschaft für vielfältige Impulse über den Nahraum hinaus wichtige Erfolgsmerkmale (vgl. K. 2.1.2; Fromhold-Eisebith 2001, S. 36).

Die Ergebnisse der Clusteranalyse stützen also die Annahme des Konzeptes des innovativen Milieus, dass ein vernetztes Milieu wirtschaftliche Konkurrenzfähigkeit fördert (vgl. K. 2.1.2). Ob ein innovatives Milieu jedoch, wie dort ebenfalls angenommen, die Voraussetzung dafür ist, kann angesichts der Ergebnisse eher bezweifelt werden. Denn es zeigte sich auch, dass sich flexible und einfallsreich geführte Unternehmen zumindest teilweise ihre Lieferkettenbeziehungen mit Betrieben außerhalb der Region aufbauen können. Die Ergebnisse der Untersuchungen weisen daher Parallelen zu den Grundaussagen Storpers und Walkers (vgl. K. 2.1.3) auf, auch wenn es sich bei den Unternehmen nicht um Pionierbetriebe handelt.

Kasten 12: Zwischenfazit zu Vernetzungen und Wettbewerbsfähigkeit

Es wurde deutlich, dass Betriebe aus beiden Regionen unabhängig von den untersuchten Merkmalsausprägungen eine hohe Wettbewerbsfähigkeit erlangen können, auch wenn gleichwohl in der Mehrheit polnische Betriebe zu den wettbewerbsschwachen gehören.

Unterschiede zwischen den wettbewerbsstarken und den wettbewerbsschwachen Betrieben zeigten sich an verschiedenen Betriebsmerkmalen. So wirken sich Größe und damit verbundene umfangreichere personelle und materielle Ressourcen positiv auf die Wettbewerbsfähigkeit aus. Unter den wettbewerbsstarken Betrieben sind ebenfalls viele junge Betriebe. Die Gründe für diese unterschiedliche Wettbewerbsfähigkeit zeigen sich auch in den unterschiedlichen immateriellen Vernetzungen. So können große Betriebe auf Grund ihrer Ressourcen leichter (auch überregionale) Vernetzungen aufbauen. Die jüngeren Betriebe besitzen hingegen Vorteile auf Grund ihrer Eingebundenheit in überregionale Vernetzungen und des intensiven Austauschs mit Dienstleistern.

Insgesamt sind die wettbewerbsstarken Betriebe in allen gemessenen Bereichen stärker vernetzt und in den Cluster eingebunden als die wettbewerbsschwachen.

Die Eingebundenheit in intensive immaterielle Vernetzungen wirkt folglich unter den Rahmenbedingungen dieser Untersuchung *positiv auf die Wettbewerbsfähigkeit der landwirtschaftlichen Betriebe.* Umgekehrt bietet allerdings auch eine wirtschaftlich starke Position bessere Möglichkeiten zur Vernetzung. *Die räumliche Nähe begünstigt dabei den Aufbau von immateriellen Vernetzungen. Lokale Vernetzungen allein reichen jedoch oft nicht aus, um Wettbewerbsfähigkeit zu erlangen, sondern sollten,* wie der Vergleich zwischen wettbewerbsstarken und wettbewerbsschwachen Betrieben zeigt, *durch überlokale Vernetzungen ergänzt werden.*

4.5 Allgemeine Erkenntnisse zur Wirkung der Vernetzungen auf die Wettbewerbsfähigkeit der Landwirtschaft im Strukturwandel

Es erfolgt nun anhand der bisherigen Ergebnisse und der differierenden Merkmale zwischen wettbewerbsstarken und wettbewerbsschwachen Betrieben die Ableitung allgemeiner Erkenntnisse und weiterer Verfeinerungen des Modells des regionalen Agrarsystems (vgl. Abbildung 19). Diese Verfeinerungen liegen 1. in der Darstellung von positiven und negativen Wirkungen, die die Wettbewerbsfähigkeit der landwirtschaftlichen Betriebe beeinflussen, und 2. in einem Drei-Phasen-Modell (vgl. K. 4.5.5), das den Strukturwandel in der Landwirtschaft integriert beinhaltet.

4.5.1 Bedeutung und Raummuster materieller und immaterieller Vernetzungen

Insgesamt konnten die wesentlichen Merkmale eines, wie im Theorieteil beschriebenen, regionalen Agrarsystems in den beiden Untersuchungsräumen vorgefunden werden.

Vernetzungen innerhalb der Wertschöpfungskette bestehen, wie in der Literatur angenommen (Kulke 2005, S. 61ff), mit landwirtschaftsorientierten Betrieben durch Bezugs-, Absatz- und Dienstleistungsverflechtungen. Dabei sehen die Landwirte und Experten immaterielle Vernetzungen der Landwirtschaftsbetriebe mit diesen Akteuren als wichtige Möglichkeit an, um Innovationen und Best-Practice-Lösungen zu entwickeln und umzusetzen. Diese Ansicht konnte durch die Ergebnisse der Arbeit unterstützt werden. Die immateriellen Vernetzungen unterscheiden sich dabei in ihrer Qualität und können sowohl durch Gegenseitigkeit als auch durch Einseitigkeit geprägt sein. Insgesamt zeigen die Ergebnisse der Clusteranalyse, wie im Konzept der innovativen Milieus angenommen, dass ein vernetztes Milieu wirtschaftliche Konkurrenzfähigkeit fördert. Ob es allerdings die Voraussetzung für diese Konkurrenzfähigkeit ist, erscheint zweifelhaft. Vielmehr ließen sich Parallelen zu Storpers und Walkers Ausführungen finden, nach denen Unternehmen eigene Vernetzungen eines wettbewerbsfördernden Umfelds zumindest teilweise selbst aufbauen können. Die Beispiele der Neu- und Wiedereinrichter zeigten die Möglichkeiten zum Aufbau überregionaler und neuer Netzwerkstrukturen.

Pyrzyces und Elbe-Elsters Agrarsysteme weisen Merkmale (z.B. gegenseitiges Lernen, wichtige immaterielle Kontakte) eines kreativen Milieus auf, obwohl sie keine typischen modernen und innovativen Produktionsbereiche beinhalten und nicht über eine besondere Entstehungsspezifik verfügen (vgl. Tab. 1). Das Milieukonzept besitzt auf Grund der Ergebnisse dieser Untersuchung somit eine breitere empirische Grundlage. Flexible Lieferbeziehungen sind im Milieukonzept von großer Bedeutung für den Erfolg des Milieus. Zudem wird die Bedeutung von Vertrauen innerhalb der Verflechtungen herausgestellt (Cooke/Morgan 1998, S. 29). Auch die meisten befragten Landwirte sowie die interviewten Zulieferer und Abnehmer sehen Vertrauen als wichtige Voraussetzung für eine erfolgreiche Zusammenarbeit an, das sich auch in geldwerten Ergebnissen, wie Rabatten, niederschlägt. Gleichzeitig betonten viele Betriebsleiter jedoch, dass Vertrauen i.d.R. nur über langjährige gute Zusammenarbeit wächst. Langjährige Zusammenarbeit kann jedoch auch die Gefahr von Abhängigkeiten mit sich bringen. Die Betriebe müssen daher einen Mittelweg (wie etwa die beschriebenen kurzfristig vertraglich fixierten aber langfristig angelegten Lieferbeziehungen) zwischen flexiblen Lieferbeziehungen und vertrauensvoller Zusammenarbeit finden. Die

Untersuchungsergebnisse zeigen zudem die Bedeutung von Dienstleistungen für die Landwirtschaft und unterstreichen den Forschungsbedarf zum Agribusiness (Klohn/ Roubitschek 2004, S. 26).

Kapitel 4.2 machte deutlich, dass räumliche Nähe für die untersuchten Betriebe tendenziell keine Voraussetzung für das Entstehen immaterieller Austauschbeziehungen ist, diese jedoch besonders bei geringer Mobilität der Akteure erheblich erleichtern kann. Insgesamt konnten bei den untersuchten direkten Vernetzungen keine größeren international ausgerichteten Global Commodity Chains, sondern eher die von Nuhn (1993b, S. 143) beschriebenen nahbereichsorientierten direkten Vernetzungen gefunden werden. Diese sind durch lokal und regional verwurzelte Unternehmen geprägt. Allerdings stehen sie unter dem Einfluss überregionaler Akteure wie Handelsketten, Rohstoffproduzenten (etwa im Bereich der Tierfutterproduktion) sowie nationaler, europäischer und internationaler Politik.

Ausgehend von den in Kapitel 2.4 vorgestellten Verfeinerungen des regionalen Agrarsystems lassen sich die Unterschiede zwischen wettbewerbsschwachen und wettbewerbsstarken Betrieben zunächst anhand dreier Vernetzungsmerkmale darstellen: 1. Raummuster der Vernetzungen, 2. Art der Flüsse innerhalb der Vernetzungen (materiellen oder immateriell), 3. Einseitigkeit oder Gegenseitigkeit der Vernetzungen. Dabei werden wesentliche Unterschiede zwischen wettbewerbsschwachen und wettbewerbsstarken Betrieben deutlich.

Abb. 32: Typische Vernetzungen bei wettbewerbschwachen landwirtschaftlichen Betrieben

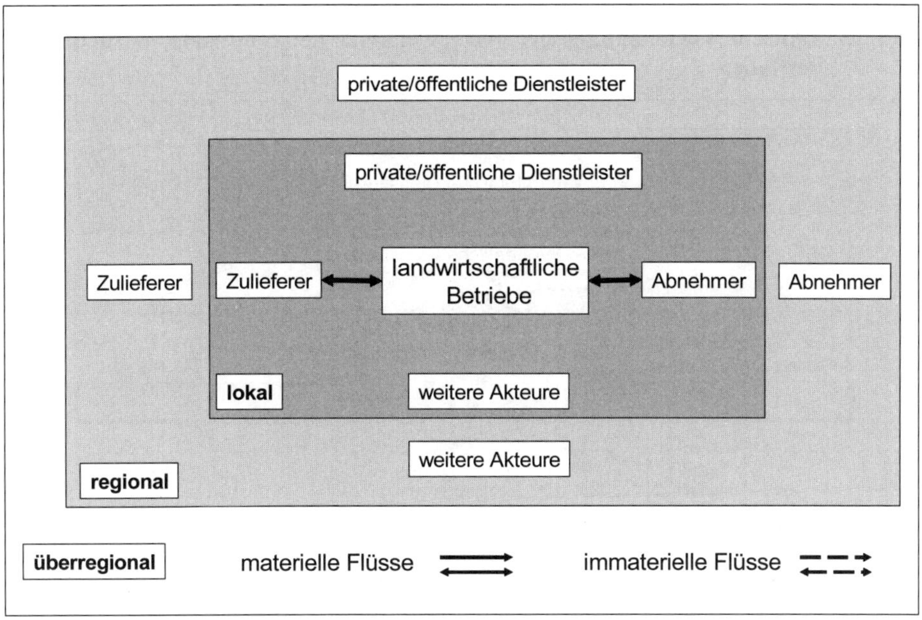

Quelle: e.D.

Abb. 32 zeigt eine typische Vernetzungsstruktur wettbewerbschwacher Betriebe[61] aus den Untersuchungsräumen. Dabei wird erkennbar, dass die Betriebe[62] keine immateriellen Vernetzungen, sondern nur materielle Vernetzungen mit Zulieferern und Abnehmern aufweisen. Die Vernetzungen mit den dargestellten Akteuren beschränken sich dabei lokal, also auf das Powiat bzw. den Landkreis.

Anders verhält es sich bei vielen der wettbewerbsstarken Betriebe (Abb. 33). Diese zeichnen sich nicht nur durch eine größere Menge von Vernetzungen aus, sondern besitzen vor allem eine größere Vielfalt von und eine größere Offenheit für Verflechtungen. So beschränken sich diese Betriebe bei ihren Zuliefer- und Abnehmerbeziehungen nicht nur auf materielle Beziehungen, sondern stehen mit ihnen auch über immaterielle Vernetzungen in Verbindung. Dabei beruhen diese Vernetzungen auf Gegenseitigkeit, d. h. Wissen und Informationen fließen in beide Richtungen und Lernprozesse entstehen. Diese über das Kerngeschäft hinausgehenden immateriellen Vernetzungen bestehen auch zu Dienstleistern, d. h. es werden nicht nur immaterielle Güter gekauft,

---

[61] Dargestellt sind typische Vernetzungsmuster, die sich an den Vernetzungen der Gruppe der wettbewerbsschwachen Betriebe orientieren, diese aber nicht eins zu eins abbilden.

[62] abgesehen vom Austausch mit Familienmitgliedern, der hier nicht extra dargestellt ist

sondern es finden weitere Verbindungen statt, bei denen auch die Dienstleister Wissen gewinnen.

Abb. 33: Typische Vernetzungen bei wettbewerbsstarken landwirtschaftlichen Betrieben

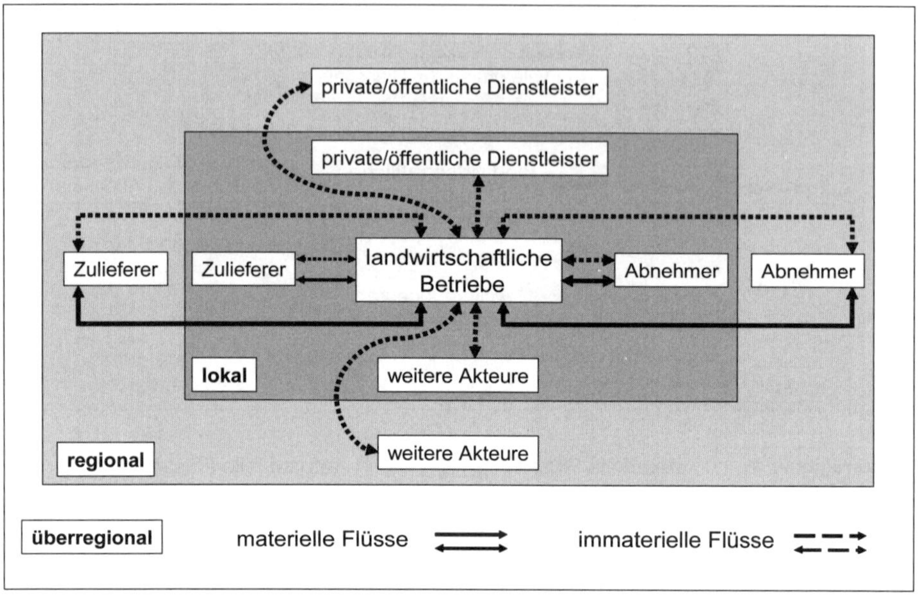

Quelle: e.D.

Bei der Betrachtung der Raummuster wird deutlich, dass die wettbewerbsstarken Betriebe ihre Vernetzungen nicht lokal beschränken, sondern sich auch regional orientieren. Dies bestätigt theoretische Überlegungen und empirische Erfahrungen, nach denen die Betriebe, die über den Nahraum hinaus vernetzt sind, eine höhere Wettbewerbsfähigkeit besitzen, als diejenigen, die eher binnenorientiert sind (Fromhold-Eisebith 2001, S. 36; Rehfeld 2005, S. 4). Allerdings sind auch bei der Mehrheit der relativ wettbewerbsstarken Betriebe in den Untersuchungsräumen überregionale Vernetzungen von zu vernachlässigender Bedeutung. Hier besteht somit Potenzial für weitere Vernetzungen von denen ebenfalls positive Impulse für die Wettbewerbsfähigkeit ausgehen können (Fromhold-Eisebith 2001, S. 221f).

Eine positive Wirkung auf die Wettbewerbsfähigkeit ist, ausgehend von den beschriebenen Erkenntnissen für solche Betriebe zu erwarten, die intensive und vertrauensvolle Vernetzungen zu

1. unterschiedlichen Akteuren,
2. im Nahraum und darüber hinaus betreiben und dabei Wert auf

3. Gegenseitigkeit (Wissensaustausch und Lernen statt einseitigem Input) legen.

4.5.2 Machtverhältnisse

Insgesamt sind die in den Warenketten betonten Kräfte und Machtstrukturen innerhalb der Wertschöpfungsketten bei den landwirtschaftlichen Betrieben in den Untersuchungsräumen weniger stark ausgeprägt als erwartet. So konnten keine Hinweise auf eine konkrete koordinierte, international verteilte Steuerung der Aktivitäten der Wertschöpfungskette (Raikes/Jensen/Ponte 2000) festgestellt werden[63]. Allerdings sehen sich die Landwirte durch Einzelhandelsketten, aber auch durch Verbraucher und Politik einem hohen Preis- und/oder Qualitätsdruck ausgesetzt, der oft alternative Produktionsmöglichkeiten verhindert. Dies ist in Elbe-Elster z.B. bei manchen kleinen Betrieben der Fall, die auf Hausschlachtungen verzichten, da die geltenden Gesundheitsauflagen für sie wegen des hohen Zeit- und Kostenaufwandes nicht erfüllbar sind. Hier haben es i.d.R. die großen Betriebe leichter den hohen Preis- und Qualitätsanforderungen gerecht zu werden und dennoch rentabel zu wirtschaften, da sie z.B. auf Grund eines hohen Umsatzes Skalenerträge realisieren und in moderne Anlagen investieren können (vgl. LWEE6).

Ein unmittelbarer Einfluss der direkten Zulieferer und Abnehmer in die Produktionsabläufe konnte in beiden Untersuchungsräumen selten festgestellt werden. Dabei sahen beide Seiten in Elbe-Elster diesen Einfluss – soweit vorhanden – z.T. auch positiv als Hilfestellung (vgl. EG10; LWPY1). Trotzdem zeigte sich auch bei den betrachteten Betrieben, dass sich viele von ihnen in ungünstigen Machtverhältnissen zu ihren Abnehmern und/oder ihren Zulieferern befinden. Viele Landwirte empfanden eine Dominanz, etwa durch Abnehmer, die sie mit Vorgaben unter Druck setzten (vgl. K. 4.3). Eine dominante Stellung ließ sich dabei für die Weiterverarbeiter der landwirtschaftlichen Produkte ausmachen (vgl. WSEE; WSPY). Dies lässt jedoch nur geringe Schlussfolgerungen auf die Machtverhältnisse der gesamten Wertschöpfungskette zu, da die vorliegende Arbeit nur direkte Zulieferer- und Abnehmerbeziehungen der landwirtschaftlichen Betriebe untersuchte. So blieben die großen Einzelhandelsunternehmen am Ende der Kette weitgehend außerhalb der Betrachtung. Gemäß den theoretischen Ansätzen zu GCC sind jedoch die einflussreichsten Akteure oft am Ende der Kette. Eine Erweiterung der Betrachtung stellt daher eine interessante Perspektive für zukünftige Forschungsarbeiten dar.

---

[63] Einschränkend ist sind hier zwei methodische Probleme zu beachten: So wurden erstens nur die direkten Vernetzungen der landwirtschaftlichen Betriebe untersucht. Machtstrukturen in Warenketten können aber auch indirekt verlaufen. Zweitens erfolgte die Analyse der Machtstrukturen auch auf subjektiven Einschätzungen der Landwirte, die nicht in jedem Fall realistisch sein müssen.

In Pyrzyce sind die Machtverhältnisse für die Landwirte insgesamt problematischer als in Elbe-Elster, da hier Zulieferungen und Abnahmen oft durch dieselben Unternehmen erfolgen, während in Elbe-Elster die Beziehungen deutlich vielschichtiger sind. Abhängigkeiten existieren vor allem bei den kleinen Betrieben Pyrzyces. Dabei sehen sich diese Betriebe oft in deutlich schlechterer Position gegenüber ihren Abnehmern, aber auch gegenüber ihren Zulieferern. In Pyrzyce konnte oft ein asymmetrischer Informations- und Wissensaustausch zwischen den landwirtschaftlichen Betrieben und den anderen Partnern der Wertschöpfungskette festgestellt werden. So beziehen viele Landwirte Wissen und die Informationen ihrer Zulieferer und Abnehmer ausschließlich durch Schulungen und Weiterbildungen. Da dies keinen gegenseitigen Austausch gleichberechtigter Partner darstellt, ist davon auszugehen, dass bestehende Abhängigkeiten so vergrößert bzw. gefestigt werden (z.B. durch eine selektive Weitergabe von Wissen).

In Elbe-Elster ist es für viele junge Betriebe schwierig, in die bereits existierenden Netzwerke einzudringen, die von großen ehemaligen LPGen dominiert werden. Vielen Neu- und Wiedereinrichtern ist es aber offenbar auch gelungen, eigene, zum Teil effizientere Ketten, selbst aufzubauen.

Wie im Theorieteil beschrieben, weisen Raikes/Jensen/Ponte (2000, S. 6f) darauf hin, dass es wichtig ist, in eine funktionierende Commodity Chain eingebunden zu sein und die Akzeptanz der Mitglieder zu erreichen, um von den Lernprozessen und den Vernetzungen mit wettbewerbsfähigen und führenden Teilnehmern der Kette zu profitieren. Demgegenüber zeigt das Beispiel der jüngeren Betriebe in Elbe-Elster, dass für flexible und mobile Betriebe auch die Möglichkeit besteht, sich in verschiedenen Bereichen und Regionen ein Standbein aufzubauen und sich so recht unabhängig von den lokalen Wertschöpfungsketten des Landkreises zu entwickeln. Auch die Landwirte in Elbe-Elster sind zwar grundsätzlich auf eine funktionierende Warenkette angewiesen. Sie sind jedoch (zumindest im Bereich der direkten Vernetzungen) kaum von bestimmten Schlüsselakteuren abhängig, sondern können zwischen mehreren wählen. Durch innovative oder auch Nischenprodukte, durch überregionale oder Direktvermarktung und verschiedene andere moderne Lösungen können sich so oft neue Chancen bieten, die die Gefahren der Abhängigkeiten von bestimmten Akteuren oder die eines Lock-Ins verringern und zudem neue Impulse in die Region bringen.

Insgesamt lässt sich die Betrachtung des regionalen Agrarsystems folglich um eine Darstellung der hierarchischen Beziehungen erweitern. Trotz erwarteter Probleme bei der Analyse der Machtbeziehungen (vgl. K. 2.2) konnten dabei umfangreiche Erkenntnisse über die Ursachen und Unterschiede der Machtbeziehungen in den Untersuchungsregionen gewonnen werden. Abb. 34 zeigt fünf von acht identifizierten möglichen Ursachen, die zu ungünstigen Machtverhältnissen führen können, von denen verschiedene landwirtschaftliche Betriebe betroffen sind.

Abb. 34: Ungünstige Machtverhältnisse landwirtschaftlicher Betriebe

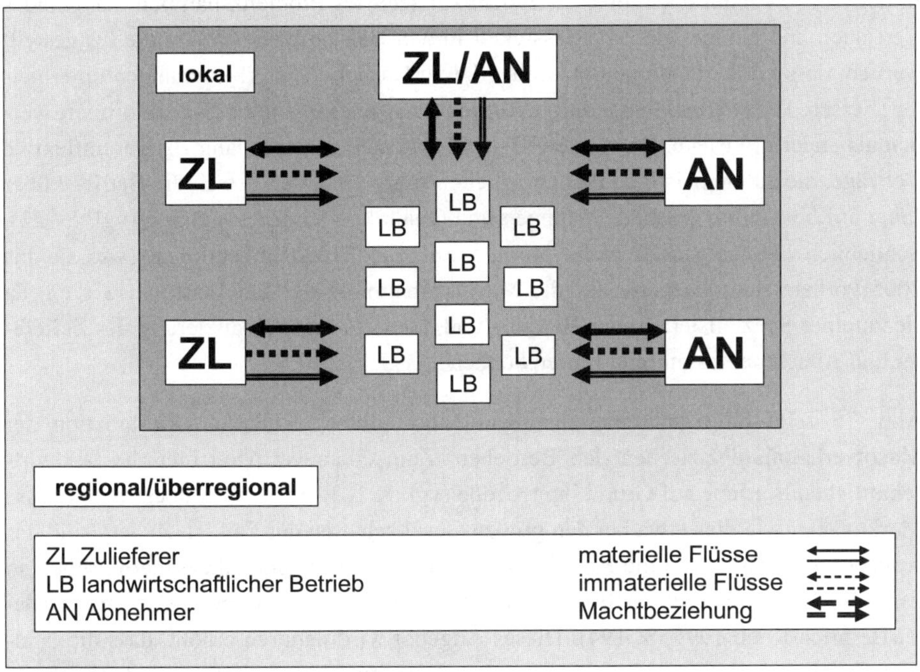

Quelle: e.D.

So stehen in Abb. 34 erstens viele kleine Betriebe wenigen großen Zulieferern und Abnehmern gegenüber. Es besteht also ein Oligopol bei zusätzlich ungünstigen Größenverhältnissen. Zweitens sind die Betriebe oft zu immobil oder es fehlt ihnen die Fähigkeit und/oder Bereitschaft, sich über die lokale Ebene hinaus zu vernetzen. Drittens besteht keine Möglichkeit einer lokalen oder überregionalen Direktvermarktung oder sie wird nicht genutzt (vgl. demgegenüber auch Abb. 35). Darüber hinaus können viertens ungünstige Machtverhältnisse entstehen oder sich verschärfen, wenn die Betriebe wie in Pyrzyce zum Teil vorgefunden, auf das Wissen der Zulieferer und Abnehmer angewiesen sind, diese jedoch nicht auf das der Landwirte (einseitiger Wissensfluss; dargestellt durch die Pfeilspitze). Eine besondere Gefahr der Abhängigkeit kann fünftens entstehen, wenn ein landwirtschaftlicher Betrieb, dieselbe Firma als Zulieferer und Abnehmer wählt. Abb. 34 macht dabei deutlich, dass sich zumindest der Bereich der direkten Vernetzungen der Landwirte nicht als rein abnehmerdominiert bezeichnen lässt, sondern eher bipolare Machtstrukturenmerkmale aufweist, (wobei teilweise auch eine zusätzliche Dominanz mächtiger Dienstleister wie z.B. Banken bestehen kann). Dies stützt auch die von Henderson et al. (2001, S. 5) und Raikes/Jensen/Ponte (2000, S. 13) formulierten Kritik am GCC-Ansatz, nach der nicht nur rein produzenten- oder käuferdominierte GCCs existieren müssen (vgl. K. 2.2.3).

In der Abb. 34 nicht darstellbar ist zudem ein sechstes Problem, nämlich mangelndes Vertrauen und mangelnde Zuverlässigkeit in den Beziehungen. So konnte festgestellt werden, dass i.d.R. diejenigen Betriebe, die verlässliche Lieferbeziehungen unterhielten, bessere Preisverhandlungsmöglichkeiten besitzen und auch besser informiert werden als andere Betriebe. Das andere Extrem sind siebtens sehr langfristige, unflexible Verträge, die zu langfristigen Abhängigkeiten führen, bei denen sich die Betriebe über Jahre auf bestimmte Produkte, Mengen und Qualitäten festlegen müssen (vgl. EG23). Schließlich können sich achtens produktbezogene Direktsubventionen (wie sie bis 2005 vorherrschten) negativ auf die Machtverhältnisse der Landwirte auswirken, da sie zu einer Spezialisierung der Betriebe und damit zu einer Reduzierung der Zulieferer und Abnehmerspannbreite führen können[64] (vgl. EG23).

Abb. 35 zeigt hingegen eine günstigere, eher gleichgewichtige Konstellation der Machtverhältnisse zwischen den Betrieben. Zum einen verfügen hier die landwirtschaftlichen Betriebe auf Grund ihrer Größe (vgl. K. 3.3.4) ebenfalls über eine gewisse Marktmacht, wie dies etwa bei den großen Gesellschaften der Fall ist. Zudem sind das Angebot und daher auch die Konkurrenz bei den Zuliefern und Abnehmern größer, so dass ihre Marktmacht (z.B. der Preissetzungsspielraum) geringer ist (Baßeler/Heinrich/Koch 1995, S. 194). Dieses Angebot wird dadurch erhöht, dass die landwirtschaftlichen Betriebe mobil sind und dadurch auch auf Zulieferer und Abnehmer außerhalb des lokalen Levels zurückgreifen können. Sind die Zulieferer- und Abnehmervernetzungen zudem auf einer flexiblen aber vertrauensvollen Basis, etwa in Form langjähriger Kundenbeziehungen, die auf immer wieder erneuerbaren Verträgen beruhen, verbessert dies zusätzlich die Chancen guter und gleichberechtigter Partnerschaft.

[64] Allerdings können die Subventionen auch dazu führen, dass leichter Skalenerträge realisiert werden und die Betriebe somit besser dem beschriebenen Preis- und Qualitätsdruck begegnen können.

Abb. 35: Günstigere Machtverhältnisse landwirtschaftlicher Betriebe

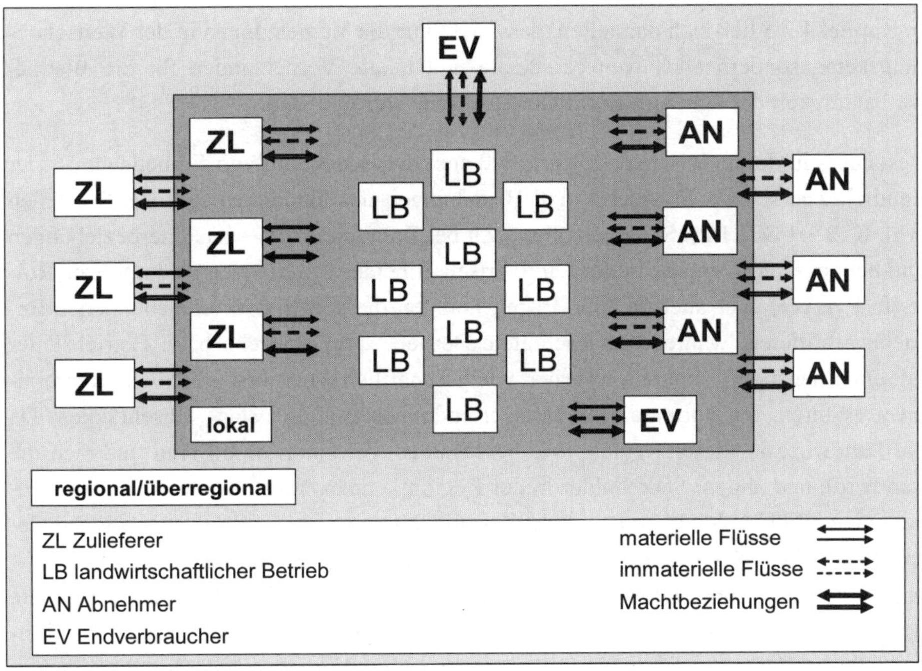

Quelle: e.D.

Zudem nutzen die Landwirte in Abb. 35 auch die Möglichkeiten alternativer Absatzformen, wie der Direktvermarktung, die sich durch günstige Machtverhältnisse auszeichnet (vgl. K. 4.4.3). Schließlich besteht keine einseitige Abhängigkeit beim Wissenstransfer von wenigen Akteuren, sondern Gegenseitigkeit und ein breiteres Angebot an Quellen, wobei immaterielle Vernetzungen mit Endverbrauchern, nach Angaben der Betriebe, keine relevante Rolle spielen. Eine gemeinschaftliche Machtposition als regionaler Cluster landwirtschaftlicher Betriebe gegenüber externen Zulieferern oder Abnehmern wurde in beiden Regionen nicht festgestellt.

Insgesamt lassen sich die Machtverhältnisse nur schwer darstellen. Eine klare „Schwarzweißbetrachtung“ mächtiger und machtloser Akteure ist, wie schon in der Kritik am GCC-Konzept beschrieben, nicht möglich. Häufig sind die Übergänge fließend. Insgesamt lassen sich durch die eng auf die direkten Vernetzungen abgegrenzte Untersuchungsbetrachtung die Machtverhältnisse innerhalb der Kette nicht ausführlich darstellen. Eine Untersuchung der weiter vor- und nachgelagerten Bereiche der Kette könnte daher eine sinnvolle Weiterentwicklung dieser Forschungsarbeit darstellen.

4.5.3 Soziale Vernetzungen und Embeddedness

In Kapitel 4.2.5 ließ sich darstellen, dass nicht nur die Vernetzungen in der Wertschöpfungskette, sondern auch weitere soziale und lokale Vernetzungen für die Wettbewerbsfähigkeit der landwirtschaftlichen Betriebe wertvoll sind.

Besonders in den polnischen Dörfern ließ sich die Bedeutung von Embeddedness der Landwirte in soziale Strukturen und Beziehungen des ländlichen Raumes feststellen (vgl. K. 2.1.1 & 2.1.2). Sie spielt aber auch bei Zulieferer- und Abnehmerbeziehungen und bei der Kreditvergabe in der Landwirtschaft beider Untersuchungsräume eine Rolle. In Pyrzyce, aber auch in Elbe-Elster, konnten die sozial stark eingebundenen Betriebe profitieren, während abgeschottete Betriebe oder Betriebe bzw. Betriebsleiter mit einer negativen Reputation (privat wie geschäftlich) zum Teil erhebliche Repressionen erfahren, die normale Geschäftsverbindungen mitunter stark einschränken. Da die Landwirte in dieser Region, wie beschrieben, oft kaum mobil sind und sich die Landwirte und andere Stakeholder in der Region kennen, kann sich so die Embeddedness eines Betriebsleiters auf die Wettbewerbsfähigkeit, im Extrem sogar auf die Geschäftsfähigkeit, des Betriebes auswirken. Opportunistisches Verhalten, das in der Anonymität unter Umständen von Vorteil sein kann, wirkt sich in ländlichen Räumen, wie den Untersuchungsräumen, langfristig meist negativ aus. Es zeigte sich, dass Embeddedness Vertrauen fördert und opportunistisches Verhalten auf Grund regionaler Verbundenheit, also aus eigener Überzeugung der Akteure, senkt. Auch sind die Akteure in ländlichen Räumen auf Grund des intensiven Erfahrungs- und Informationsaustauschs der lokalen Akteure gezwungen, sich kooperativ zu verhalten oder zumindest den Eindruck zu erwecken.

Die Ergebnisse bestätigen somit auch in beiden Untersuchungsräumen Arnolds (1997, S. 70) und Henkels (vgl. K. 2.3.2) Ausführungen, dass neben den Beziehungen in Wertschöpfungsketten auch die *Beziehungen innerhalb und zu sozialen Gruppen von entscheidender Bedeutung* sind.

Wie bei Porter (1991) ist aber auch in beiden Untersuchungsräumen Rivalität und Konkurrenzdenken zwischen den Akteuren von Bedeutung. *Dabei erscheint Konkurrenzdenken manchmal durchaus förderlich zu sein, während es an anderer Stelle hingegen eher hinderlich für die Wettbewerbsfähigkeit der Betriebe insgesamt ist.* So lässt sich grundsätzlich schwer bestreiten, dass lokale und regionale Konkurrenz die Landwirte motiviert. Während die meisten Konkurrenten der Landwirte nicht fassbar (weil nicht persönlich bekannt) sind, lassen sich Ergebnis und Arbeitsweise des Nachbarn direkt vergleichen. Dies spornt den Ehrgeiz an (vgl. WSEE). Auf der anderen Seite zeigte sich, dass übertriebenes Konkurrenzdenken zu Neid und Abschottung führen kann, die Vertrauen und Kooperation behindern.

Die Ergebnisse zeigen aber ebenfalls, dass wichtige Interaktionen (Nachbarschaftshilfe, Maschinen- und Informationsaustausch, Lernen und Nachahmen) auch unter den landwirtschaftlichen Betrieben stattfinden. Sie stehen also nicht nur in Konkurrenz zueinander. Entscheidend ist, nach den gewonnen Erkenntnissen, die Intensität und die Art der Konkurrenz. Wird z.B. ein Produkt über Händler auf einem großen z.B. nationalen Markt verkauft, ist Nachbarschaftshilfe durchaus sinnvoll, um sich gegenüber anderen Konkurrenten zu helfen. Besteht jedoch eine direkte Konkurrenz weniger lokaler Anbieter direkt vor Ort, wie dies etwa bei lokaler Direktvermarktung der Fall sein kann, kann Nachbarschaftshilfe zu eigenen Wettbewerbsnachteilen führen. Meist traf in den Regionen der erste Fall zu und landwirtschaftliche Nachbarschaftshilfe stärkt bei vielen Betrieben die Wettbewerbsfähigkeit.

Von weiterer, großer Bedeutung ist, wie schon von Nuhn (1993b, S. 143) beschrieben, die Rolle von Fachverbänden und –vereinen, aber auch von sozialen Vereinen und Ehrenämtern, die i.d.R. lokal organisiert sind. In Abb. 36 sind dabei die verschiedenen Akteure, die als Ratgeber (vgl. Tab. 14) für die Landwirte in den Untersuchungsräumen auftreten, dargestellt. (Die Pfeildicke der immateriellen Flüsse entspricht, dem Verhältnis, wie oft die landwirtschaftlichen Betriebe die Akteursgruppen als Ratgeber nannten.) Die Abbildung zeigt dabei zum einen, die Vielfältigkeit der Möglichkeiten immaterieller Vernetzungen in den Regionen. Zum anderen weist der Vergleich zwischen der Bedeutung der Familien als Ratgeber z.B. gegenüber der bisher geringen Bedeutung von Dienstleistern auf mögliches zukünftiges Potenzial für professionelle Beratung hin.

Abb. 36: Bedeutende immaterielle Vernetzungen landwirtschaftlicher Betriebe/Betriebsleiter

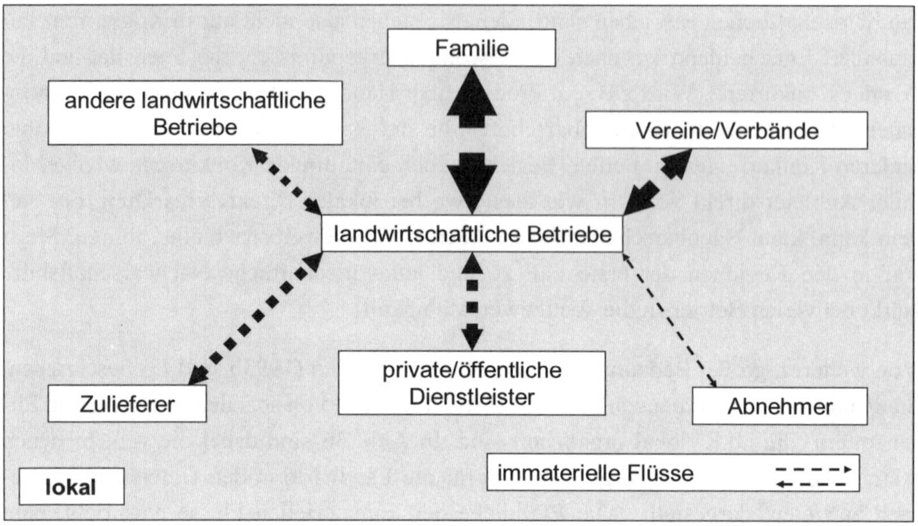

Quelle: e.D.

Insgesamt wird deutlich, dass in beiden Regionen Social Capital vorhanden ist und die betrieblichen Vernetzungen zu anderen Landwirten, sozialen Gruppen und weiteren Akteuren des ländlichen Raumes prägt. Dies ist jedoch nicht in und zwischen allen Betrieben gleichermaßen ausgeprägt. So konnten sowohl der Aufbau und die Pflege von Social Capital als auch die Ausgrenzung einzelner Akteure in beiden Regionen festgestellt werden. Die direkten Wirtschaftspartner der landwirtschaftlichen Betriebe machen somit nur einen Teil der wettbewerbsrelevanten Vernetzungen aus.

4.5.4 Die Bedeutung einzelner Akteure mit wichtigen Eigenschaften und Fähigkeiten

Nach Storper und Walker (1989, S. 96) schaffen sich Wachstumsindustrien ihr Umfeld selbst. Wie beschrieben ist die Landwirtschaft keine Wachstumsindustrie. Trotzdem lassen sich an Storpers und Walkers Argumentation auch Aspekte der Aktivitäten einzelner Landwirte in den Untersuchungsräumen erklären. So betonen Experten, aber auch Landwirte, dass auf lokaler und zum Teil auch auf regionaler Ebene Initiativbetriebe entscheidende Impulse setzen können. Diese wenden z.B. in der Region bis dahin unbekannte Verfahren an oder erzeugen moderne Produkte. Viele verfügen über Kontakte und Netzwerke zu speziellen Zulieferern und Abnehmern außerhalb der Region.

Darüber hinaus gestalten diese Betriebe ihr Umfeld selbst mit, indem sie neue Impulse in die Region bringen (z. T. ähnlich der von Giuliani und Bell (2005, S. 59f) identifizierten „Gatekeeper“ im Chilenischen Wein-Cluster). Dies geschieht oft direkt, indem die Betriebsleiter mit anderen Betrieben zusammenarbeiten oder sich ehrenamtlich engagieren (vgl. z.B. LWEE1; LWPY7). Indirekt fördern die Betriebe den Wettbewerb, weil sie andere Betriebe durch ihren Erfolg motivieren und diese von ihnen Ideen übernehmen. Zudem unterstützen die Betriebe durch eigene Kaufkraft (auch der Arbeitskräfte) den Binnenmarkt in der Region. Oft sind die Impulse auch komplementär, z.B. wenn durch neue Ideen, wie etwa den Aufbau eines Streichelzoos, zusätzlich Tourismus und Naherholung angeregt werden. Initiativbetriebe können dabei auch erheblich zur Identifikation (Schätzl 2001, S. 231f) mit einem Dorf oder einer Region beitragen und ein positives Umfeld schaffen. Von Bedeutung sind neben Initiativbetrieben auch Initiatoren in Institutionen wie z.B. in einem Landwirtschaftsamt oder einem Verband. Besonders die Dorfvorsteher in Pyrzyce können auf lokaler Ebene im Positiven wie im Negativen entscheidenden Einfluss auf die immateriellen Vernetzungen und die Wettbewerbsfähigkeit der Betriebe nehmen. Umgekehrt kann das Fehlen eines kompetenten Dorfvorstehers oder von Initiativbetrieben zu einer Verödung eines Dorfes entscheidend beitragen. Dies unterstreicht die Bedeutung des Menschen als Entscheidungsträger (Sick 1993, S. 76; Morgan/Munton 1978, S. 34). *Einzelne Landwirte können also durch ihr Verhalten und ihre Eigenschaften nicht nur ihre Vernetzungs- und Wettbewerbsfähigkeit beeinflussen, sondern auch die der Akteure in ihrer Umgebung.* Tab. 22 zeigt dabei die in den Untersuchungsräumen vorgefundenen Einflussfaktoren und persönlichen Eigenschaften von Betriebsleitern, die einen Initiativbetrieb von einem Nicht-Initiativebetrieb abgrenzen und seine Einbindung in wettbewerbsrelevante Netzwerke beeinflussen. *Der Aufbau und die Unterstützung von Betriebsleitern mit den dargestellten Eigenschaften stärken daher nicht nur diese Landwirte selbst, sondern indirekt auch weitere Landwirte der Umgebung und die gesamte Region.*

Tab. 22: Eigenschaften von Betriebsleitern, die die Einbindung des Betriebes in ein Netzwerk prägen

Vorteile für den Aufbau wettbewerbsrelevanter Netzwerke	Nachteile für den Aufbau wettbewerbsrelevanter Netzwerke
Kapital steht zur Verfügung	Kapital steht nicht oder nur sehr begrenzt zur Verfügung
ausreichend Zeit (z.B. um sich zu bilden, Kooperationen aufzubauen)	Zeit ist nicht ausreichend vorhanden (z.B., weil neben der Landwirtschaft eine weitere Tätigkeit ausgeübt wird)
Mobilität ist gegeben (z.B. durch eigene PKW und LKW)	Mobilität ist nur eingeschränkt gegeben
soziale Kompetenz (z.B. Offenheit, Interesse, sympathisches Auftreten, Ehrlichkeit, Vertrauen, Einbringung von eigenen Stärken in das Netzwerk)	geringe soziale Kompetenz (z.B. Verschlossenheit, Misstrauen, Mitnahmementalität, im extrem Kriminalität); Folge: eigene Abschottung oder Ausgrenzung durch andere
Optimizing behaviour (betriebswirtschaftliches Handeln, Innovationsbereitschaft, Problembewusstsein)	Satisfying behaviour (Beschränkung auf Kernbereiche)
Teilnahmebereitschaft an ehrenamtlichen und lokalen Foren (z.B. Vereine, Arbeitsgemeinschaften)	geringe Teilnahmebereitschaft an ehrenamtlichen und lokalen Foren, stark ausgeprägter Individualismus-Gedanke
gute Ausbildung (qualifizierter fachbezogener und/oder Hochschulabschluss)	keine oder unpassende Ausbildung
Bewusstsein für die Bedeutung immaterieller Vernetzungen im Wettbewerb	primäre Betrachtung von immateriellem Austausch und Aufbau von Vernetzungen als zusätzlichem Zeit- und Kostenfaktor
gezielte strategische Auswahl geeigneter Partner, mit denen sich in geeigneten Strukturen (z.B. kurzfristigen Verträgen, die aber flexibel erneuert werden) zu vernetzen	suboptimale Partnerwahl, z.B. auf Grund kurzfristiger Preisüberlegungen

Quelle: e.E.; Bathelt/Glückler 2002; Sick 1993; Kulke 2004; Morgan/Munton 1978; ASG 2001

4.5.5 Auswirkungen von Strukturwandel und Transformation

Bevor in Kapitel 5 aus den bisher dargestellten allgemeinen Erkenntnissen Handlungsempfehlungen abgeleitet werden können, ist es notwendig, die bisher aufgeführten Auswirkungen des Strukturwandels auf die Vernetzungen in den Regionen in einem allgemeinen modellhaften Kontext zu analysieren. Kapitel 3 und 4 machten deutlich, dass der Großteil der landwirtschaftlichen Betriebe Pyrzyces auf Grund seines beschriebenen niedrigen Entwicklungsstandes (geringe Produktivität wegen veralteter Maschinen, wenig Kapitaleinsatz, wenig Nutzfläche) und der geringen Finanzkraft bisher nur wenige, dringend notwendige Dienstleistungen und günstige einfache Zulieferprodukte nachfragen. Hochwertige wichtige, aber bisher nicht existentiell notwendige weitere Dienstleistungen wie Beratung können sie bisher nicht bezahlen und sind daher auf andere Hilfe, etwa durch Nachbarn und Familie, angewiesen. Auch kommen für sie aus ähnlichen Gründen (begrenzte Mobilität, Nichterreichbarkeit von Standards und Mengen) i.d.R. nur lokale Abnehmer in Frage.

Demgegenüber konnten bereits einige mittelständische Betriebsleiter ihren Betrieb vergrößern, (zum Beispiel durch den Niedergang des Nachbarbetriebes oder günstige Kreditaufnahme) moderne Maschinen kaufen und kapitalintensiver auf größeren Flächen produzieren. Bei diesen Betrieben ergibt sich in zunehmendem Maße eine Nachfrage nach hochwertigen Zulieferprodukten und Dienstleistungen[65], die sie bisher oft durch ausländische Anbieter deckten. Im Zuge der Entwicklung und der steigenden Nachfrage auf Grund einer wachsenden Mittelschicht siedeln sich nun jedoch erste hochwertige Zulieferer und Dienstleister in der Region oder lokal an.

In Elbe-Elster haben die Betriebe (nicht zuletzt auf Grund der von Anfang an größeren Betriebsflächen) insgesamt bereits einen höheren Entwicklungsstand erreicht. Dadurch fragen die Betriebe Elbe-Elsters stärker als in Pyrzyce Betriebsberater, spezielle Dienstleister und spezielle Zulieferer wie z.B. spezialisierte und moderne Maschinenausrüster nach. Auch für Pyrzyce ist davon auszugehen, dass sich die Betriebe, die den Strukturwandel überdauern, weiterentwickeln werden und damit neue Vernetzungen, besonders mit Dienstleistern, an Bedeutung gewinnen.

Allgemein lässt sich so auch für andere Transformationsregionen und -länder, vor allem mit geringer landwirtschaftlicher Betriebsgröße, ein Modell mit drei Phasen erstellen, das den Zusammenhang zwischen dem Strukturwandel in der Landwirtschaft und den immateriellen Vernetzungen in und außerhalb der Region darstellt und je nach Entwicklungsstand der Region die Möglichkeit bietet, Zukunftsprognosen zu entwickeln (vgl. Abb. 37):

---

[65] z.B. Reparatur und Dienstleistungen für die komplexen Maschinen

Abb. 37: Strukturwandel und immaterielle Vernetzungen in der Landwirtschaft

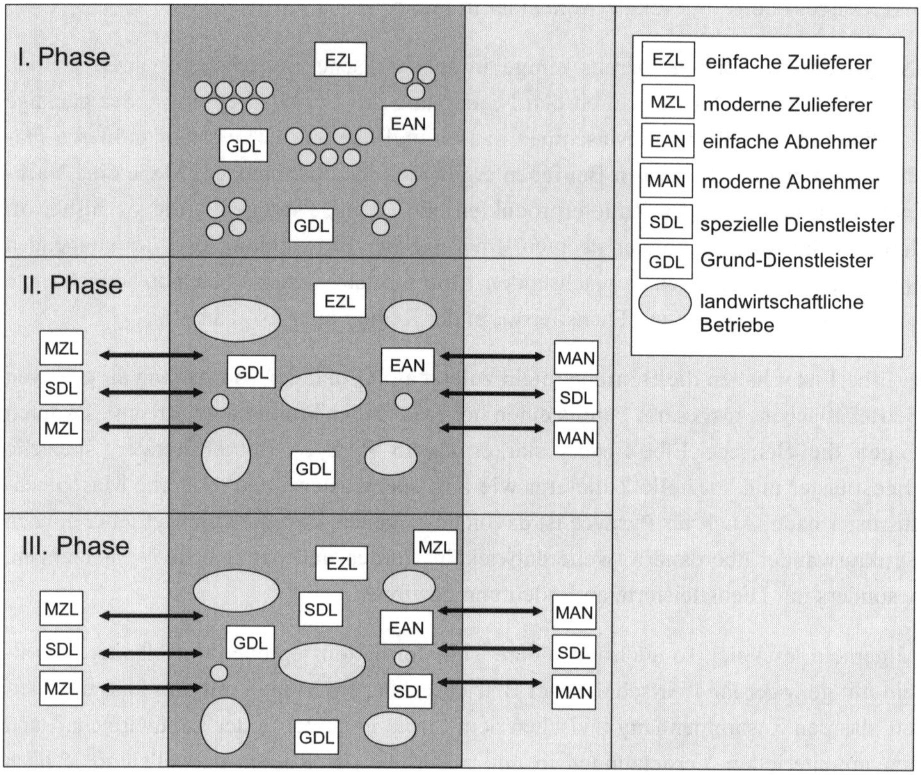

Quelle: e.D.

I. Phase: In der ersten Phase, z.B. direkt nach der Transformation des politischen Systems (politischer Strukturwandel, vgl. Kapitel 2.3.1) besteht in der Region eine große Anzahl[66] von Landwirtschaftsbetrieben mit veralteter Technik, kleinen Flächen und geringen Umsätzen und Gewinnen. Auf Grund geringer Mobilität und/oder weggebrochener staatlicher Verkaufsorganisationen existieren kaum direkte Abnehmerbeziehungen außerhalb der Region. Aber auch die Nachfrage nach Zulieferprodukten und Dienstleistungen erfolgt wegen geringer Mobilität ebenfalls in der Region. Viele Betriebe sind z.B. auf Grund fehlender Möglichkeiten zur Erzeugung von großen Partien gleich bleibend hoher Qualität oder spezieller Nischenprodukte nicht wettbewerbsfähig. Abnahme und Zulieferungen erfolgen daher durch einfache Abnehmer und Zulie-

---

[66] Dies ist nicht in allen Transformationsländern der Fall. Während in Polen viele kleine Betriebe existierten, gab es z.B. in Ostdeutschland, wie gezeigt, schon vor der Transformation große Betriebe in entsprechend geringerer Anzahl. Das Modell eignet sich in der ersten Phase primär für Regionen mit Kleinbetriebsstrukturen. Grundsätzlich besteht jedoch weltweit eine Tendenz zum Anstieg größerer Betriebsstrukturen und einem Rückgang kleinerer Betriebsstrukturen.

ferer, die sich ebenfalls noch nicht auf eine solche Produktion eingestellt haben. Auf Grund der veralteten Technik der landwirtschaftlichen Betriebe ist der Bedarf an modernen und spezialisierten Dienstleistern für diese Betriebe gering. Daher, aber vor allem wegen geringer finanzieller Möglichkeiten, werden meist nur Grund-Dienstleistungen (d.h. Dienstleistungen, die für die meisten Betriebe von existentieller Bedeutung sind, wie Banken und Versicherungen) nachgefragt. Beratung und Wissensaustausch erfolgen im Wesentlichen innerhalb der Region durch kostenlose öffentliche Einrichtungen, kostenlose Weiterbildungen von Zulieferern und Abnehmern und vor allem durch die Familie. Der Wissenstransfer und Lernprozesse sind nur mangelhaft ausgeprägt.

II. Phase: Im weiteren Entwicklungsverlauf müssen viele kleine Betriebe auf Grund der ungünstigen Situation aufgeben. Nur wenige kleine Betriebe können in Nischen (z.B. Direktverkauf von ökologischen Produkten) oder als Nebenberufler weiter existieren. Die freigewordene Nutzfläche wird durch benachbarte Betriebe oder Investoren von außerhalb der Region aufgekauft. Durch Modernisierung, Wachstum und höherem Kapitaleinsatz (betriebsinterner Strukturwandel, vgl. K. 2.3.1) können die Betriebe nun bisher nicht erreichte Standards und Mengen erreichen und moderne Abnehmer – die im Zuge des betriebsexternen Strukturwandels (vgl. K. 2.3.1) in hohen Mengen bei gleich bleibender Qualität große Märkte abdecken – auch außerhalb der Region gewinnen. Dadurch wächst bei den verbliebenen Betrieben eine vorher nicht da gewesene Nachfrage nach modernen Zulieferern (hochwertiges Saatgut, moderner Dünger, computergestützte Maschinen) sowie speziellen und spezialisierten Dienstleistern (Reparatur, EDV, Marketing, problembezogene Beratung). Diese Nachfrage findet in der Region jedoch kein ausreichendes Angebot, so dass sie durch Dienstleister von außerhalb der Region gedeckt werden muss. Voraussetzung für diese Phase ist allerdings, dass staatliche Einrichtungen nicht durch Eingriffe den Strukturwandel verhindern, z.B. wenn sie durch Subventionen die alten nicht wettbewerbsfähigen Strukturen und somit einen Großteil der Arbeitsplätze aufrechterhalten.

III. Phase: In einer weiter fortgeschrittenen Phase haben sich die Strukturen der Betriebe – bei insgesamt deutlich weniger Betrieben – gefestigt. Die Betriebe verfügen nun über eine wettbewerbsfähige Größe und moderne Maschinen. Auf Grund der nun stabilisierten Nachfrage siedelten sich wichtige spezialisierte und moderne Dienstleister und Zulieferer auch in der Region an. Zum Teil haben sich auch einige einfache Dienstleister und Zulieferer weiterentwickelt. Die Vernetzungen sind vielfältiger und intensiver, Embeddedness und Social Capital wachsen mit gemeinsamen Erfolgen. Den landwirtschaftlichen Betrieben steht nun auf Grund von Lokalisationsvorteilen die Möglichkeit offen, sich stärker auf das gewachsene Angebot in der Region zu beschränken oder weiter Kontakte außerhalb der Region zu unterhalten. Letzteres führt im Idealfall zu einem stabilen oder sogar dynamischen System, in dem Lernprozesse stattfinden. Sollten sich die Betriebe jedoch entscheiden, sich langfristig auf wenige Geschäftspartner zu beschränken, besteht die Gefahr einer vierten Phase in der, in Abhängigkeit von der Art der weiteren Vernetzungen, Strukturen verkrusten und Lock-In-Effekte entstehen, die zu Schrumpfungsprozessen führen können.

Nachdem gezeigt wurde, dass Vernetzungen durch ihren Einfluss auf die Wettbewerbsfähigkeit auch die Chancen der Betriebe im Strukturwandel prägen, zeigt sich hier, dass umgekehrt auch Strukturwandel und Transformation die Vernetzungen der Betriebe prägen.

Kasten 13: Zwischenfazit zu Vernetzung & Wettbewerbsfähigkeit der Betriebe

Auf Grund der vorgenommenen Verfeinerungen konnten wichtige vorgefundene Vernetzungsmerkmale der landwirtschaftlichen Betriebe deutlich gemacht werden. So ließen sich die unterschiedlichen Raummuster und Ausprägungen der Vernetzungen modellhaft darstellen und ihr Einfluss auf die Wettbewerbsfähigkeit erklären. Eine positive Wirkung auf die Wettbewerbsfähigkeit besteht dabei für Betriebe mit folgenden Vernetzungseigenschaften:

- Immaterielle Vernetzungen mit vielfältigen Akteuren,
- im Nahraum und darüber hinaus,
- beruhend auf Gegenseitigkeit,
- bei gleichgewichtigen Machtbeziehungen,
- flexible aber vertrauensvolle Basis,
- Möglichkeiten alternativer Vernetzungen,
- Beziehungen innerhalb und zu sozialen Gruppen
- Differenziertes Konkurrenzdenken.

Insbesondere der Austausch von tacit knowledge kann zur Entwicklung und Verbreitung von bis dahin in der Region unbekannten und Best-Practice-Lösungen führen und dadurch die Wettbewerbsfähigkeit fördern.

Die einzelnen Betriebsleiter aber auch andere Akteure können ihre Vernetzungen und ihr Umfeld dabei beeinflussen und wertvolle Impulse für die Region geben. Der Aufbau und die Unterstützung dieser Betriebsleiter stärken daher nicht nur die Betriebsleiter selbst, sondern indirekt auch weitere Landwirte und damit die gesamte Region. Insgesamt besteht bei vielen Betrieben noch Potenzial zur Verbesserung der betriebswirtschaftlich relevanten Vernetzungen.

Erwartungsgemäß besitzt auch der Strukturwandels Einfluss auf die landwirtschaftlichen Vernetzungen und die Wettbewerbsfähigkeit der Betriebe. Besonders für wenig entwickelte Betriebe ist räumliche Nähe von großer Bedeutung beim Aufbau von Vernetzungen. Um sich weiterzuentwickeln stellen sie für die meisten Betriebe oft jedoch nur das Sprungbrett dar, um Vernetzungen zu überregionalen, spezielleren und fortschrittlicheren Partnern eingehen zu können. Auch wenn sich im Zuge eines dynamischen Prozesses moderne und spezielle Geschäftspartner in den Regionen ansiedeln können, besteht bei einer Beschränkung der Betriebe auf lokale Geschäftspartner die Gefahr des Lock-Ins.

Die dargestellten Wirkungszusammenhänge lassen sich im Folgenden nutzen, um Handlungsempfehlungen für politische Entscheidungsträger abzugeben.

5 Handlungsempfehlungen für politische Entscheidungsträger

Die bisherigen Ergebnisse zeigen, dass in beiden Untersuchungsräumen Cluster existieren, die über clusterbedingte Vorteile (immaterielle Austauschbeziehungen und z.T. Lokalisationsvorteile) verfügen, und in denen auch Potenzial für eine zukünftige Verbesserung der Wettbewerbsfähigkeit besteht. Diese Vorteile werden von vielen Betrieben bereits erkannt. Die Clusterstrukturen steigern somit die Wettbewerbschancen der Betriebe, stärken ihre Chancen im Strukturwandel und bieten die Ansatzpunkte für eine regionale Förderpolitik. Auch wenn die Clustervorteile nicht ausreichen sollten, um aus beiden peripheren Untersuchungsräumen auf absehbare Zeit Wachstumsregionen zu machen, leisten die positiven Aspekte der Vernetzungen schon jetzt einen Beitrag, um die in Kapitel 2.3.2 angesprochenen negativen Prozesse in den Regionen (Wießner 1999, S. 301) zu lindern und die Wettbewerbsfähigkeit ansässiger Betriebe zu stärken. Da bisher bei weitem nicht alle Betriebe effektiv in den Cluster eingebunden sind, bietet eine Verbesserung der Vernetzungen weiteres Potenzial, die Existenz möglichst vieler Betriebe zu sichern und ihre Wettbewerbsfähigkeit zu steigern. Eine Clusterpolitik kann hier einen Beitrag zum Erhalt der Innovationsfähigkeit und der Beschäftigungssicherung leisten (Rehfeld 2005, S. 5).

In Kapitel 5 sollen nun die Ergebnisse der vorherigen Kapitel genutzt werden, um allgemeine, aber auch konkrete, die Untersuchungsräume betreffende Handlungsempfehlungen für eine cluster-orientierte Regionalpolitik abzugeben. Diese Handlungsempfehlungen beziehen sich dabei auf die Untersuchungsregionen, sind jedoch auch als Beispiele für vergleichbare Regionen mit regionalen Agrarsystemen zu sehen.

5.1 Grundsätzliche Probleme und Strategiebildung

In den Clusteransätzen besitzt staatliche Politik eine partielle, jedoch bedeutsame Rolle. Dabei warnen Experten zu regionalen Wirtschaftsclustern allerdings auch vor den Gefahren politischer Interventionen. So beschrieb z.B. Edward Feser die Einflussmöglichkeiten regionaler Wirtschaftspolitik in einem Seminar mit den Worten: „Most policy for regional economic development is bad" (EG24).

Die Erfahrungen aus Untersuchungen und Evaluationen von regionaler Wirtschaftsförderung zeigen, dass ein Großteil der Förderung ohne nennenswerte Erfolge bleibt oder sogar kontraproduktiv wirken kann, wie das Beispiel des politischen Lock-Ins zeigt. Dazu gehören nach Sternberg (2005) auch viele Maßnahmen, die sich an den Clusteransätzen orientierten. Oft besteht die Schwierigkeit, dass die politisch entscheidenden und implementierenden öffentlichen Institutionen, nicht zuletzt auf Grund ihrer externen Stellung, Informationsdefizite haben. So ist z.B. oft unklar, welche Branche die geeignetste für eine Förderung ist, wie Innovationen entstehen oder welche Anforderungen der Markt stellt (Sternberg 2005, S. 133ff). Es besteht folglich die Gefahr, wertvolle personelle und materielle Ressourcen nicht effektiv einzusetzen. Auch die privaten lokalen Akteure, deren Partizipation und Engagement Voraussetzung für eine funktionierende Clusterpolitik sind, müssen über eine gewisse Kompetenz und Bereitschaft verfügen. Eine cluster-orientierte Politik muss sorgsam vorbereitet, mit den wichtigen Akteuren (z.B. Wirtschaft, Bildung) abgestimmt und immer wieder evaluiert werden.

Die folgenden Ausführungen stellen keinen konkreten Entwicklungsplan für eine cluster-orientierte Politik dar, sondern sind als Hilfestellungen und Anregungen zu verstehen. Dabei müssen die zu wählenden Ansatzpunkte und Instrumente nicht nur die Unterstützung der Vernetzung von Firmen mit anderen Firmen und weiteren Akteuren beinhalten. Auch traditionelle politische Instrumentarien können dazu gehören, wenn sie gezielt, dosiert und auf die Cluster-Strategie zugeschnitten eingesetzt werden. Letztendlich wurden in den vergangenen Jahren die verschiedensten wirtschaftspolitischen Instrumente als Maßnahmen einer Clusterpolitik benannt und angewendet. Je nach Art und Struktur des Clusters erweist sich aber nicht jedes Instrument als sinnvoll. Besonders beim Versuch der Generierung neuer Cluster ist der Erfolg insbesondere deshalb ungewiss, da Clustervorteile evtl. erst identifiziert und geschaffen werden müssen, sofern dies überhaupt möglich ist (Sternberg 2005; Blöchliger/Kamal-Chaoui 2003, S. 19). Das Ziel einer cluster-orientierten Politik-Strategie, wie sie Porter (1991) und andere fordern, sollte daher auch nicht die Erschaffung eines Clusters sein, was ohnehin nur selten gelingt. Vielmehr sollte sich die Clusterpolitik auf bereits vorhandene Cluster konzentrieren, wie dies im Rahmen dieser Arbeit geschieht. Diese Cluster lassen durch ihre eigene Existenz das Vorhandensein einiger für den Wettbewerbsvorteil günstiger Clustervorteile erwarten, was die Wahrscheinlichkeit erhöht, dass staatliche Investitionen Erfolg haben (Porter 1991, S. 674). Grundsätzlich besteht aber auch hier die Gefahr, dass keine ausreichend großen absoluten (nicht komparativen) Vorteile gegenüber anderen Regionen vorhanden sind oder generiert werden können. Dies ist aber Voraussetzung für ein dynamisches Cluster. Sogenannte „wishful thinking cluster", die diese Voraussetzungen nicht erfüllen, sind hingegen i.d.R. zum Scheitern verurteilt (Sternberg 2005, S. 133; 136).

Das Ziel einer Clusterpolitik ist die Verbesserung der Wettbewerbsfähigkeit der Wirtschaft einer Region. Dieses kann durch den besseren Einsatz der verfügbaren Ressourcen (Arbeit und Kapital) erzielt werden, indem zur Dynamik (Produktivität in neuen Branchen, Innovationen, Entwicklung neuer Technologien und Methoden) angeregt wird. Cluster sollen also erfolgreicher werden. Eine Vergrößerung (z.B. eine Zunahme an Firmen) kann sich daraus ergeben, ist jedoch nicht das primäre Ziel. Die Umsetzung einer solchen Strategie ist, wie schon im Theorieteil beschrieben, komplex und bedarf eines aufeinander abgestimmten Einsatzes verschiedener Instrumente aus verschiedenen Politikbereichen, die nicht nur auf der lokalen Ebene gesteuert werden. Porter betrachtet verschiedene, kleinere lokale Bemühungen als effizienter als zentrale Großvorhaben. Dezentrale Hierarchien können flexibler auf veränderte Rahmenbedingungen reagieren und ermöglichen einen differenzierteren Einsatz der Mittel (Porter 1991, S. 673f).

Ziel ist es nach Porter dabei, eine gesamtheitliche Politik zu entwickeln, die an allen Ecken des Diamanten (vgl. Abb. 5) ansetzt und dabei auch auf allen regionalen Ebenen vom Staat bis zur Kommune agiert. Clusterorientierte Politik sollte auf einer *zielgerichteten gesamtheitlichen Strategie* aufgebaut sein, die die verschiedenen Maßnahmen und Projekte integriert und bündelt (Bergmann 2005, S. 149). Dazu gehört es zunächst, regionale Cluster, wie am Beispiel der Landwirtschaft gezeigt, zu identifizieren und unter ihnen einen förderungswürdigen Cluster auszuwählen. Dabei gilt es abzuwägen und zu entscheiden, welche Kriterien die Förderungswürdigkeit eines Clusters ausmachen.

Nach Rehfeld (2005, S. 3ff) muss ein förderungswürdiger Cluster nicht dynamisch sein. Das heißt, ein förderwürdiger Cluster ist nicht zwingend eine Wachstumsregion, er bietet aber das Potenzial, eine solche zu werden oder zumindest seine Wettbewerbsfähigkeit zu erhalten. Es kann daher sinnvoll sein, eine Clusterförderung für einen Wertschöpfungsbereich zu betreiben, dessen Wachstum gerade zum Erliegen kommt und dessen Beschäftigungsentwicklung nicht mehr zunimmt. Dies ist insbesondere deswegen wichtig, da in etablierten Clustern im Allgemeinen wesentlich mehr Menschen beschäftigt sind als in neuen Clustern und dies meist auch auf absehbare Zeit so bleibt (z.B. im Bereich der Automobilindustrie). Clusterpolitik wird in solchen Bereichen zwar nicht unbedingt zu Beschäftigungswachstum beitragen, kann jedoch einen Beitrag zum Erhalt der Innovationsfähigkeit und zur Beschäftigungssicherung leisten und dadurch die sozioökonomische Struktur der Region stabilisieren (Rehfeld 2005, S. 5).

Eine Cluster-Strategie ist für viele Branchen und Cluster denkbar. Es bleibt angesichts beschränkter Fördermittel zu prüfen, ob es nicht je nach Förderziel Branchen in der Region gibt, die anstelle der Landwirtschaft vorgezogen werden sollten. Dies könnte in Abhängigkeit von den Prioritäten einer Gesellschaft z.B. ein Wirtschaftsbereich sein, der eine höhere „Originärität und Originellität" (Sternberg/Kiese/Schätzl 2004, S. 178) besitzt. Möglich ist auch ein Wirtschaftsbereich, in dem die Region gegenüber anderen Regionen größere komparative oder absolute Vorteile hat. Auf Grund des

Umfangs und der Zielsetzung dieser Arbeit kann eine solche Prüfung für andere Wirtschaftszweige hier nicht geleistet werden.

Zu bedenken ist außerdem, dass auch ein erfolgreicher Cluster Lebenszyklen durchläuft und auch eine erfolgreiche Branche am Ende niedergehen kann. Zudem können Strukturen verkrusten, d. h. die Netzwerke bleiben zwar vorhanden, sie verlieren jedoch ihre innovative Lebendigkeit (Sternberg/Kiese/Schätzl 2004). Es ist daher abzuwägen, wie stark sich eine Region auf einen Wirtschaftsbereich konzentrieren sollte. So könnte z.B. eine Doppelstrategie zur Förderung zweier Cluster in einer Region sinnvoll sein. Der Fokus auf zu viele Cluster überfordert jedoch die Leistungsfähigkeit der Wirtschaftsförderung (Sternberg 2005, S. 133). Außerdem ist auf einen gesunden Mix der vorhandenen Akteure aus verschiedenen Bereichen zu achten. Ein solcher, an den regionalen Potenzialen orientierter Mix aus Akteuren[67] verringert nicht nur die Krisenanfälligkeit, sondern erhöht auch die Erfolgswahrscheinlichkeit.

Es wurde gezeigt, dass die Landwirtschaftscluster in den Untersuchungsräumen durchaus das Potenzial bieten, ihre Wettbewerbsfähigkeit weiter zu verbessern. Angesichts der dargestellten sozioökonomischen Bedeutung besitzen die Landwirtschaft und die mit ihr verflochtenen Wirtschaftsbereiche in den Untersuchungsgebieten eine gesellschaftliche Relevanz, die eine Förderung rechtfertigt. Dabei ist auf Grund der räumlichen Konzentration der materiellen Vernetzungen auf die Untersuchungsräume und die Region davon auszugehen, dass sich die potenziellen Multiplikatoreffekte einer Förderung der Landwirtschaft ebenfalls im Nahraum auswirken würden. Zudem kann die Förderung von Clustern in peripheren Regionen generell auch dazu beitragen, die Abwanderungsprozesse dort zu begrenzen und Verdichtungsprobleme in Agglomerationen einzudämmen.

Nach der Wahl des Clusters ist es sinnvoll, seine positiven und negativen Einflussfaktoren anhand der vorgestellten Ansätze zu analysieren. (Diese sollten, soweit möglich auch schon für die Auswahl des Clusters berücksichtigt werden). Dabei können anhand der vorgestellten theoretischen Ansätzen und Ergebnisse der empirischen Untersuchung folgende grobe Entwicklungsziele identifiziert werden, die je nach Betrieb und Rahmenbedingungen in ihrer Bedeutung variieren:

- Unterstützung der Akteure beim Aufbau von verschiedenen Vernetzungen (im Nahraum und darüber hinaus, mit verschiedenen Akteuren, auf Basis von Vertrauen und Gegenseitigkeit),
- Verbesserung des Wissens der Akteure über Vernetzungen,
- Verminderung der Abhängigkeitsbeziehungen ,

---

67 z.B. Betriebe, Forschungseinrichtungen, Politik, Kreditgewerbe

- Förderung des Wettbewerbs,
- Verbesserung der Finanzsituation (Schaffung finanzieller Möglichkeiten für private Beratung und Investitionen).

Diese Bereiche überschneiden sich zum Teil. Von ihnen ausgehend lassen sich verschiedene Instrumente auswählen, welche koordiniert und konzentriert angewandt, die Wettbewerbsfähigkeit des Clusters entscheidend verbessern können.

Im Gegensatz zu manchen derzeit bestehenden politischen Maßnahmen in der Agrarpolitik, aber auch in der sogenannten Clusterpolitik, beschränkt sich diese Arbeit bei der Wahl der Instrumente, wie auch von Porter (1991) vorgesehen, auf den Bereich der Faktorbedingungen als entscheidende Eingriffsmöglichkeit der Politik. Ausgehend von den beschriebenen Problemen des Lock-In, aber auch der Informationsdefizite der Entscheidungsträger besteht die Gefahr, dass andere Instrumente wie Subventionen und Regulierung des Wettbewerbs, keine langfristige positive Wirkung entfalten. Nach Ansicht verschiedener Experten tragen sie eher dazu bei, nicht mehr wettbewerbsfähige Betriebe künstlich am Leben zu erhalten (vgl. z.B. EG23; Porter 1991, S. 675ff; van der Linde 2005, S. 30; Sternberg/Kiese/Schätzl 2004, S. 171). Ein dynamisches und herausforderndes Umfeld für Unternehmen, das diese anspornt, ihre Vorteile aufzuwerten und zu erweitern, kann durch Subventionen und Regulierung kaum generiert werden.

Auf Basis der genannten Entwicklungsziele lassen sich nun aus dem breiten Repertoire an clusterpolitischen Instrumenten (z.B. Cooke/Morgan 1998, Porter 1991; van der Linde 2005; Sternberg/Kiese/Schätzl 2004) die geeigneten auswählen. Dabei konnten die folgenden Bereiche identifiziert werden, deren Auswahl und Wirkung nun erläutert wird: 1. Bildung und Ausbildung, 2. Weiterbildung und Beratung, 3. Clustermanagement, Förderung von Kooperation und intermediäre Aufgaben 4. Erweiterung der Märkte, 5. Verbesserung der Ordnungs- und Regulierungsinfrastruktur.

5.2 Bildung und Ausbildung

Eine Möglichkeit zur langfristigen Verbesserung der Kompetenz der Betriebsleitung und der Arbeitskräfte liegt im Bereich der Bildung und Ausbildung, also insbesondere bei den Schulen, Berufsschulen und Hochschulen. Dabei zeigten die Ergebnisse, dass die von Wießner (1999) beschriebenen schlechten Bildungsmöglichkeiten für die Landwirtschaft in Pyrzyce und Elbe-Elster nicht von größerer Tragweite zu sein scheinen, da die Mehrheit der Landwirte in beiden Untersuchungsräumen über einen hohen Ausbildungsstand verfügt. So besitzen 55% der befragten Landwirte Elbe-Elsters einen Hochschul-/Fachhochschulabschluss und weitere 40% eine abgeschlossene Berufsausbildung. In Pyrzyce haben 19% einen Hochschul-/Fachhochschulabschluss und 63% eine Berufsausbildung (e.E.).

Trotz des im Vergleich zu städtischen Regionen eher geringen öffentlichen Bildungsangebots und den größeren Entfernungen zu zentralen Ausbildungseinrichtungen ist also ein Großteil der Betriebsleiter zumindest formal gut qualifiziert. Dieses hohe Niveau gilt es zu halten und besonders in Pyrzyce zu verbessern[68], da in Zukunft immer komplexere Technologien und Organisationsformen in die Landwirtschaft Einzug erhalten werden (vgl. K. 3.2.5; 4.5). Zudem ist darauf zu achten, dass auch die Angestellten eine effiziente und moderne Ausbildung erhalten. Angesichts des starken Bevölkerungsrückgangs in Elbe-Elster und den anderen ländlichen Regionen Ostdeutschlands ist damit zu rechnen, dass sich das schulische Bildungsangebot in Zukunft auf Grund mangelnder Nachfrage verschlechtern wird. Eine Möglichkeit für den Erhalt eines breiten Bildungsangebotes liefert z.B. die „integrierte Anpassungsstrategie" des vom Leibniz-Institut für ökologische Raumentwicklung (IÖR) geleiteten Modellvorhabens „Zentrales Erzgebirge um Johanngeorgenstadt" (IÖR 2006). Ziel dieser Strategie ist der Erhalt dezentraler Schulstandorte in ländlichen Gebieten, um somit weiterhin eine gute Erreichbarkeit für Schüler zu gewährleisten. Kernpunkte sind:

1. Die Errichtung von Gemeinschaftsschulen: die Zusammenlegung von Grund- und Mittelschulen und die Integration bisher dezentraler Einrichtungen, wie Kinderhorte und Förderschulen
2. Kommunale Bildungskooperationen, in denen Schulstandorte in Absprache zusammengelegt und/oder verteilt werden.

In Pyrzyce bietet das INTERREG III A Programm durch die Maßnahmen zum Aufbau und Erhalt von Bildungsstätten einen Ansatz zur Verbesserung von Bildung und Ausbildung. Allerdings setzt INTERREG III A dabei derzeit seinen Schwerpunkt auf interkulturelle Begegnungen und Sprachkurse (Mecklenburg-Vorpommern 2005, S. 58f). Eine zusätzliche Zielsetzung auf eine generelle Anhebung des Bildungsniveaus und Verbesserung der Schulausbildung, insbesondere auf spezielle Berufsfelder wie in der Landwirtschaft, ausgerichtet an den aktuellen Entwicklungen (vgl. K. 3.2.3-3.2.5), kann eine sinnvolle Ergänzung darstellen, um langfristig die Arbeitskräfte in der Region aufzuwerten.

Auch Hochschulen, Fachhochschulen sowie Berufsschulen und Schulen können über die Bedeutung und den Nutzen von Netzwerken, Zusammenarbeit und sozialem Kapi-

---

[68] Dies gilt für Pyrzyce auch deshalb, weil die wichtigsten Ratgeber der Betriebsleiter dort Familienmitglieder (z.B. Vater oder Ehefrau) sind, die i.d.R. über ein maximal gleiches, oft jedoch eher niedrigeres Bildungsniveau verfügen.

tal informieren. Zudem können sie lehren, wie Betriebe und Akteure zusammenarbeiten und von einander lernen, wie sich Social Capital aufbauen lässt und welche Gefahren und Abhängigkeiten sich möglicherweise ergeben. Bei berufsvorbereitenden Lehreinrichtungen bietet es sich an, besonderen Wert auf die Aufklärung über Chancen und Risiken der Selbständigkeit zu legen. Insbesondere Bereiche, die früher nicht im Zentrum landwirtschaftlicher Tätigkeiten standen, wie der Umgang mit neuen Technologien oder das Werben von Geldgebern, gewinnen zunehmend an Bedeutung. Neue Arbeitstechniken, Arbeitsinhalte und neue Funktionen, z.B. in der Vermarktung bedürfen umfangreicher Bildung. Langfristig können so Betriebsleitungsgenerationen aufgebaut werden, bei denen Kooperationsbereitschaft, Problemverständnis und Vertrauen in noch stärkerem Maße gegenüber Misstrauen und falschem Verständnis der Zusammenhänge dominieren, als dies heute der Fall ist (vgl. EG22; EG24; EG25).

Investitionen in Bildung, Ausbildung, Forschung und Entwicklung sind grundsätzlich ein wichtiges Element der Clusterpolitik (Giuliani/Bell 2005, S. 65). Die Ergänzung der bestehenden Projekte und ihre Überprüfung sowie gegebenenfalls die Verbesserung einzelner Lehraufträge durch gemeinsam erworbenes neues Wissen und externe Inputs (z.B. durch Experten aus Wirtschaft und Wissenschaft) können so ein hohes Ausbildungsniveau im Cluster stützen und die Wettbewerbsfähigkeit fördern.

5.3 Weiterbildung und Beratung

Schul-, Hochschul- und Berufsausbildung gelten als wesentliche Bereiche einer langfristigen Clusterpolitik (Porter 1991, S. 645ff). Um jedoch die derzeitige Qualifikation der Betriebsleiter und Angestellten zu verbessern, bieten die Bereiche Weiterbildung und Beratung die Möglichkeit, wichtige Akzente zu setzen. Dabei hat sich in der Praxis gezeigt, dass sowohl private Organisationen als auch öffentliche Einrichtungen hier erfolgreich ein breites Angebot stellen können. Wichtige Bereiche solcher Beratung sind z.B. Steuerrecht, Buchführung, technische Hilfe und Start-Up-Unterstützung (Cooke/Morgan, S. 114f). Auch sollten Weiterbildungs- und Beratungsmaßnahmen versuchen, die in Tabelle 22 geschilderten positiven Eigenschaften von Betriebsleitern, wie zum Beispiel soziale Kompetenz und Problembewusstsein, zu fördern.

In Polen gibt es neben den Weiterbildungsangeboten der Abnehmer und Zulieferer im Wesentlichen nur die staatlichen Einrichtungen, wie das Landwirtschaftsamt, die Fortbildungsangebote stellen. Zwar verfügen diese über ein breites Angebot an Weiterbildungen und Beratungen, doch sind sie nicht immer auf dem neuesten Stand der agrarwirtschaftlichen Entwicklungen und auf Grund einer geringen Personaldecke oft überfordert (Prus 2005, S. 627; EU 2004, S. 3). Allerdings kann auch hier das INTERREG III A Programm Möglichkeiten aufzeigen. So stellt es bereits berufsbegleitende Qualifizierungsmaßnahmen für Mitarbeiter von Betrieben und Verwaltungen zur Verfügung. Ziel ist dabei insbesondere die Stärkung der grenzüberschreitenden Kooperationsfähigkeit und der Austausch von nationalem und regionalem Wissen (Mecklenburg-Vorpommern 2005, S. 51).

In Elbe-Elster existiert ein großes Angebot privater Dienstleister sowie zahlreicher Verbände und Kammern. Zudem gibt es auf Landesebene eine Vielzahl von Organisationen, wie den Landesverband für Weiterbildung im ländlichen Raum e.V. oder den Fachbeirat der Brandenburgischen Landwirtschaftsakademie, in dem Bildungsträger, berufsständische Verbände, Tarifpartner und Verwaltung im Bereich der beruflichen Weiterbildung zusammenarbeiten (MLUR 2002, S. 19). Insgesamt stellt Elbe-Elster hier durchaus ein Vorbild für die Landwirte und Entscheidungsträger in Pyrzyce dar. Denn während teure Berater auch derzeit von den meisten Landwirten Pyrzyces nicht zu bezahlen sind, können doch über relativ geringe Mitgliedsbeiträge Strukturen geschaffen werden, in denen sich Fort- und Weiterbildungen organisieren und Berater finanzieren lassen. Dies würde die Abhängigkeit von den Beratungsangeboten der Zulieferer und Abnehmer, die Eigeninteressen verfolgen, und den staatlichen Beratern, die oftmals überfordert sind, reduzieren. Allerdings sollten die Anbieter von Beratung und Weiterbildung immer wieder ihre Angebote überprüfen und auf den neuesten Stand bringen. So greifen in Elbe-Elster viele Betriebe mangels passender Angebote, wie z.B. Kurse zum Werben von Fördermitteln oder über Beratung zu alternativen Geschäftsfeldern, kaum auf öffentliche Dienstleister und Berater zurück (vgl. WSEE).

Die These von Bauer und Hummelsheim (1995, S. 67), dass in ländlichen Räumen generell ein geringes Weiterbildungsangebot herrscht, da die Entfernung zu zentralen Bildungseinrichtungen das Angebot von qualifizierten Arbeitskräften negativ beeinflusst, kann für die Landwirtschaft Elbe-Elsters auf Grund der dargestellten Untersuchungsergebnisse nicht bestätigt werden.

Allerdings sollten die Anbieter von Weiterbildungen darauf achten, (wie dies auch vielfach schon geschieht), dass die Bedeutung von Wissen und Netzwerken deutlich gemacht wird. Einen Schwerpunkt kann, wie bei Bildung und Ausbildung, die Förderung des Unternehmertums darstellen. Hierbei lassen sich erfolgreiche Initiativbetriebe aus der Region als Vorbild nehmen. Des Weiteren kann versucht werden, die bisher wenig involvierten Klein- und Nebenerwerbsbauern stärker zu integrieren. Dies kann z.B. über Printmedien, den Verband der Bauern im Nebenerwerb und spezielle Veranstaltungen für diese Gruppen erreicht werden. Auch können die Berater selbst regelmäßig durch Evaluierungen ihrer Arbeit und Weiterbildungen auf den neuesten Stand landwirtschaftlicher, betriebswirtschaftlicher und politischer Entwicklungen gebracht werden.

5.4 Erweiterung der Märkte

In Kapitel 4.3 wurde deutlich, dass sich eine große Zahl von landwirtschaftlichen Betrieben in ungünstigen Machtverhältnissen innerhalb der Kette befindet. Zudem zeigte Kapitel 3.2.4, dass die europäische Landwirtschaft bisher zumindest teilweise auf verschiedenartige staatliche Unterstützung angewiesen war, die ihrerseits in der Vergangenheit zu verschiedenen Problemen, wie dem beschriebenen politischen Lock-In, führte (Balmann 1994, S. 27; Bratsche 2002, S. 9). Dabei sollten die Landwirte gewarnt sein, dass der Abbau der Subventionen und insbesondere der Direktzahlungen weitergehen wird und subventionsgestützte Absatzmärkte damit wegbrechen werden (BMELV 2006). Die landwirtschaftlichen Betriebe sollten sich also rechtzeitig aus diesen Strukturen lösen und Alternativen suchen.

Das Aufbrechen der Subventionsstrukturen, aber auch das Verlassen festgefahrener Produktions- und Machtgefüge birgt nach Porter (1991) nicht allein für die landwirtschaftlichen Betriebe Vorteile. Während die landwirtschaftlichen Betriebe den Vorteil hätten, zwischen einer größeren Menge von Zulieferern und Abnehmern aussuchen zu können, könnten langfristig auch die Vernetzungspartner profitieren. So würde im Idealfall die Unabhängigkeit der landwirtschaftlichen Betriebe kurzfristig einen Qualitäts- und Preisdruck, etwa für die derzeit wenigen Zulieferer und Abnehmer in Pyrzyce, auslösen, der diese zwingen würde, sich anzupassen. Dies kann dazu führen, dass die Zulieferer und Abnehmer langfristig leistungsfähiger und wettbewerbsfähiger gegenüber externen Konkurrenten werden (Porter 1991, S. 96).

Ein Ansatz, die Machtverhältnisse zu verbessern, Abhängigkeiten zu senken und gleichzeitig moderne und innovative Inputs in die Regionen zu bekommen, stellt eine Erweiterung der Märkte der landwirtschaftlichen Betriebe dar. Sinnvoll erscheinen dabei sowohl eine räumliche Erweiterung auf regionale und weitere Märkte als auch eine verstärkte Betrachtung von Produkten außerhalb der landwirtschaftlichen Kernproduktion.

Räumliche Erweiterung der Märkte

In der allgemeinen wirtschaftsgeographischen Literatur (Schätzl 2000, S. 190f), aber auch in Cluster-Studien (Revilla-Diez/Brandt 2005, S. 71ff) werden die Gründung ausländischer oder außerregionaler Tochterunternehmen und der Erwerb von Beteiligungen an ausländischen Unternehmen als geeignete Maßnahmen eines Unternehmens angesehen, um sich Zugang zu regionalen und globalen Märkten zu beschaffen. Allerdings betonen Revilla-Diez und Brandt (2005, S. 71ff), dass für kleine mittelständische Unternehmen diese Strategien i.d.R. nicht durchführbar sind. Vielmehr können diese Unternehmen versuchen, Kooperationen z.B. mit Händlern außerhalb der Region und im Ausland aufzubauen, um sich so aus für sie negativ wirkenden Vernetzungen zu lösen. Förderungsmöglichkeiten der räumlichen Erweiterung der Märkte bestehen dabei z.B. in der Bereitstellung von Marktanalysen, (Auslands-) messebeteiligungen, Informationen über länderspezifische Regelungen und Vorschriften sowie Hilfe beim Aufbau von Vertriebswegen und bei der Suche nach Kooperationspartnern im In- und Ausland.

In Elbe-Elster beschäftigt sich das Leader+ -Projekt mit der räumlichen Erweiterung der Absatz- und Bezugsmöglichkeiten und setzt dabei insbesondere auf eine Erleichterung des Marktzugangs für Kleinbetriebe (Schraden e.V. 2006). Dabei konnte das Projekt die „AGREDA", eine Agrar-, Erzeuger- und Verbrauchermesse, initiieren, die seit 1995 im Landkreis stattfindet. Allerdings gelang es bislang noch nicht, die AGREDA als überregionales Forum zum Aufbau von Kontakten etablieren. So stammt der Großteil der Besucher aus dem Landkreis, während die restlichen meist aus den benachbarten Landkreisen anreisen. Dagegen scheint die Beteiligung des Landkreises Elbe-Elster auf der Grünen Woche in Berlin vielversprechender. Hier ist der „Wirtschaftsraum Schraden" in den letzten Jahren mit einem Stand und einem eigenen Label vertreten gewesen. Die Schaffung einer solchen Label- und Marketingstrategie kann auch dabei helfen, dass sich Betriebe zusammenschließen, Produkte aufgewertet werden und sich folglich auch die Position der Cluster-Betriebe innerhalb der Warenkette verbessert.

Insgesamt beschränken sich auch die Aktivitäten des Wirtschaftsraums Schraden derzeit oft auf die Bereiche Marketing und Öffentlichkeitsarbeit, wie die „Entwicklung eines Herkunftszeichens regionaler Produkte" (Schraden e.V. 2006). Dass gezielte Werbekampagnen den Umsatz der landwirtschaftlichen Erzeuger erheblich positiv beeinflussen, ließ sich dabei in Elbe-Elster im Rahmen des EU-geförderten „ADAPT"-Projektes nachweisen (Hentschel 1999, S. 5). Der Verein könnte außerdem versuchen, die bisher durchgeführten Maßnahmen, etwa durch die oben genannten Förderungsmöglichkeiten der räumlichen Erweiterung der Märkte, zu ergänzen.

Derartige Strukturen, wie den Wirtschaftsraum Schraden, besitzt Pyrzyce bisher noch nicht. Hier hängt die Vermarktung regionaler Produkte meist von der privaten Initiative einzelner Akteure, wie etwa einer Dorfvorsteherin, die mit Folkloregruppen und –festen auf die Region und ihre Produkte aufmerksam macht (vgl. LWPY1), ab. Dies muss jedoch nicht so sein, da Pyrzyce, wie beschrieben, innerhalb der Region eines INTERREG-Regionalprogramms liegt, welches in verschiedenen angesprochenen Bereichen (z.B. Unternehmenskooperationen, internationale Messe-Besuche, Öffentlichkeitsarbeit) Förderungen vornimmt.

Des Weiteren gibt es in Pyrzyce die beschriebenen Probleme der Mobilität. Zwar lassen sich grundsätzliche Probleme, wie das Fehlen privater Transportfahrzeuge, kurzfristig nicht beheben, aber auch hier bemüht sich das INTERREG-Programm, durch den Ausbau der Verkehrsinfrastruktur zumindest Verbesserungen zu erzielen (Mecklenburg-Vorpommern 2005). Insgesamt muss jedoch festgestellt werden, dass die vielen, gerade auch im Rahmen einer Cluster-Strategie sehr sinnvollen Maßnahmen des INTERREG-Programms für die kleinen Landwirte auf der lokalen Ebene von Pyrzyce i.d.R. kaum erkennbare Auswirkungen hatten und das Programm bei den Interviewpartnern fast immer unbekannt war. Eine Verbesserung der Kommunikation und der Zusammenarbeit ist sowohl von den lokalen Akteuren wie z.B. dem Landwirtschaftsamt und der Powiat-Verwaltung als auch von den Leitungsebenen des INTERREG-Programms von Nöten.

Erweiterung der Märkte durch Ausweitung des Produktsortiments

Eine Alternative zur Konzentration eines Clusters auf einen Produktionszweig ist eine Mischung aus verwandten Bereichen. Nach Sternberg (2005) ist zum einen die Ähnlichkeit der Unternehmen Voraussetzung, um in einem Cluster die notwendige „Spezifität“ zu erreichen. Zum anderen ist aber auch eine gewisse Heterogenität notwendig, um Lock-Ins zu vermeiden und Lerneffekte zu generieren. Neben der räumlichen Markterweiterung stellt daher die Erweiterung der Produktlinien (Diversifikation) eine mögliche Strategie dar, um sich aus ungünstigen Machtverhältnissen und Abhängigkeiten zu befreien. Dies kann sowohl für den einzelnen landwirtschaftlichen Betrieb gelten, der sich so nicht von einem Produkt und dessen Markt abhängig macht. Es trifft aber auch für den Cluster und die Region zu, deren Wirtschaft und Arbeitsplätze dann nicht zu stark von einer Branche abhängig sind (Schäkel 1996, S. 33f; Sternberg 2005). In Elbe-Elster und Pyrzyce werden üblicherweise traditionelle landwirtschaftliche Produkte (Henkel 2004), wie z.B. Getreide, Milch und Schweinefleisch produziert. Daneben wird auch der erneuerbare Energieträger Raps angebaut. Einige wenige Nischenanbieter haben sich auf Bereiche wie Fischzucht oder Pilzanbau konzentriert (vgl. K. 3.3.4). Insgesamt besteht eine Konzentration auf Nahrungsmittel bzw. deren Ausgangsprodukte.

Um dieses zu ändern, lassen sich verschiedene Betriebstypen und Produktionsbereiche fördern. Besonders förderungswürdig sind dabei solche Unternehmen, die den in Kapitel 5.1 erwähnten „Touch des Originären und Originellen“ (Sternberg 2005, S. 132) besitzen. Dies ist wichtig, da das Cluster-Konzept mittlerweile in der EU weit verbreitet ist und auf Dauer nur Regionen gefördert werden, die sich durch besondere Förderwürdigkeit von anderen abgrenzen (vgl. K. 3.2.4).

In Elbe-Elster sehen die Landwirte besonders den Ausbau des Bereichs erneuerbare Energien – und zwar konkret Raps und Biogas – als sinnvoll an (vgl. WSEE). Diese bieten den Vorteil, dass sie z.B. im Gegensatz zur Windkraft in die Kerntätigkeit der

Landwirte passen und daher eher adaptiert und als Alternative angesehen werden. Dabei eignen sich auch die im Durchschnitt großen Betriebsstrukturen gut für eine solche Produktion, da sich hier Skalenerträge verwirklichen lassen. Angesichts der steigenden Öl- und Gaspreise, der politischen Abwendung von der deutschen Kohle und dem stärker werdenden Ruf nach autonomen nationalen Energiequellen ist davon auszugehen, dass der Markt für erneuerbare Energien auch in Zukunft wachsen wird (Bundesregierung 2005, S. 9). 2004 wurden in Deutschland auf rund 9% der landwirtschaftlichen Nutzfläche nachwachsende Rohstoffe angebaut. Im Landkreis Elbe-Elster lag der Anteil unter 1%. Dies weist auf ein erhebliches Nachholpotenzial hin (WFG 2006).

Im Bereich der erneuerbaren Energien bietet sich Betrieben, die über die notwendigen Ressourcen verfügen, zudem die Chance, weitere Stufen der Wertschöpfungskette zu integrieren (vertikale Integration; vgl. Schäkel 1996, S. 34), indem sie z.B. Biogasanlagen errichten und somit auch Verarbeitung übernehmen. Abhängigkeitsverhältnisse zu nachgelagerten Wirtschaftsakteuren lassen sich so verhindern. Die Fördermaßnahmen der Bundesregierung in den Bereichen

- Forschung, Entwicklung und Demonstrationsprojekte,
- erneuerbare Energien,
- Förderung der Markteinführung und der daraus resultierenden Produkte,
- Verbesserung ordnungspolitischer Rahmenbedingungen,
- Information und Öffentlichkeitsarbeit (Bundesregierung 2005, S. 9)

lassen sich dabei sinnvoll in eine cluster-orientierte regionale Wirtschaftspolitik integrieren.

In Pyrzyce sind die landwirtschaftlichen Betriebe meist deutlich kleiner als in Elbe-Elster, so dass sich etwa der Anbau von Raps für die meisten Betriebe nicht lohnt. Dafür verfügt das Powiat auf Grund seiner relativen Nähe zu Stettin und im Vergleich zu den meisten anderen polnischen Regionen und auch zu Deutschland (insbesondere Berlin) über einen Standortvorteil (vgl. EG17). Dieser kann genutzt werden, um qualitativ hochwertige landwirtschaftliche Produkte (z.B. Bio-Produkte) – welche gerade in den Ballungszentren immer populärer werden – dort z.B. im Rahmen gemeinsamer regionaler Vermarktung zu verkaufen. Ein möglicher Ansatz ist z.B. die direkte regelmäßige Belieferung von Konsumenten mit den Produkten der Saison in so genannten „Abo-Kisten" oder die Einrichtung von Hofläden (Hentschel 1999, S. 4). Dabei kommt den Landwirten in Pyrzyce der im Vergleich zu Deutschland bisher geringe Einsatz chemischer Zusätze bei der Produktion zugute, durch den Boden und Produkte relativ unbelastet sind (vgl. LWPY11; Drelichowski/Drelichowski, 2005, S. 157; CEJA 2006). Angesichts des wachsenden Gesundheitsbewusstseins (u.a. ausgelöst durch verschiedene Fleischskandale) ist auch hier mit einem Wachstum des Marktes zu rechnen. Die Akteure Pyrzyces können in diesem Bereich versuchen, regionale Qualitäts-Labels zu kreieren, zu etablieren und durch internationales Marketing (vor allem in Deutschland) zu ergänzen und sich zu Erzeuger- und/oder Liefergemeinschaften zusammenzuschließen. Auch die Eröffnung eines wöchentlichen Erzeugermarktes führte in Elbe-Elster bereits zu einer regen Nachfrage und trägt zur Einkommenssicherung bei (Hentschel 1999, S. 6).

Eine weitere Erweiterung der Märkte stellt die Verknüpfung der Landwirtschaft mit komplementären Bereichen dar. Dabei bieten multifunktionale Aktivitäten, und die Bereitstellung von non-commodities (nicht-warenbezogene Leistungen; vgl. OECD 2001, S. 13), eine Chance, das landwirtschaftliche Einkommen zu stabilisieren und sich aus festen Warenkettenstrukturen zu lösen[69]. Diese schließen je nach Definitionsabgrenzung auch die Bereiche Direktvermarktung und erneuerbare Energien mit ein (z.B. Bundesregierung 2005; Meert et al. 2005). Hierzu zählen aber auch komplementäre Wirtschaftsbereiche (vgl. K. 2.3.2), wie Urlaub auf dem Bauernhof (Henkel 2004, S. 39f). Dabei lassen sich gezielt die Bereiche fördern, in denen die Region komparative und absolute Vorteile gegenüber anderen Regionen besitzt. Im kalifornischen Wein-Cluster (vgl. Abb. 7) traf dies im Bereich der besonderen Qualitäts- und Markenweine zu, deren guter Ruf die Region international bekannt machte. Auch das angenehme Klima und die weiteren Urlaubsattraktionen der Umgebung begünstigen Tourismus. So war es möglich, den Wein-Cluster mit Tourismus-Clustern zu verknüpfen. In Elbe-Elster und Pyrzyce liegen nach Aussagen von Experten und Landwirten andere Stärken und Schwächen vor (vgl. WSEE; WSPY; DPST). Beide Regionen verfügen nicht über besondere naturräumliche Begebenheiten oder einen besonderen Bekanntheitsgrad. Im Gegenteil erschwert die Nähe der Ballungsräume Stettins und Berlins zur touristisch attraktiven Ostsee zusätzlich, dass die Wahl eines dort Ansässigen auf Pyrzyce oder Elbe-Elster als Urlaubs- oder Erholungsort fällt (vgl. WSEE). Die ungünstigen Verkehrsanbindungen (schlechte Autobahnverbindungen) reduzieren das touristische Standortpotenzial zusätzlich. Für die Naherholung und den Direktverkauf von Produkten an die ansässige Bevölkerung und in der Umgebung ist der Markt auf Grund der dünnen Besiedlung in beiden Regionen begrenzt. Trotzdem unterscheiden sich die Potenziale für Agrotourismus in den Regionen.

Die Möglichkeiten für Agrotourismus in Elbe-Elster sind schon weitgehend ausgeschöpft. Dabei gaben die Landwirte Elbe-Elsters an, dass solche Aktivitäten nur in Ni-

---

[69] Die Multifunktionalität landwirtschaftlicher Betriebe ist dabei ein umfangreiches Thema, dass im Teilprojekt 3 der DFG-Forschergruppe Strukturwandel und Transformation behandelt wurde (vgl. DFG-Forschergruppe 497 2006. Weiterführende Betrachtungen finden sich z.B. in OECD 2001 und Wiggering et al. 2003).

schen zu betreiben sind und für die deutliche Mehrheit der Betriebe in der Region auch in Zukunft nicht an Bedeutung gewinnen werden (vgl. WSEE).

Etwas anders verhält es sich hingegen in Polen. Hier erlebt der Agrotourismus seit Ende der 90er Jahre einen Boom. Die Wachstumsbranche „Urlaub auf dem Land“ wird z.B. durch preiswerte Reitschulen begünstigt. Viele Reittouristen kommen auch aus Deutschland. Dabei verfügt Pyrzyce auf Grund seiner Nähe zu Deutschland und seiner langen Tradition der Pferdezucht gegenüber anderen polnischen Regionen über einen Standortvorteil, weil auch Wochenendausflüge aus Deutschland möglich sind. Gegenüber deutschen Reitschulen, aber auch gegenüber dem Agrotourismus in Deutschland insgesamt, besitzt Pyrzyce deutliche Preisvorteile. Deutschland als großer Markt könnte folglich die Landwirtschaft in Pyrzyce unterstützen und dort neue Arbeitsplätze schaffen (vgl. EG17). Auch das INTERREG-Programm fördert den Tourismus in Pyrzyce in diesem Bereich u.a. durch einen Ausbau von Wander-, Reit- und Radwegen. Die beschriebene Produktion von Bio-Produkten und ihre Vermarktung über regionale Labels lassen sich dabei gut mit einem Ausbau des Agrotourismus verbinden. So kaufen Touristen auch nach dem Urlaub i.d.R. besonders gern Produkte aus ihrer Urlaubsregion. Umgekehrt stellt der Verkauf von Bioprodukten in städtischen Regionen eine „unbezahlbare Werbung für die Region als Urlaubsregion mit intakter Natur“ (EG23) dar.

Die Entwicklung des Agrotourismus stellt also eine weitere Möglichkeit zur Diversifikation dar, indem nicht nur alternative landwirtschaftliche Wirtschaftsbereiche erschlossen werden, sondern auch Kundengruppen von außerhalb der Region angesprochen werden können. Den in Abb. 34 dargestellten ungünstigen Machtbeziehungen kann so ein Stück weit begegnet werden.

Insgesamt sollte die landwirtschaftliche Produktion in beiden Regionen nicht zu sehr zugunsten einer derzeit populären Tourismus- oder Erholungsstrategie vernachlässigt werden, da das Potenzial begrenzt ist (vgl. WSEE; WSPY). Die vorgestellten Nischenbereiche stellen jedoch eine Ergänzung zur dominierenden klassischen Produktion dar. Hierbei kann der im Cluster stattfindende Wissensaustausch noch gezielter genutzt werden, um die Qualität alternativer Produkte und deren Wettbewerbsfähigkeit zu steigern. Zusammen mit besonderen gemeinsamen Vermarktungsstrategien (z.B. gemeinsamer Direktverkauf oder der Aufbau bekannter räumlicher Markennamen) kann auch ein größerer Grad an Unabhängigkeit von den existierenden Warenketten und ihren „Drivern“ erzielt werden (Dannenberg/Kulke 2005, S. 4). Schließlich ist zu prüfen, inwiefern die landwirtschaftlichen Betriebe neben diesen Bereichen weitere alternative Produkte erstellen und alternative Vertriebswege nutzen können (Tomczak et al. 1999). Organisationen und öffentliche Einrichtungen können hier z.B. durch Informationen, Weiterbildungen und Clustermanagement diesen Prozess unterstützen.

5.5 Verbesserung der Ordnungs- und Regulierungsinfrastruktur

Neben den bisher vorgestellten Maßnahmen kann auch die Modifizierung der Ordnungs- und Regulierungsbestimmungen dazu beitragen, die Wettbewerbsfähigkeit der Betriebe zu verbessern. Ein Mittel dazu sind die aktuellen Reformen der GAP und ihrer Subventionspolitik (vgl. K. 3.2.4). Ziel ist dabei nicht die Abschaffung aller Subventionen, die neben den beschriebenen Lock-In-Gefahren auch sehr wichtige Funktionen in der Abfederung der von Wießner beschriebenen Strukturprobleme besitzen (vgl. K. 2.3.2; Balmann 1994, S. 27). Vielmehr geht es darum, Pfadabhängigkeiten und Lock-In-Gefahren zu reduzieren. Einige wichtige Reformen, wie die schrittweise Entkopplung der Zahlungen von der Erzeugung spezifischer Produkte (z.B. tierbezogene Direktzahlungen), sind bereits in Kraft getreten (Bundesregierung 2005, S. 66). Sie können dazu beitragen, Pfadabhängigkeiten zu lockern und alternative Produktionsbereiche ohne direkte finanzielle Förderung relativ attraktiver zu machen.

Gerade im Bereich alternativer Geschäftsbereiche können durch Verbesserung der Ordnungs- und Regulierungsinfrastruktur Anreize geschaffen werden, ohne dass direkte und leicht zu Abhängigkeiten führende Förderungen notwendig sind. Für innovative landwirtschaftliche Betriebe, etwa in Elbe-Elster, ist es z.B. schwierig, neue Wege der Produktion einzuschlagen oder neue Geschäftsfelder zu eröffnen, da sie umfangreichen Ordnungs- und Regulierungsbestimmungen (z.B. Wasserregulierung, Hygiene und Gesundheit) gegenüberstehen. So ist die Direktvermarktung landwirtschaftlicher Produkte oder die eigene Weiterverarbeitung meist nicht rentabel, da es zur Verarbeitung von Lebensmitteln spezieller Einrichtungen und Küchen bedarf, die für kleinere Unternehmen oft unerschwingliche Startinvestitionen erfordern. Hinzu kommen verschiedene laufende Kosten. Des Weiteren müssen für die Errichtung eines Ferienhofes zum Beispiel umfangreiche Bauauflagen, Genehmigungsverfahren, Hygienekontrollen, Brandkontrollen beachtet werden (vgl. LWEE6). Die Landwirte Elbe-Elsters beklagen dabei nicht die Aufstellung von Verordnungen an sich. Problematisch ist für sie vielmehr, dass die Akteure, die in staatlichen und halbstaatlichen Einrichtungen die notwendigen Prüfungen, Zulassungen, Genehmigungen oder Bewertungsverfahren durchführen, nicht genügende Kenntnisse über die spezifischen Abläufe besitzen und dabei oft an der Wirklichkeit vorbei entscheiden (Dannenberg/Schleyer/Wüstemann 2005). Hier könnten spezifische Foren zur Kommunikation (z.B. Arbeitsgruppen und Workshops) der Cluster-Akteure aus Wirtschaft und öffentlichen Einrichtungen geschaffen werden, um die bürokratischen Abläufe flexibler und bedarfsgerechter zu gestalten (Cernavin 2005, S. 42).

In Pyrzyce bestehen in vielen Bereichen der öffentlichen Einrichtungen noch die Personalstrukturen aus Sozialismuszeiten. Dadurch sind nach Ansicht von Experten verschiedene Positionen mit Personal besetzt, dass nicht die passende Ausbildung[70] und Einstellung[71] besitzt (vgl. EG4; EG20; LWPY9). Dieses schildert ein Landwirt aus der Umgebung Pyrzyces wie folgt:

„Das Hauptproblem der Landwirte, ob in Pyrzyce oder in ganz Zachodniopomorskie ist die Korruption alter Sozialisten in den Gesellschaften, die das ehemalige Staats-Land verkaufen. Die verkaufen lieber an Leute, von denen sie bestochen werden. Auch in der Verwaltung sind einige von früher, die sind dann schlecht ausgebildet, unmotiviert und man kann mit ihnen kaum zusammenarbeiten" (EG20).

Diese Strukturen sind für die Entwicklung der Landwirtschaft und die Region Pyrzyce insgesamt hinderlich. Insbesondere für die Übernahme von Clustermanagement- und intermediären Funktionen erscheinen daher eine Weiterbildung und – zumindest in Fällen von Korruption – auch eine Auswechslung bestehenden Personals sinnvoll.

Die Förderung und Ausbildung kompetenter und motivierter Entscheidungsträger in den Institutionen stellt somit einen Ansatz zur Verbesserung der Ordnungs- und Regulierungsbestimmungen dar. Neben zielgerichteten und modernen Auswahlkriterien bei der Einstellung können auch zielgerichtete Weiterbildungsmaßnahmen hier von großer Bedeutung sein. Erfahrungen aus Italien (Cooke/Morgan 1998) zeigen, dass insbesondere Personen, die eine persönliche und soziale Bindung zu der Region haben, oft besonders motiviert sind. Auf der anderen Seite dürfen die Entscheidungsträger nicht zu sehr eingebunden sein, da die Gefahr von Klüngel und Vetternwirtschaft besteht (Cooke/Morgan 1998, S. 110f). Den richtigen Mittelweg zu finden, ist also schwierig.

5.6 Clustermanagement, Förderung von Kooperation und intermediäre Aufgaben

Eine cluster-orientierte Wirtschaftspolitik kann also auf unterschiedlichen Politikfeldern und mit verschiedenen Ansatzpunkten betrieben werden. Es besteht zudem die Möglichkeit, sie mit verschiedenen anderen Politiken über die Region hinaus zu verzahnen und dennoch regional zu fokussieren. Um auf regionaler Ebene die verschiedenen politischen Ansatzpunkte und Instrumentarien einzusetzen und zu koordinieren, wird in der Literatur häufig ein professionelles Clustermanagement (vgl. Tab. 4) empfohlen, das zumindest partielle politische und finanzielle Autonomie gegenüber über-

---

[70] z.B. für die Bearbeitung von EU-Förderanträgen

[71] Gerade im Bereich der Privatisierung und Vergabe von ehemaligen Staatsgütern kommt es immer wieder zu Korruptionsfällen.

geordneten Ebenen besitzt (Rehfeld 2005, S. 4; Koschatzky 2001, S. 376). Ein solches Clustermanagement kann die Klammer zwischen den weiteren Instrumenten auf den verschiedenen Ebenen (lokal bis EU) bilden, diese koordinieren und dabei selbst zentrale Aufgaben der Clusterpolitik übernehmen.

Der Aufbau, die Leitung und die Organisation der derzeit existierenden regionalen Clustermanagement-Strukturen unterscheiden sich in Deutschland und Europa erheblich. Allerdings gibt es einige Grundprinzipien, die sich neben der erwähnten partiellen Autonomie empirisch bewährt haben. So verläuft ein Clustermanagement meistens dort erfolgreich, wo die betroffenen Unternehmen an der Finanzierung beteiligt werden, da diese Beteiligung die Wertschätzung der Unternehmen für das Clustermanagement erhöht und sie enger einbindet. Sie kann zum Beispiel zu Beginn durch kleinere Summen erfolgen und langfristig wachsen. Angesichts der strategischen Ziele, bietet es sich an, die Umsetzungsorganisation langfristig (über Legislaturperioden hinaus) anzulegen. Dabei hat sich die Führung durch eine regional anerkannte Persönlichkeit oder Institution in permanenter Kommunikation und unter Abstimmung der Ansätze mit den anderen regionalen Akteuren (z.B. Kammern, Verbände und Betriebe) meist als förderlich herausgestellt. Des Weiteren ist sicherzustellen, dass konkrete Geschäftspläne entwickelt werden, die gewährleisten, dass nur die förderungswürdigen Cluster-Strukturen Unterstützung erhalten. Dies erfordert auch eine realistische Einschätzung der Position des Clusters und der kommenden Veränderungen innerhalb der Wertschöpfungskette und davon ausgehend eine realistische zeitlich und räumlich operationalisierte Zielsetzung, die durch regelmäßige Erfolgskontrollen überprüft wird (Cooke/Morgan 1998, S. 155ff; Rehfeld 2005, S. 6f).

Die konkreten Aufgaben eines solchen regionalen bzw. lokalen Clustermanagement sind dabei vielschichtig. Eine der wichtigsten ist neben der Abstimmung der Akteure i.d.R. der Technologietransfer. So haben viele Regionen und Institutionen in Deutschland heute Transferstellen, -center und ähnliche Einrichtungen (zum Teil unterschiedlich definiert) eingerichtet, die bei der Vermittlung z.B. zwischen Betrieben und Forschungseinrichtungen helfen. Für die landwirtschaftlichen Betriebe in den Regionen ist eigene Forschung und Entwicklung bis auf wenige Ausnahmen auf Grund ihrer personellen und materiellen Ressourcen nicht möglich. Um dennoch Zugriff auf relevantes Wissen[72] zu bekommen, ist daher neben den beschriebenen Bildungsbereichen Wissenstransfer mit öffentlichen Forschungseinrichtungen oder auch privaten Akteuren besonders wichtig (Porter 1991, S. 645ff). Dies beschreibt ein polnischer Landwirt wie folgt:

---

72 zum Beispiel über neue Technologien und Arbeitsorganisation

„Technologie Transfer gab es in Zachodniopomorskie nicht ausreichend. Dies (...) ist immer noch ein Problem (...) insbesondere für den Transfer hoch spezialisierter Produktionstechnologien. Überhaupt (...) ist insbesondere betriebswirtschaftliches Wissen während der Zeit der Transformation in Polen von existenzieller Bedeutung. Während viele andere Familienbetriebe in der Region in den 1990er Jahren schließen mussten, konnte sich unser Betrieb enorm vergrößern, da man mit Augenmaß und Mut zum Risiko, aber auch mit einer Menge Sachverstand wichtige und richtige Entscheidungen traf. Dies war wohl nur möglich, da bei uns mit dem Vater (Betriebswirtschaft) und dem Sohn (Agrarwirtschaft) gleich zwei Entscheidungsträger des Betriebes eine relevante Hochschulausbildung genossen hatten“ (EG29).

Transferstellen und -einrichtungen können Wissen verbreiten, indem sie als Vermittler zu anderen öffentlichen Stellen oder als Anlaufstelle beim Aufbau zu Business-to-business-Kontakten eingesetzt werden. Zudem können solche Stellen als Ansprechpartner für Dritte (insbesondere von außerhalb der Region) dienen, die Kontakt suchen. Ein wirksames Clustermanagement kann entscheidend zum Aufbau solcher Strukturen bzw. bei der Koordinierung und Nutzbarmachung existierender Strukturen für die Bedürfnisse des regionalen Clusters beitragen. Zudem kann es Kontaktbörsen, Messen, Foren, Veranstaltungen oder Treffpunkte sowie weitere spezielle Kommunikationssysteme, bei denen Wissen ausgetauscht wird, aufbauen, leiten und pflegen (Cooke/Morgan 1998, S. 109ff). Wichtig ist dabei, dass dies in Absprache mit den Cluster-Akteuren und auf deren Bedürfnisse zugeschnitten geschieht. Die Aktivitäten eines Clustermanagements können bei entsprechender Ressourcenausstattung und unter Gewährleistung der oben genannten Grundprinzipien sehr umfangreich und vielfältig sein. So konzentrierte sich z.B. die „Welsh Development Agency“ in Wales (Großbritannien) seit den 1970er Jahren lange Jahre erfolgreich auf die folgenden Schwerpunkte (Cooke/Morgan 1998, S. 160):

- Entwicklung gemeinsamer regionaler Marken
- Aufbau von „organisierter Nachbarschaftshilfe“ der Betriebe
- Aufbau von Datenbanken verschiedener Anbieter und Nachfrager von Produkten und Dienstleistungen im Wertschöpfungsprozess (Allokationshilfe)
- Organisation und Aufbau von Langzeitzusammenarbeit in der Wertschöpfungskette
- Anlaufstelle für rechtliche Problembereiche und Fördermitteleinsatz (One-Stop-Shop)
- Aufbau von Material-Management-Netzwerken
- Vermittlung von Kontakten zu nationalen und internationalen Forschungseinrichtungen und privaten Unternehmen

Gerade als ein Vermittler von Kontakten ist die Reputation und die Überparteilichkeit des Clustermanagements sehr wichtig, um als „ehrlicher Makler“ auftreten zu können. Eine solche Funktion kann daher nur schwer von rein privaten Organisationen besetzt werden.

In Deutschland fanden in den letzten Jahren verschiedene dieser Aspekte Einzug in die Regionalpolitik. Dabei werden unter dem Begriff Regionalmanagement verschiedene Planungsbereiche zusammengefasst, die konkrete Projekte (z.B. im Bereich der Wirtschaftsförderung) zur Umsetzung bringen sollen. Dieses sind Bereiche wie strategische Planung, Moderation, Projektmanagement, Kosten- und Finanzplanung sowie Organisationsentwicklung. Die strategische Planung setzt sich dabei aus Stärken-Schwächen-Chancen-Risiken-Analysen, Prozessen zur Leitbildentwicklung, Handlungsstrategien und Projekten zusammen (Bergmann 2005, S. 149). Ziel ist es, neben den endogenen Potenzialen auch verstärkt Impulse von außerhalb der Region in die Planung mit einzubeziehen. Die Funktion des Regionalmanagements wird dabei in der Rolle eines „Spielmachers“ gesehen, der Kooperationsprozesse moderiert und zur Umsetzung bringt, die regionalen Akteure für Ziele, Strategien und Projekte aktiviert, zwischen den Akteuren und ihren Interessen vermittelt und in der Lage ist, die Handlungsebenen zu überschauen und nutzbar zu machen (Knieling 2004, S. 25f).

Die Errichtung einer speziell auf den landwirtschaftlichen Cluster ausgerichteten Clustermanagement-Organisation ist sehr aufwendig und es ist fraglich, ob sich eine solche Investition rechnen würde. Allerdings sind besonders in Elbe-Elster, aber auch in Pyrzyce schon verschiedene Strukturen (Leader+, INTERREG III A, Landwirtschaftsämter, Verbände, Kammern und weitere) vorhanden, die sich vernetzen lassen könnten, um Clustermanagementfunktionen koordiniert durchzuführen. So kann zum Beispiel zunächst eine Arbeitsgruppe eingeführt werden, die prüft, ob und inwiefern eine Notwendigkeit und die Bereitschaft der Akteure für die Arbeit an einer Clusterpolitik gegeben sind. Letzteres ist durchaus nicht selbstverständlich. Ohne die Bereitschaft der Akteure für ein solches Projekt, welches über Jahre hinaus kontinuierlichen Einsatz ohne sichere, kurzfristig messbare Ergebnisse erfordert, ist die Errichtung von Clustermanagement-Strukturen jedoch nicht möglich. Ist sie aber gegeben, können gemeinschaftliche Treffen organisiert, mögliche Felder der Zusammenarbeit erarbeitet und Kompetenzen geklärt werden. Zwar ist mit einer größeren finanziellen Teilnahme in beiden Regionen nach Aussagen vieler Landwirte nicht zu rechnen, trotzdem kann versucht werden, besonders die erfolgreichen Initiativbetriebe einzubinden.

In Elbe-Elster stellt die Zusammenführung der einzelnen Förder- und Politikakteure eine große Herausforderung dar. So gibt es im Landkreis neben dem Landwirtschaftsamt, dem Leader+ Programm, den zwei regionalen Kreisbauernverbänden und einzelnen Fachverbänden eine Vielzahl anderer landwirtschaftlicher und nicht landwirtschaftlicher Akteure, die oben genannte Maßnahmen initiieren. Clustermanagement-Strukturen könnten diese Maßnahmen effizienter aufeinander abstimmen.

Zudem sind die gepflegten Netzwerke der einzelnen landwirtschaftlichen Betriebe, häufig auf Grund ihrer beschränkten Reichweite, homogen. Dies gilt besonders für Pyrzyce, wo sich der größte Teil des Austauschs meist zwischen den Bewohnern eines Dorfes abspielt. Hier könnten intermediäre Institutionen versuchen, unterschiedliche Netzwerker zusammenzubringen und somit Schnittstellen des Wissens zu erzeugen, an denen dann Spill-over-Effekte (Cernavin/Führ 2005) entstehen können.

In Pyrzyce sind Kommunikationskultur und Formen der Zusammenarbeit erst schwach ausgeprägt, so dass hier wichtige Strukturen (inklusive einer funktionierenden Verbandsstruktur) fehlen. In Kapitel 4.2.2 konnte dargelegt werden, dass diese Strukturen jedoch wesentlich dazu beitragen können, die Wettbewerbsfähigkeit der eingebundenen Betriebe zu verbessern. Dies gilt insbesondere für den Aufbau von Verbänden, die z.B. durch die Vermittlung von Fachkenntnissen wichtige Hilfestellungen geben können. Regionale Kooperation bietet sich auch bei der gemeinsamen Nutzung von Landmaschinen, Scheunen und Lagerhallen, Kühlvorrichtungen oder Verarbeitungseinrichtungen an, die für einzelne Kleinbauern oft zu kapitalaufwendig und unrentabel sind (vgl. EG19; EG12; Bojar 2005, S. 49). Auch bei der Kultivierung und Pflege der Nutzflächen ist ein gemeinsames und organisiertes Auftreten wichtig, welches in Pyrzyce in manchen Bereichen über Jahre hinaus versäumt wurde:

„14 Jahre lang haben die Bauern kein Interesse gezeigt, einen neuen Wasserverband entstehen zu lassen. Erstmals im Jahr 2004 wurde ein neuer Wasserverband von uns gegründet. Mittlerweile könnten die Gräben nur unter großen Aufwand erneuert werden“ (WSPY).

Neben der Errichtung solcher Verbandsstrukturen liegt eine weitere wichtige Möglichkeit der Kooperation im Aufbau von Erzeugergemeinschaften, die geschlossen gegenüber Abnehmern auftreten. Solche Gemeinschaften besitzen auf Grund ihrer Größe oft bessere Verhandlungspositionen und können dadurch z.B. gegenüber Weiterverarbeitern günstigere Konditionen erzielen (vgl. EG20; WSPY). Auch in Elbe-Elster sind diese Erzeugergemeinschaften im Vergleich zu anderen Regionen (z.B. Bayern; vgl. WSEE) relativ schwach ausgeprägt. Hier liegt nach Ansicht eines Landwirtes noch wertvolles Potenzial zur Stärkung der Verhandlungsposition im Absatz und zur Verbesserung der Wettbewerbsfähigkeit:

„Je größer die Zusammenarbeit, desto größer die Wettbewerbsfähigkeit! Erzeugergemeinschaften sind wichtig. Wir haben die Einrichtung einer Bio-Ethanol-Erzeugergemeinschaft verschlafen, wollen das aber noch nachholen. Vielleicht ist es noch nicht zu spät. Durch Bündelung gewinnt man an Verhandlungsstärke“ (WSEE).

Die Hauptprobleme beim Aufbau von Kooperationsstrukturen sieht ein Teilnehmer des Workshops in Pyrzyce wie folgt:

„Problematisch ist, dass es den Landwirten schwer fällt, eine Initiative von sich aus zu ergreifen. Das kann daran liegen, dass das sozialistische System gewisse Auswirkungen auf ihre mentalen Denkweisen hatte und sie kollektivistischen Vorhaben *skeptisch* entgegenstehen. Es werden einerseits Produzentengruppen gebildet, aber andererseits werden sie nach kurzer Zeit auf Grund *mangelnder organisatorischer Fähigkeiten* und Durchsetzungskraft der Mitglieder wieder aufgelöst“ (WSPY).

Nötig sei daher eine bessere Aufklärung und Schulung durch Bildungsstätten und eine verbesserte Hilfe durch staatliche Institutionen (WSPY; Hunek 1994, S. 37). Einige dieser wichtigen Strukturen sind schon erkennbar. Zu nennen sind hierbei die beschriebenen kommunalen Strukturen (z.B. Dorfvorsteher) und das Landwirtschaftsamt, die sich in verschiedenen Bereichen um den Aufbau regionaler Kooperation bemühen. Daneben können auch Initiativen der EU, wie das INTERREG III A Programm, in Zukunft strukturbildend wirken (Mecklenburg-Vorpommern 2005). Dies gilt besonders für die Verbesserung der Kooperationsmentalität und -fähigkeit von kleinen und mittelständischen Unternehmen in Pyrzyce. Die derzeitigen Maßnahmen, wie gemeinsame deutsch-polnische Aktivitäten[73] und verstärkte intraregionale und interkommunale Kooperation stellen wichtige Ansätze dar. Neben der bisher dominierenden sozialen und kulturellen Kooperation (z.B. Jugendbegegnungen) könnte eine Erweiterung des Schwerpunkts des INTERREG-Programms auf konkrete wirtschaftliche Kooperation zusätzliche Impulse geben. In Tab. 23 werden die im Rahmen der vorgestellten Strategie diskutierten Ziele und Instrumente abschließend im Überblick gezeigt.

[73] z.B. der Kontakt zwischen den Hochschulen und Unternehmen

Tab. 23: Ziele, Instrumente und ihre Wirkungen im Überblick

Instrument/Ziel	Unterstützung der Vernetzungen	Verbesserung des Wissens der Akteure	Verminderung der Abhängigkeitsbeziehungen	Förderung des Wettbewerbs	Verbesserung der Finanzsituation
Bildung und Ausbildung	indirekt positiv; Verbesserung der Kompetenz der Betriebsleitung; Verständnis für Vernetzungen wird geweckt	langfristig positiv	positiv (z.B. Aufklärung über alternative Bezugs- und Absatzmöglichkeiten)	positiv (z.B. Aufklärung über alternative Geschäftsfelder erzeugt dort Konkurrenz)	indirekt positiv (z.B. über Aufklärung über Kreditvergabe, effizientere Produktion und Vermarktung)
Weiterbildung und Beratung	indirekt positiv (z.B. Aufbau von Verständnis für Vernetzungen)	kurzfristig positiv	positiv (z.B. Aufklärung, Beratung zu alternativen Bezugs- und Absatzmöglichkeiten)	positiv (z.B. Aufklärung, Beratung zu alternativen Geschäftsfeldern erzeugt dort Konkurrenz)	indirekt positiv (z.B. über Hilfestellung und Beratung zu Kreditvergabe, effizienterer Produktion und Vermarktung)
Erweiterung der Märkte	positiv (z.B. Vernetzungen zu neuen Impulsgebern)	positiv (z.B. Schaffung von Pluralität von Ideen)	positiv, (durch Erweiterung der Bezugs- und Absatzmöglichkeiten)	positiv	indirekt positiv durch Erweiterung der Bezugs- und Absatzmöglichkeiten
Verbesserung der Ordnungs- und Regulierungsinfrastruktur	eher neutral	eher neutral	positiv (z.B. durch Erleichterung des Markteintritts in alternative Geschäftsfelder)	positiv (z.B. durch Erleichterung des Markteintritts in alternative Geschäftsfelder)	z. T. indirekt positiv durch Verringerung der Arbeitsstunden für administrative Tätigkeiten
Clustermanagement und intermediäre Aufgaben	positiv, direkte Unterstützung zum Aufbau und zur Pflege von Vernetzungen	indirekt positiv (z.B. Vermittlung von Partnern die Informationen und Wissen zur Verfügung stellen)	positiv (z.B. Kontaktaufbau zu alternativen Bezugs- und Absatzmöglichkeiten)	indirekt	indirekt positiv (z.B. Kontaktaufbau zu alternativen Bezugs- und Absatzmöglichkeiten)
Subventionen und Regulierung des Wettbewerbs	eher kontraproduktiv, da sich auf den Subventions- bzw. Nachfragebereich konzentriert wird	eher neutral; evtl. negativ, da potenzielle Inputgeber nicht in den Markt gelangen	eher kontraproduktiv, da oft Abhängigkeit von Subventionen geschaffen wird	kontraproduktiv, da z.B. Anreize zur Produktinnovation und zum Einstieg in neue Märkte sinken	kurzfristig, langfristig nicht unbedingt, da die Wettbewerbsfähigkeit außerhalb des Regulationsraums sinkt

Quelle: e.E.; Cooke/Morgan 1998, S. 114f; Porter 1991, S. 675ff; van der Linde 2005, S. 30; Sternberg/Kiese/Schätzl 2004, S. 171

5.7 Weitere Ansatzpunkte und Grenzen der politischen Handlungsempfehlungen

Insgesamt bleibt zu berücksichtigen, dass ausgehend von einer sinnvollen Clusterstrategie die Möglichkeit besteht, weitere Instrumente und Politiken einzusetzen. Auf Grund der schwierigen finanziellen Lage gerade der polnischen Betriebe existiert Handlungsbedarf z.B. in den Bereichen der Besteuerung und der Kreditvergabe, wo mit Kreativität und Augenmaß versucht werden könnte, die Finanzierungs- und Investitionsmöglichkeiten zu verbessern. In Ostdeutschland gab es nach der Wiedervereinigung in diesem Bereich schon einige Versuche, wobei der Übergang zu Subventionen oft fließend war und nicht alle Maßnahmen die erwarteten Wirkungen erzielten (Hauer/Kleinhenz/von Schuttenbach 1993, S. 199). Die Erleichterung von Kreditvergaben gehört ebenfalls zu den der derzeit diskutierten Instrumenten. Auch der gesamte Bereich der Ansiedlungspolitik, z.B. für Zulieferer- und Abnehmerbetriebe, könnte ein weiteres Kapitel füllen. Hier gilt es, für die relevanten Entscheidungsträger auf den verschiedenen Ebenen zu prüfen, welche Möglichkeiten ihnen angesichts der beschriebenen Problembereiche zur Verfügung stehen.

Neben den dargestellten grundsätzlichen Problemen, die sich für clusterorientierte Politik ergeben, lassen sich einige abschließende kritische Bemerkungen zu den hier dargestellten Ansatzpunkten darlegen.

Theoretiker wie z.B. Porter beschreiben ein breites Repertoire an Instrumenten, welches koordiniert eingesetzt werden soll. In der Praxis fallen die einzelnen Instrumente jedoch in verschiedene Zuständigkeitsbereiche mit verschiedenen Steuerungsebenen. Diese zu einem gemeinsam abgestimmten Handeln zu führen, bleibt eine schwierige Herausforderung, die insbesondere lokale Entscheidungsträger als treibende Kräfte oft überfordert, nicht zuletzt dadurch, dass häufig Zuständigkeitsintransparenzen bestehen (EU 2004, S. 3; Jungehülsing 1999, S. 2).

Auch der Aufbau eines professionellen Clustermanagements ist i.d.R. sehr aufwendig und nicht immer von Erfolg gekrönt. In Wales beruhte der Erfolg der Welsh Development Agency auf drei Faktoren, die in den Untersuchungsregionen nicht unbedingt gegeben bzw. erstrebenswert sind (Cooke/Morgan 1998, S. 155ff):

1. hohen Subventionen, die insbesondere in der Anfangsphase der Förderprogramme flossen
2. einer hohen Reputation der Welsh Development Agency
3. der persönlichen Kompetenz und des Enthusiasmus der einzelnen Mitarbeiter

Der sinnvolle Einsatz von Ressourcen und die richtige Personalbesetzung der Funktionen sind auch bei kleineren Managementlösungen immer wieder zu überprüfen. Ob die richtigen Mittel an der richtigen Stelle eingesetzt werden, ist in der Regionalwissenschaft letztendlich nie vorhersehbar. Unsicherheit lässt sich nicht vermeiden, sie lässt sich aber durch gute Vorbereitung, professionelles Management und regelmäßige Evaluation verringern (Rehfeld 2005, S. 5).

Die Dynamik erfolgreicher Cluster resultiert nicht nur aus formalen Kooperationen, sondern auch aus informellen Kontakten und Innovationskonkurrenz, also aus Interaktionen, die politisch kaum zu gestalten sind (Rehfeld 2005, S. 4). Es ist daher darauf zu achten, dass die Strategie im Einklang mit den betroffenen Akteuren, aber auch mit anderen politischen Strategien und Zielen steht. Dies gilt auch für die Förderung anderer regionaler Cluster. Für den Staat und seine Strukturpolitik wird es problematisch, wenn zu viele Regionen Anspruch auf eine Clusterförderung erheben und somit eine förderpolitische „Gießkanne durch die Hintertür" (Rehfeld 2005, S. 6) Einzug erhält. Die nationalstaatliche Politik ist daher gefordert, konkrete und immer wieder zu überprüfende Kriterien aufzustellen, um die vorhandenen Mittel zielgerichtet und konzentriert einzusetzen. Je nach Menge und Aufteilung dieser Mittel können schwächer ausgeprägte oder weniger akzeptierte Cluster dann auf Grund einer Prioritätensetzung nicht berücksichtigt werden.

Kasten 14: Zwischenfazit zu den Ansatzpunkten für die Politik

Es wurde deutlich, dass die regionalen Agrarsysteme in beiden Regionen verschiedene Potenziale bieten, durch die sich clusterorientierte regionale Wirtschaftspolitik begründen lässt. Konkret bieten die Ergebnisse der Untersuchung verschiedene Ansatzpunkte, an denen sich eine strategische clusterorientierte Wirtschaftspolitik ausrichten kann. Diese betreffen die Bereiche Bildung und Ausbildung, Weiterbildung und Beratung, Erweiterung der Märkte, Verbesserung der Ordnungs- und Regulierungsinfrastruktur sowie Clustermanagement und intermediäre Aufgaben. Insbesondere die Erweiterung der Märkte auf andere Produkt- und Wirtschaftsbereiche wie erneuerbare Energien (in Elbe-Elster), Agrotourismus und Öko-Landbau (in Pyrzyce) stellen Chancen im Wettbewerb dar. Darüber hinaus besteht die Möglichkeit, Verbesserungen der Wettbewerbsfähigkeit und der Verhandlungsposition durch verschiedene Formen der Kooperation zu erzielen. Insgesamt können einer Clusterpolitik auch Hemmnisse im Weg stehen (z.B. Skepsis der Akteure). Sie sollte daher sorgsam mit den verschiedenen Akteuren vorbereitet und regelmäßig evaluiert werden.

Zusammenfassend wurde beispielhaft deutlich, dass Clusterpolitik auch in ländlichen Räumen und der Landwirtschaft anwendbar ist.

6 Fazit

Insgesamt konnten in den Untersuchungsräumen wichtige Erkenntnisse über die Art und Intensität der Vernetzungen landwirtschaftlicher Betriebe mit anderen Wirtschaftsbereichen und Akteuren erlangt werden. Das neue Modell des regionalen Agrarsystems führt wichtige Elemente der Ansätze zu Clustern, Warenketten und ländlichen Räumen zusammen. Insbesondere die Integration der Clusteransätze, die bisher vorwiegend für Industrieregionen angewendet wurden, stellt den innovativen Teil dieser Arbeit dar. Durch die gewonnenen Erkenntnisse konnten verschiedene wichtige Ansatzpunkte einer sektorenübergreifenden Raumwirtschaftspolitik für ländliche Räume identifiziert und im Rahmen einer Strategie für die Untersuchungsräume beispielhaft vorgestellt werden.

Anhand einer Abschlußbetrachtung der in K. 2.4.3 formulierten Annahmen lassen sich nun die wesentlichen Ergebnisse und die Antworten auf die formulierten Kernfragen zusammenfassen.

Erste Annahme: Ländliche Räume sind durch einen auf der Landwirtschaft basierenden aber über diesen hinausgehenden wirtschaftlichen Cluster (= regionales Agrarsystem) gekennzeichnet. Konstitutive Elemente dieses Agrarsystems sind lokale (d.h. innerhalb des Untersuchungsraums befindliche) materielle Verflechtungen, aber auch immaterielle Beziehungen zwischen den Akteuren.

In beiden Untersuchungsräumen besteht eine *Konzentration* landwirtschaftlicher Betriebe. Anhand der Raummuster der Vernetzungen dieser Akteure ließ sich darlegen, dass auch die verschiedenen direkten Zulieferer (für Landwaren und -maschinen), Abnehmer (i.d.R. Groß- und Einzelhändler, Verarbeiter und Konsumenten) sowie Dienstleister (wie Versicherungen, Banken, landwirtschaftliche Betriebsberatung und Handwerker) zu einem Großteil in den Untersuchungsräumen angesiedelt sind. So finden direkte materielle Vernetzungen mit Zulieferern und Abnehmern in der Mehrheit nicht auf nationaler oder gar globaler Ebene statt, sondern lokal und regional, wie sowohl nach Anzahl der Betriebe als auch nach Umsatz quantifiziert dargelegt wurde.

Zudem ist die Mehrheit der landwirtschaftlichen Betriebe durch *immaterielle Vernetzungen* mit Zulieferer-, Abnehmer- und Dienstleisterbetrieben, aber auch mit weiteren für die Betriebe wichtigen Institutionen, Organisationen sowie wirtschaftlichen und sozialen Akteuren lokal oder regional verbunden. Die immateriellen Vernetzungen existieren – abgesehen vom jeweiligen Kerngeschäft der Dienstleister – zu Geschäftspartnern vor allem in den Bereichen des Austauschs von wirtschaftlich relevanten Informationen, Weiterbildung und gemeinsamen Projekten. Dabei existieren sowohl einseitige als auch gegenseitige Austauschbeziehungen. Unter den einzelnen Wirtschaftsakteuren herrschen unterschiedliche Machtbeziehungen, die differenziert dargestellt werden konnten. Hervorzuheben sind hierbei die ungünstigen Machtverhältnisse vieler landwirtschaftlicher Betriebe gegenüber Weiterverarbeitern. Neben den Wirtschaftsakteuren übernehmen auch soziale und lokale Akteure, Gruppen und Einrichtungen wichtige Funktionen als Ratgeber bei betrieblichen Entscheidungen. Die wichtigsten dieser weiteren Gruppen sind dabei Familie, Verbände sowie Organisationen und andere Landwirte. Besonders bei umsatzschwachen Betrieben ist der Austausch mit gesellschaftlichen und sozialen Akteuren (z.B. mit Dorfvorstehern, in Sportvereinen oder bei der Feuerwehr) in der Region wichtig für die Generierung von betriebswirtschaftlich relevantem Wissen.

Die Vernetzungen der landwirtschaftlichen Betriebe sind regional unterschiedlich. So nimmt in Pyrzyce insbesondere der Austausch mit der Familie eine herausragende Stellung ein. In Elbe-Elster sind demgegenüber Verbände und Vereine von größerer Bedeutung. Diese sind bisher in Pyrzyce kaum etabliert. Eine Erklärung für die mangelnden Verbands- und Vereinsstrukturen stellen die geringen personellen und finanziellen Ressourcen in Pyrzyce dar. Ein Grund ist aber auch, dass ihre Bedeutung und die des Zugangs zu Wissen überhaupt in Pyrzyce als geringer eingeschätzt werden als in Elbe-Elster.

Insgesamt sind die Betriebe auf verschiedene Weise in das wirtschaftliche und gesellschaftliche System des lokalen ländlichen Raumes eingebunden und übernehmen in ihm wichtige soziale und ökonomische Funktionen. Social Capital, lokale Interaktionen und Embeddedness in unterschiedlichen Ausprägungen spielen wie in den Clusteransätzen und den Ansätzen zu ländlichen Räumen angenommen, eine zentrale Rolle.

In beiden Untersuchungsräumen existiert damit ein regionales Agrarsystem, das auf einer Konzentration von landwirtschaftlichen und den mit ihnen direkt durch Interaktion verbundenen Akteuren basiert. Die konstitutiven Elemente dieses Agrarsystems sind lokale materielle Verflechtungen, aber auch immaterielle Beziehungen zwischen den lokalen Akteuren und darüber hinaus. Die erste Annahme konnte somit für die Untersuchungsräume bestätigt werden. Es ist auch in ländlichen Räumen mit vergleichbaren Rahmenbedingungen von der Existenz regionaler Agrarsysteme auszugehen.

Zweite Annahme: Bei der Analyse der Raummuster der Verflechtungen zeigen sich in Abhängigkeit von ihrer Art (z.B. Absatz eher überregional, Dienstleistungen und Informationen eher regional), von den Betriebstypen (z.B. Kleinbetriebe stärker lokal, Großbetriebe eher überregional) und von den wirtschaftlichen sowie politischen Rahmenbedingungen (Polen und Deutschland) unterschiedlich große regionale bzw. überregionale Anteile.

Insgesamt ließen sich *keine eindeutigen Unterschiede* der regionalen Ausprägungen der Vernetzungen *in Abhängigkeit zum Vernetzungspartner* ausmachen. Sowohl die Mehrheit aller Vernetzungen zu Zulieferern und Abnehmern als auch zu den meisten wichtigen Dienstleistern findet auf lokaler oder regionaler Ebene statt. Internationale Vernetzungen bleiben die Ausnahme. Die räumliche Verteilung der immateriellen Vernetzungen zu Zulieferern, Abnehmern und Dienstleistern entspricht im Wesentlichen derjenigen der materiellen Vernetzungen. Zudem verfügen die Betriebe über vielfältige wettbewerbsrelevante Vernetzungen zu den weiteren lokalen Akteuren wie Familie, Institutionen und Nachbarbetrieben so dass die immateriellen Vernetzungen insgesamt stärker auf lokaler Ebene stattfinden.

Trotz wesentlicher Gemeinsamkeiten und seit dem EU-Beitritt Polens vergleichbaren politischen Rahmenbedingungen unterscheiden sich die Untersuchungsräume insbesondere in der politisch-historischen Ausgangslage sowie in der Struktur der Landwirtschaft und der mit ihr verbundenen Wirtschaftsakteure. Während in Pyrzyce auf Grund der historischen Rahmenbedingungen Familienbetriebe vorherrschen, existieren in Elbe-Elster mit den LPG-Nachfolgebetrieben und den Familienbetrieben zwei dominierende Gruppen. Diese besitzen gegenüber den Betrieben Pyrzyces im Schnitt deutlich größere Flächen mit modernerer Technik, besseren Transportmöglichkeiten und mehr Kapital. Dies beeinflusst die Vernetzungen der Betriebe.

So sind Abnehmervernetzungen der landwirtschaftlichen Betriebe Elbe-Elsters stärker überregional geprägt. Die Ursachen liegen in besseren Transportmöglichkeiten, umfangreicheren personellen und materiellen Ressourcen, die es erleichtern, verschiedene Distributionskanäle zu nutzen, und einem größeren Wissen über Absatzmöglichkeiten. Eine weitere Ursache für die überregionalere Ausrichtung ist aber auch der betriebsexterne Strukturwandel, der sich in einer zunehmenden räumlichen Konzentration der Abnehmer äußert und in Elbe-Elster weiter fortgeschritten ist als in Pyrzyce.

Im Bereich der Zuliefervernetzungen weist die relativ starke lokale Ausrichtung der Betriebe Elbe-Elsters trotz guter Transportmöglichkeiten auf Lokalisationsvorteile in Form einer umfangreichen intraregionalen Verfügbarkeit landwirtschaftlicher Zulieferer hin. Demgegenüber sind die Betriebe Pyrzyces stärker auf überregionale fahrende Händler angewiesen.

Bei den Dienstleistervernetzungen greifen die Betriebe Elbe-Elsters auf Grund der größeren Menge verfügbaren Kapitals, professioneller Managementstrukturen und wartungsintensiver Maschinen verstärkt auf verschiedene privater Dienstleister zurück. Dies ist in Pyrzyces selten der Fall. In der Tendenz zeigte sich, dass spezielle Dienstleister, Recht und Marketing stärker überregional nachgefragt werden, während die Leistungen von Banken und Versicherungen (die eine notwendige Grundversorgung darstellen) vor allem lokal in Anspruch genommen werden.

Der Grad der Einbindung in den Cluster variiert mit den unterschiedlichen Betriebsmerkmalen und Betriebstypen. Wesentliche Unterschiede in den räumlichen Ausprägungen der Vernetzungen bestehen besonders bei Betrieben unterschiedlichen Alters, unterschiedlicher Größe und unterschiedlicher Region.

Ältere Betriebe sind i.d.R. auf Grund langjähriger sozialer und geschäftlicher Bindungen stärker in die lokalen Strukturen eingebunden. Jüngere Betriebe tätigen ihre Geschäfte u.a auf Grund fehlender lokaler Kontakte der oft zugezogenen Betriebsleiter, aber auch auf Grund eines höheren Bedarfs an speziellen Dienstleistern und Zulieferern, die nicht immer in der Region zu finden sind, stärker mit Partnern außerhalb der Untersuchungsräume.

Bei der Betrachtung der Betriebsgröße zeigte sich, dass größere Betriebe insgesamt stärker vernetzt sind und auch häufiger über regionale und überregionale Verflechtungen verfügen als die kleineren Betriebe. Besonders die kleinen Betriebe Pyrzyces besitzen wegen begrenzter finanzieller Möglichkeiten eine beschränkte Mobilität (häufig kein Kraftfahrzeug vorhanden). Deshalb sind *diese Betriebe weniger in Vernetzungen außerhalb des Untersuchungsraums eingebunden als die Betriebe Elbe-Elsters.*

Auch wurde deutlich, dass bei hoch entwickelten und spezialisierten Betrieben eine verstärkte Nachfrage nach speziellen und modernen Dienstleistern und zum Teil auch Zulieferern und Abnehmern besteht, die oft nur überregional gedeckt werden kann. Bedeutend für die Intensität und die räumliche Ausprägung der Vernetzungen sind aber auch die Einstellung und das Verhalten der Betriebsleiter. Besonders Nebenerwerbslandwirte verfügen auf Grund begrenzten Interesses oft nur über qualitativ, quantitativ und räumlich begrenzte Vernetzungen.

Die typischen dominierenden Betriebsgruppen sind in Elbe-Elster LPG-Nachfolgebetriebe und Familienbetriebe, während in Pyrzyce hingegen vor allem Familienbetriebe vorherrschen. I.d.R. zeichnen sich die großen, hoch entwickelten, professionell geführten und auf eine meist über 30-jährige Geschichte zurückblickenden ostdeutschen LPG-Nachfolgebetriebe durch intensive lokale und überlokale Vernetzungen aus. In Abhängigkeit von ihren Merkmalsausprägungen sind die kleineren, meist als Wiedereinrichter oder Neueinrichter nach 1990 oft im Nebenerwerb gegründeten Betriebe, weniger homogen in ihren Vernetzungen. Besonders Nebenerwerbler handeln dabei nur begrenzt ökonomisch rational, sondern eher ideell und freizeitorientiert. Sie besitzen insgesamt wenige und meist lokal begrenzte Vernetzungen. Auf der anderen Seite gibt es jedoch auch viele professionell und progressiv denkende Einzelunternehmer, die auf intensive, auch über den Nahraum hinausgehende Vernetzungen verfügen. Ähnlich differenziert zeigen sich auch die polnischen Familienbetriebe, wobei außerlokale Vernetzungen insgesamt seltener sind. Die zweite Annahme konnte folglich in weiten Teilen bestätigt werden.

Dritte Annahme: Ein hoher Grad von lokalen immateriellen Vernetzungen kann Einfluss auf die Wettbewerbsfähigkeit landwirtschaftlicher Betriebe besitzen und prägt damit ihre Chancen im Strukturwandel bzw. im Transformationsprozess.

Die Ergebnisse belegen, dass räumliche Nähe materielle und immaterielle Vernetzungen der Betriebe begünstigen kann. Räumliche Nähe ist insbesondere für wenig entwickelte Betriebe von großer Bedeutung beim Aufbau von Vernetzungen. Dies gilt besonders für die polnischen Landwirte, die auf Grund der geringen Mobilität häufig auf lokale Geschäftspartner zurückgreifen müssen. Die immateriellen Vernetzungen werden dabei sowohl direkt als auch indirekt durch räumliche Nähe begünstigt. Direkt geschieht dies durch die günstige Erreichbarkeit. Indirekt fördert räumliche Nähe die soziale Eingebundenheit in den lokalen ländlichen Raum, durch die wichtige immaterielle Vernetzungen zu verschiedenen wirtschaftlichen, aber auch gesellschaftlichen und aus dem sozialen Umfeld stammenden Akteuren aufgebaut werden können. Zudem fördert die räumliche Nähe die immateriellen Vernetzungen, indem sie materielle Vernetzungen begünstigt, aus denen immaterielle Vernetzungen entstehen können.

Clusteranalyse und qualitative Erhebungen zeigen, dass die immateriellen Vernetzungen die Wettbewerbsfähigkeit der landwirtschaftlichen Betriebe beeinflussen und ihre Chancen in Strukturwandel und Transformationsprozess prägen.

Die wettbewerbsfähigen Betriebe zeichnen sich in der Mehrheit durch intensiven Informations- und Wissensaustausch sowie durch gemeinsame Projekte mit verschiedenen Akteuren aus. Wie im Konzept der Branchen-Cluster sind auch für die Mehrheit der Betriebsleiter Wissensaustausch und gegenseitiges „Voneinander-Lernen" wichtige Bedingungen für die Wettbewerbsfähigkeit. Sie fördern die Entwicklung bzw. Einführung von Innovationen und Best-Practice-Lösungen. Beide Prozesse finden in immateriellen Außenvernetzungen statt. Für die wettbewerbsschwachen Betriebe sind immaterielle Vernetzungen meist ohne Bedeutung. Insgesamt sind die wettbewerbsstarken Betriebe in allen gemessenen Bereichen stärker vernetzt als die wettbewerbsschwachen.

Eine besondere Qualität lokaler Vernetzungen gegenüber außerlokalen Vernetzungen, etwa in Form intensiverer Zusammenarbeit, konnte nicht nachgewiesen werden. *Ein hoher Grad außerlokaler immaterieller Vernetzungen besitzt wie auch ein hoher Grad lokaler immaterieller Vernetzungen Einfluss auf die Wettbewerbsfähigkeit landwirt-*

schaftlicher Betriebe und verbessert ihre Chancen im Strukturwandel bzw. im Transformationsprozess.

Lokale Vernetzungen allein reichen meist nicht aus, um wettbewerbsfähig zu werden. So besitzen die deutliche Mehrheit der wettbewerbsstarken, aber nur wenige wettbewerbsschwache Betriebe neben den lokalen auch überlokale Vernetzungen. Insbesondere moderne und Betriebe benötigen i.d.R. spezielle und hoch entwickelte Zulieferer und Dienstleister, die sie oft nur überregional finden. Auch fällt es ihnen leichter, überregionale Abnehmer zu bedienen. Vernetzungen über den Nahraum hinaus erhöhen zudem die Vielfältigkeit der Inputs und verringern so die Gefahr eines Lock-Ins. Des Weiteren bietet die Orientierung auf verschiedene Partner auch außerhalb der Region breitere Zulieferer- und Abnehmermöglichkeiten. Dies verringert die Gefahr einer zu starken Abhängigkeit von einzelnen Akteuren und damit ungünstiger Machtbeziehungen, die insbesondere bei vielen polnischen Kleinbetrieben ein Problem darstellen.

Insgesamt zeigen die Ergebnisse, dass besonders diejenigen Betriebe eine hohe Wettbewerbsfähigkeit erzielen und somit ihre Chancen im Strukturwandel stärken, die über folgende Vernetzungseigenschaften verfügen:

- Immaterielle Vernetzungen mit vielfältigen Akteuren, im Nahraum und darüber hinaus
- Kooperation beruhend auf Gegenseitigkeit
- Austausch von tacit knowledge
- gleichgewichtige Machtbeziehungen
- flexible aber vertrauensvolle Beziehung mit den Vernetzungspartnern
- Möglichkeiten alternativer Vernetzungen
- Beziehungen innerhalb und zu sozialen Gruppen
- differenziertes Konkurrenzdenken

Dabei besitzen auch die verschiedenen Bereiche des Strukturwandels Einfluss auf die landwirtschaftlichen Vernetzungen und die Wettbewerbsfähigkeit der Betriebe. Insbesondere für wenig entwickelte Betriebe ist zunächst räumliche Nähe von großer Bedeutung beim Aufbau von Vernetzungen. Mit der Weiterentwicklung der landwirtschaftlichen Betriebe stellen lokale Partner für diese oft jedoch nur ein Sprungbrett dar, um weitere Vernetzungen zu überregionalen, spezielleren und fortschrittlicheren Partnern einzugehen. Mit zunehmender Entwicklung der Betriebe im Strukturwandel können sich also auch die materiellen und immateriellen Vernetzungen in ihrer Qualität und räumlichen Ausdehnung ändern.

Insgesamt bestätigen die Untersuchungen für die Beispielregionen die dritte Annahme, nach der ein hoher Grad an lokalen immateriellen Vernetzungen Einfluss auf die

Wettbewerbsfähigkeit landwirtschaftlicher Betriebe besitzen kann und damit ihre Chancen im Strukturwandel bzw. im Transformationsprozess prägt. Allerdings bleibt zu berücksichtigen, dass lokale Vernetzungen allein nur einen beschränkten bzw. kurzfristigen Einfluss besitzen.

Vierte Annahme: Die Kenntnis über Merkmale und Intensitäten der Verflechtungen innerhalb des Clusters und nach außen erlaubt die Identifikation von Ansatzpunkten einer nicht nur auf die Landwirtschaft, sondern auch auf ihre Vernetzungen im Agrarsystem orientierten regionalen Wirtschaftspolitik für ländliche Räume.

Insgesamt zeigen die Ergebnisse, dass räumliche und soziale Nähe in regionalen Agrarsystemen wichtige wettbewerbsrelevante immaterielle Vernetzungen entscheidend begünstigen. Vor allem durch diesen positiven Aspekt können regionale Agrarsysteme die Wettbewerbsfähigkeit der untersuchten involvierten Betriebe verbessern. Viele betriebliche und nicht-betriebliche Akteure können umfangreiche Vernetzungen knüpfen, von denen nicht nur ihre eigene Wettbewerbsfähigkeit, sondern auch die ihrer Vernetzungspartner und weitere Akteure in der Region profitieren. Allerdings besteht bei vielen Betrieben noch deutliches Potenzial zur Verbesserung der Netzwerke. Eine differenzierte auf das jeweilige regionale Agrarsystem abgestimmte Agrarpolitik kann hier ansetzen und die positiven Wirkungen der Agrarsysteme und ihrer Vernetzungen stärken.

Auf Grundlage der untersuchten theoretischen Ansätze und der erzielten empirischen Ergebnisse konnten neue und weiterentwickelte Kenntnisse über das bestehende Wirkungsgefüge im regionalen Agrarsystem modellhaft dargestellt und an Beispielen aufgezeigt werden. Die Verfeinerungen stellen sich wie folgt dar:

- Untergliederung der Vernetzungen in materielle und immaterielle Vernetzungen
- Unterscheidung der die Wettbewerbsfähigkeit beeinflussenden, immateriellen Vernetzungen in einseitige und gegenseitige Vernetzungen
- Integration von Raummustern und Analyse der unterschiedlichen Bedeutung lokaler und außerlokale Vernetzungen
- Darstellung der Machtverhältnisse zwischen den wirtschaftlichen Akteuren, die Vernetzungen und die Wettbewerbsfähigkeit beeinflussen
- Identifikation und Berücksichtigung weiterer sozialer und lokaler Akteure außerhalb der Warenkette, die Einfluss auf die Entscheidungen des Betriebsleiters nehmen
- Darstellung von positiven und negativen Faktoren, die die Wettbewerbsfähigkeit der landwirtschaftlichen Betriebe beeinflussen
- Integration des Strukturwandels in der Landwirtschaft in ein Drei-Phasen-Modell

Anhand dieser Verfeinerungen ließen sich die Vernetzungseigenschaften der Betriebe identifizieren. Zur Förderung dieser Eigenschaften, aber auch weiterer Bereiche der Wettbewerbsfähigkeit, konnte eine Reihe von politischen Handlungsempfehlungen abgeleitet und im Rahmen einer Strategie für die Untersuchungsräume beispielhaft aufgezeigt werden.

Eine Förderung des regionalen Agrarsystems bietet demnach eine Eingriffsmöglichkeit, die auf Grund der hohen Bedeutung der umfangreichen Vernetzungen der Landwirtschaft auch branchenübergreifende Effekte besitzt. Dabei ist zu berücksichtigen, dass bereits einzelne erfolgreiche Betriebsleiter, aber auch andere Akteure, ihre Vernetzungen und ihr Umfeld entscheidend beeinflussen und wertvolle Impulse für die Region geben können. Die Förderung dieser Betriebsleiter stärkt also nicht nur diese selbst, sondern indirekt auch weitere Landwirte, Vernetzungspartner und damit die gesamte Region.

Als Hauptansatzpunkte für eine clusterorientierte Förderpolitik wurden die Unterstützung der Akteure beim Aufbau von verschiedenen Vernetzungen, die Verbesserung des Wissens der Akteure, das Verständnis für Vernetzungen, die Verminderung der Abhängigkeitsbeziehungen, die Förderung des Wettbewerbs und die Verbesserung der Finanzsituation identifiziert.

Die von diesen Punkten ausgehenden konkreten Handlungsempfehlungen erfolgten im Rahmen einer regionalpolitischen Strategie für die beiden Untersuchungsräume, die als Beispiel für politische Entscheidungsträger vergleichbarer ländlicher Räume dienen kann.

Dabei konnten fünf konkrete Ansatzbereiche identifiziert werden: Bildung und Ausbildung, Weiterbildung und Beratung, Erweiterung der Märkte, Verbesserung der Ordnungs- und Regulierungsinfrastruktur sowie Clustermanagement und intermediäre Aufgaben. Insbesondere die Erweiterung der Märkte auf andere Produkt- und Wirtschaftsbereiche wie erneuerbare Energien (in Elbe-Elster), Agrotourismus und Öko-Landbau (in Pyrzyce) stellen alternative Geschäftsbereiche dar, die die Chancen im Wettbewerb verbessern können. Darüber hinaus besteht die Möglichkeit, die Wettbewerbsfähigkeit und Verhandlungsposition der landwirtschaftlichen Betriebe durch verschiedene Formen der Kooperation (z.B. in Verbänden und Erzeugergemeinschaften) zu verbessern.

Die praktische Ausgestaltung dieser Bereiche sollte dabei nach Porter (1991, S. 673f) regional differenziert und unter Beteiligung der betroffenen Akteure aus den verschiedenen wirtschaftlichen und gesellschaftlichen Bereichen geschehen. Es bleibt zu beachten, dass einer solchen Clusterpolitik auch Hemmnisse im Weg stehen können. Ist sie jedoch mit den verschiedenen Akteuren sorgsam vorbereitet und wird sie zudem regelmäßig evaluiert, bietet eine solche Politik auch in regionalen Agrarsystemen ländlicher Räume eine Erweiterung politischer Handlungsmöglichkeiten.

Insgesamt macht die Arbeit deutlich, dass die Kenntnis über Merkmale und Intensität der Verflechtungen, innerhalb des Clusters und nach außen, die Identifikation von Ansatzpunkten einer nicht nur auf die Landwirtschaft, sondern auch auf ihre Vernetzungen im Agrarsystem orientierten regionalen Wirtschaftspolitik für ländliche Räume erlaubt. Dies bestätigt die vierte Annahme. Für die Akteure in ländlichen Räumen gibt es abschließend also durchaus Möglichkeiten einer zunehmenden Peripherisierung entgegenzutreten.

VI Literatur

Altenbach, H. 1993: Zerrissene Netze – Eine Netzwerkanalyse des ostdeutschen Transformationsprozesses. Berlin (Bohn).

Appelbaum, R. 2004: Commodity Chains and Economic Development: One and a Half Proposals for Spatially – Oriented Research. Working paper prepared for CSISS/IROWS Specialist Meeting 2004. In: www.csiss.org/events/meetings/time-mapping/files/appelbaum_paper.pdf, am 20.04.2006.

Arnold, A. 1997: Allgemeine Agrargeographie. Gotha und Stuttgart (Klett-Perthes).

ASG = Agrarsoziale Gesellschaft e.V. (Hg.) 2001: Solidarität in Landwirtschaft und ländlichen Räumen – Auslaufmodell? Schriftenreihe für ländliche Sozialfragen 136, Göttingen.

Aydalot, P. (Hg.) 1986: Milieux innovateurs en Europe. Paris (GREMI).

Bahrenberg, G./ Giese, E./ Nipper, J. 1990: Statistische Methoden in der Geographie 1. Stuttgart (Teubner).

Bahrenberg, G./ Giese, E./ Nipper, J. 1992: Statistische Methoden in der Geographie 2. Stuttgart (Teubner).

Balmann, A. 1994: Ansätze zur Erklärung einer Dominanz und Persistenz "suboptimaler" Betriebsgrößenstrukturen in der Landwirtschaft. In: Agrarwirtschaft 43, H. 6, S. 227-236.

Banski, J. 2003: Land Management in a Period of Transformation. In: Helming, K./ Wiggering, H.: Sustainable Development of Multifunctional Landscapes. Berlin (Springer), S. 217-227.

Baßeler, U./ Heinrich, J./ Koch, W. 1995: Grundlagen und Probleme der Volkswirtschaft. Köln (Wirtschaftsverlag Bachem).

Bathelt, H. 1998: Regionales Wachstum in vernetzten Strukturen: konzeptioneller Überblick und kritische Bewertung des Phänomens 'Drittes Italien'. In: Die Erde 129, H. 3, S. 247-271.

Bathelt, H./ Glückler, J. 2002: Wirtschaftsgeographie: Ökonomische Beziehungen in räumlicher Perspektive. Stuttgart (Eugen Ulmer).

Bauer, S./ Hummelsheim, S. 1995: Überlegungen zur Nutzung des ländlichen Raumes aus heutiger Sicht. In: Berichte über Landwirtschaft 210. Sonderheft, Münster-Hiltrup, S. 66-83.

Bergmann, E. 2005: Entwicklung von Clustern: eine Aufgabe für die Regionalpolitik? Ziele und Voraussetzungen In: Cernavin, O./ Führ, M./ Kaltenbach, M. et al. (Hg.): Cluster und Wettbewerbsfähigkeit von Regionen. Berlin (Duncker & Humblot), S. 139-153.

Berthold, A. 1993: Die hessischen Keltereien – Erhaltung regionaler Produktionsketten durch regionaltypische und „alternative" Nahrungsmittel. In: Zeitschrift für Wirtschaftsgeographie 37, H. 3-4, S. 151-158.

Blöchliger, H./ Kamal-Chaoui, L. 2003: Regionalpolitische Wende in den OECD-Ländern. In: Die Volkswirtschaft 76, H. 2, S. 18-21.

BMELV = Bundesministerium für Ernährung, Landwirtschaft und Verbraucherschutz 2006: Die Struktur der deutschen Mischfutterhersteller. Wirtschaftsjahr 1999/2000. Bonn.

BMELV = Bundesministerium für Ernährung, Landwirtschaft und Verbraucherschutz 2006: Die Struktur der deutschen Mischfutterhersteller. Wirtschaftsjahr 2003/2004. Bonn.

BMELV = Bundesministerium für Ernährung, Landwirtschaft und Verbraucherschutz 2006: Die EU-Agrarreform – Umsetzung in Deutschland. Berlin.

BML = Bundesministerium für Landwirtschaft 1992: Agrarbericht 1992: Agrar- und Ernährungspolitischer Bericht der Bundesregierung. Bonn.

BML = Bundesministerium für Landwirtschaft 1994: Agrarbericht 1994: Agrar- und Ernährungspolitischer Bericht der Bundesregierung. Bonn.

Bojar, W. 2005: Application of Expert Systems for Farm Machinery Selection in a view of Famili Farms in Poland. In: Dobrzynski, Z., E. Herbut, P. Kluczek et al.: Prace Kominsji Nauk Rolniczych I Biologicznych XLIII. Bydgoszcz. (Bydgoki Towartzystwo Naukowe), S. 49-58.

Borsig, A./ Kriszan, M. 2003: Die Landwirtschaft Polens zwischen Transformation und Strukturwandel. In: Europa Regional 11, H. 2, S. 46-56.

Boschma, R. 2005: Proximity and Innovation: A Critical Assessment. In: Regional Studies 39, H. 1, S. 61-74.

Brandenburger Landfrauenverband e.V. (Hg.) 2002: 10 Jahre BLV 1992-2002. In: Brandenburger Landfrauenverband Journal 2002, H. 3.

Brasche, U. 2002: Wirtschaftliche Integration Europas: Effekte des Binnenmarktes mit Blick auf die Osterweiterung. Papier für Open Polish University. In http://www.fh-brandenburg.de/~brasche/assets/proj/Warschau_Okt02.pdf, am 04.05.2006.

Brem, M. 2001: Landwirtschaftliche Unternehmen im Transformationsprozess. Aachen (Shaker Verlag).

Brunotte, E./ Gebhardt, H./ Meurer, M. et al. (Hg.) 2002: Lexikon der Geographie. Stuttgart (Spektrum).

Brusco, S. 1990: The idea of the industrial district. In: Pyke, F./ Becatti, G./ Sengenberger, W. (Hg.): Industrial districts and inter-firm co-operation in Italy. Genf, S. 1-15.

Bundesregierung 2005: Agrarpolitischer Bericht der Bundesregierung 2005. Bonn.

Bundeswahlleiter 2004: Strukturdaten für die Europawahl 2004. In: www.bundeswahlleiter.de/wahlen/europawahl2004/informationen/strukturdaten.htm, am 03.09.2004.

Butzin, B. 2000: Netzwerke, Kreative Milieus und Lernende Regionen: Perspektiven für die regionale Entwicklungsplanung. In: Zeitschrift für Wirtschaftsgeographie 44, H. 3-4, S. 149-166.

Camagni, R. 1991: Regional deindustrialization and revitalization processes in Italy. In: Rodwin, L. (Hg.): Industrial change and regional economic transformation: The experience of Western Europe. London (Unwin and Hyman), S. 137-167.

Ceja = Conseil européen des jeunes agriculteurs 2006: Landwirtschaft in den neuen Mitgliedstaaten In http://www.ceja.educagri.fr/all/enseignant/livretelargissement/CEJA%20ALL%20p31-56.pdf am 13.04.2006.

Cernavin, O./ Führ, M. 2005: Einleitung: Regionalökonomie verdrängt Nationalökonomie. In: Cernavin, O./ Führ, M./ Kaltenbach, M. et al. (Hg.): Cluster und Wettbewerbsfähigkeit von Regionen. Berlin (Duncker & Humblot), S. 5-14.

Chloupkova, J./ Svendsen, G.L.H./ Svendsen, G.T. 2003: Building and destroying social capital: The case of cooperative movements in Denmark and Poland. In: Agriculture and Human Values 20, S. 241-252.

Cooke, P./ Morgan, K. 1998: The Associational Economy. Oxford (Oxford University Press).

Danielzyk, R./ Ossenbrügge, J. 1996: Lokale Handlungsspielräume zur Gestaltung internationalisierter Wirtschaftsräume. In: Zeitschrift für Wirtschaftsgeographie 40, H. 1-2, S. 101-112.

Dannenberg, P./ Kinder, S. 2004: Branchen-Cluster in der amtlichen Statistik Nordrhein-Westfalens. In: Petermanns Geographische Mitteilungen 148, H. 4, S. 52-55.

Dannenberg, P./ Kulke, E. 2005: Zur Bedeutung des landwirtschaftlichen Clusters für ländliche Räume. Sutra-Working Paper 8, Berlin.

Dannenberg, P./ Schleyer, C. / Wüstemann, H. 2005: Regionale Vernetzungen in der Landwirtschaft. Sutra - Working Paper 6, Berlin.

Davis, J./ Goldberg, R. 1957: A concept of agribusiness. Harvard University, School of Business Administration, Boston.

Day, G./ Wensley, R. 1988: Assessing advantage – a framework for diagnosting competitive superiority. Journal of Marketing 52, H. 4, S. 1-20.

DFG-Forschergruppe 497 2006: In: http://www.agrar.hu-berlin.de/sutra/ am 02.05.2006.

Drelichowski, L./ Drelichowski, J. 2005: Knowledge Management Application in Corporations and Infrastructure Companies as the Source of Competitive Advantage in Agribusiness. In: Dobrzynski, Z., E. Herbut, P. Kluczek et al.: Prace Kominsji Nauk Rolniczych I Biologicznych XLIII. Bydgoszcz. (Bydgoki Towartzystwo Naukowe), S. 155-163.

Eckart, K. 1998: Agrargeographie Deutschlands. Gotha (Klett-Perthes).

Eglitis, H. 1999: Grundversorgung mit Gütern und Dienstleistungen in ländlichen Räumen der neuen Bundesländer. Kiel (Kieler Geographische Schriften 100).

Enright, M. J. 1996: Regional clusters and economic development: A research agenda. In: Staber, U. H./ Schaefer, N. V./ Scharma, B. (Hg.): Business Networks: Prospects for Regional Development. Berlin (Walter de Gruyter), S. 190-214.

EU 2000: Mitteilung der Kommission an die Mitgliedsstaaten vom 14. April 2000 über die Leitlinien für die Gemeinschaftsinitiative für die Entwicklung des ländlichen Raums (Leader+).

EU 2004: Mitteilung der Kommission an die Mitgliedsstaaten vom 2. September 2004 über die Leitlinien für eine Gemeinschaftsinitiative betreffend die transeuropäische Zusammenarbeit zur Förderung einer harmonischen und ausgewogenen Entwicklung des europäischen Raums (INTERREG III).

Feser, E. 1998: Old and New Theories of Industry Clusters. In: Steiner, M. (Hg.): Clusters and Regional Specialisation – On Geography, Technology and Networks. London (Pion), S. 18-40.

Fox, A. 1963: The Food and Agricultural Sectors in Advanced Economies. In Barna, T.: Structural Interdependence and Economic Development. London.

Fromhold-Eisebith, M. 2001: Technologieregionen in Asiens Newly Industrialized Countries. Wirtschaftsgeographie Bd. 18, Münster (Lit).

Gabler-Wirtschafts-Lexikon 1994. Wiesbaden (Gabler).

Gaebe, W. 1995: Strategische Allianzen im globalen Wettbewerb – Versuch einer Definition und Erklärung. Diskussionsbeiträge 3. Stuttgart.

Gans, P. 2005: Ideen statt Resignation – Schrumpfung versus Wachstum in ländlich geprägten Regionen. In: Naturschutzblätter, H. 3, S. 16-19.

Gereffi, G. 1996: Global commodity chains: New forms of coordination and control among nations and firms in international industries. In Competition & Change, H. 4, S. 427-439.

Gereffi, G. 1999: International trade and industrial up-grading in the apparel commodity chain. In: Journal of International Economics 48, H. 1, S. 37-70.

Gereffi, G. 2001a: Shifting Governance Structures in Global Commodity Chains, with Special Reference to the Internet. In: American Behavioral Scientist 44, H. 10, S. 1616-1637.

Gereffi, G. 2001b: Beyond the Producer-driven/ Buyer-driven Dichotomy. In: IDS Bulletin 32, H. 3, S. 30-40.

Gerling, K./ Schmidt, K.-D. 2000: Zur Arbeitsteilung zwischen Regionen: Das nordöstliche Brandenburg aus der Sicht der regionalökonomischen Theorie. Kieler Arbeitspapier Nr. 965. Kiel (Institut für Weltwirtschaft).

Gibbon, P. 2001: Agro-Commodity Chains: an Introduction. In: www.odi.org.uk/speeches/summer2001 am 22.10.2003.

Giuliani, E. 2004: Laggard Clusters as Slow Learners, Emerging Clusters as Locus of Knowledge Cohesion (and Exclusion): A Comparative Study in the Wine Industry. LEM Papers Series. Pisa.

Giuliani, E./ Bell, M. 2005: The Micro-Determinants of Meso-Level Learning and Innovation: Evidence from a Chilean Wine Cluster. In: Research Policy 34, H. 1, S. 47-68.

Giuliani, E./ Pietrobelli, C./ Rabelotti, R. 2005: Upgrading in Global Value Chains: Lessons from Latin American Clusters. In: World Development 33, H. 4, S. 549-573.

Glückler, J. 2001: Zur Bedeutung von Embeddedness in der Wirtschaftsgeographie. In: Geographische Zeitschrift 89, S. 211-226.

Grabher, G. 1993: The weakness of strong ties – The lock-in of regional development in the Ruhr area. In: Grabher, G. (Hg.): The embedded firm: On the socioeconomics of industrial networks. London (Routledge), S. 255-277.

Granovetter, M. 1973: The Strength of Weak Ties. In: American Journal of Sociology 78, S. 1360-1380.

Granovetter, M. 1990: The Old and New Economic Sociology – A History and Agenda. In: Friedland, R./ Robertson, A. (Hg.): Beyond the Market Place – Rethinking Economy and Society. New York (De Gruyter), S. 89-112.

Hainz, M. 2000: Individualisierung verändert das dörfliche Sozialleben – Ist das Sozialsystem Dorf in Gefahr? In: Agrarsoziale Gesellschaft e.V. (Hg.): Global denken – regional handeln – Impulse aus ländlichen Räumen. Göttingen, S. 27-42.

Hall, A. 2006: Public Private Sector Partnerships in an Agricultural System of Innovation: Concepts and Challenges. UNU-Merit Working Paper Series. Maastricht.

Hassan, D./ Simoni, M. 2001: Price Linkage and Transmission between Shippers and Retailers in the French Fresh Vegetables Channel. INRA Cahier de Recherche 6, Toulouse.

Hasseler, M. 2003: The global clothing production system: commodity chains and business networks. In: Global Networks 3, H. 4, S. 513-531.

Hauer, A./ Kleinhenz, T./ von Schuttenbach, L. 1993: Der Mittelstand im Transformationsprozess Ostdeutschlands und Osteuropas. Heidelberg (Physica-Verlag).

Helliwell, J./ Putnam, R. 1995: Economic Growth and Social Capital in Italy. In: Eastern Economic Journal 21, H. 3, S. 295-307.

Henderson, J./ Dicken, P./ Hess, M. et al. 2001: Global Production Networks and the Analysis of Economic Development. SPA Working Paper 49. Manchester.

Henkel, G. 2004: Der Ländliche Raum. Stuttgart (Teubner).

Hentschel, T. 1999: Nachhaltige Entwicklung und Arbeitsplätze in der Landwirtschaft. In: http://www.kartswanderweg.de/sympo/3/hentschel am 31.01.2005.

Hesse, M. 2004: Stadtregionen und die Politik der Drehscheibe – Zur Konstitution und zur Konstruktion von Räumen in der Welt der flows. Erkner. In: www.irs-net.de/download/Drehscheibe.pdf am 20.04.2006.

Hollstein, A. 1999: Mengenströme und Wertschöpfung im deutschen Getreidesektor. Kiel. In: http://www.uni-kiel.de/agrarmarketing/Gewisola99/Posterhollstein.pdf am 24.05.2006.

Hughes, A. 2001: Global commodity networks, ethical trade and governmentality: organizing business responsibility in the Kenyan cut flower industry. In: Transactions 26, H. 4, S. 390-406.

Hugon, P. 1988: L'industrie agro-alimentaire. Analyse en termes de filières. In: revue Tiers-Monde 29, H. 115, S. 665-693.

Hunek, T. 1994: Reorienting the cooperative structure in selected Eastern European countries – Case study on Poland. Rom (FAO).

IÖR = Leibniz-Institut für ökologische Raumentwicklung e.V. 2002: Umbau von Siedlungsstrukturen unter Schrumpfungsbedingungen als Grundlage einer nachhaltigen Entwicklung: Modellvorhaben im „Zentralen Erzgebirge um Johanngeorgenstadt". In: www.ioer.de/johanngeorgenstadt, am 04.05.2006.

Jäger-Dabek, B. 2003: Polen: Eine Nachbarschaftskunde (Schriftenreihe 431). Bonn (Bundeszentrale für politische Bildung).

Jansen, D. 2003: Einführung in die Netzwerkanalyse. Opladen.

Janzen, J. 1998: Agrarstrukturwandel in Westpolen. In: Geographische Rundschau 50, H. 1, S. 42-48.

Jungehülsing, J. 1999: Agrarumweltprogramme in der EU - ein Instrument der Anreizpolitik im Spannungsfeld zwischen guter fachlicher Praxis und Vertragsnaturschutz. In: www.uni-kiel.de/agrarmarketing/Gewisola99/c1jungh.pdf am 25.05.2006.

Kiel, H.-J. 1996: Dienstleistungen und Regionalentwicklung: Ansätze einer dienstleistungsorientierten Strukturpolitik für ländliche Regionen. Wiesbaden (Deutscher Universitäts-Verlag).

Klohn, W.; Roubitschek W. 2004: Die deutsche Agrarwirtschaft im Wandel. In: Leibniz-Institut für Länderkunde (Hg.): Nationalatlas Bundesrepublik Deutschland: Unternehmen und Märkte. München (Spektrum Akademischer Verlag), S. 24-27.

Knappe, E. 2001: Die Entwicklung peripherer landwirtschaftlich geprägter Räume vor dem Hintergrund einer Erweiterung der Europäischen Union. In: Grimm, F.-D./ Knappe, E. (Hg.): Landwirtschaft und ländliche Räume – Außenseiter des Transformationsprozesses in den Ländern Südosteuropas? Südosteuropa-Studien 69, München (Südosteuropa-Gesellschaft e.V.), S. 97-107.

Knieling, J. 2004: Ländliche Regionalentwicklung – Perspektiven zwischen Theorie und Praxis. In: Niedersächsisches Ministerium für den ländlichen Raum, Ernährung und Verbraucherschutz (Hg.): Integrierte ländliche Entwicklung – der Niedersächsische Weg. Fachtagung am 21.10.2004 in Hodenhagen, S. 18-30.

Koschatzky, K. 2001: Räumliche Aspekte im Innovationsprozess – Ein Beitrag zur neuen Wirtschaftsgeographie aus Sicht der regionalen Innovationsforschung. Karlsruhe.

Krätke, S./ Scheuplein, C. 2001: Produktionscluster in Ostdeutschland. Methoden der Identifizierung und Analyse. VSA.

Krebs, C. 1988: Zur Definition des Industrialisierungsbegriffes und zu den Anfängen der industriemäßigen Organisation der Agrarproduktion in der DDR. In: Forschungsgesellschaft für Agrarpolitik und Agrarsoziologie e.V. (Hg.): Landwirtschaft im Wandel. Schriftenreihe der FAA e.V. 283, Bonn, S. 1-85.

Kromrey, H. 1994: Empirische Sozialforschung: Modelle und Methoden der Datenerhebung und Datenauswertung. Opladen (Leske Verlag + Budrich GmbH).

Kujath, H. 2003: Zwischen Metropole und Peripherie: Zu den Perspektiven des ländlichen Räume in Ostdeutschland. IRS Aktuell 40, H. 3, S. 4-5.

Kulke, E. 1986: Hemmnisse und Möglichkeiten der Industrialisierung peripherer Regionen von Entwicklungsländern. Jahrbuch der Geographischen Gesellschaft zu Hannover. Hannover.

Kulke, E. 2004: Wirtschaftsgeographie. Paderborn et al. (Schöningh).

Landesbauernverband Brandenburg 2006: In: http://www.lbvbrandenburg.de/content/rubrik/14.html am 13.04.2006

Landwirtschaftsamt Elbe-Elster 2005: Schriftliche Auskunft.

Landwirtschaftsamt Pyrzyce 2004: Telefonische Auskunft.

Lenz, B. 1997: Das Filière-Konzept als Analyseinstrument der organisatorischen und räumlichen Anordnung von Produktions- und Distributionssystemen. In: Geographische Zeitschrift 85, H. 1, S. 20-33.

Lenz, B. 2005: Verkettete Orte: Filières in der Blumen- und Zierpflanzenproduktion. (Wirtschaftsgeographie 23) Münster (LIT).

Leslie, D./ Reimer, S. 1999: Spatializing commodity chains. In: Progress in Human Geography 23, H. 3, S. 401-420.

Lorek, S. 2002: Die Macht der Verbraucher? In: Wohlan, M. (Hg.): Die Zukunft der Wirtschaft – Landwirtschaft und Ernährung. Bonn (bpp), S. 8-13.

Maillat, D./ Crevoisier, O./ Lecoq, B. 1991 : Introduction a une Approche quantitative du „Milieu". Working Papers Universite de Neuchatel 9102. Neuchatel.

Maillat, D./ Lecoq, B. 1992: New Technologies and Transformation of Regional Structures in Europe: The Role of the Milieu. In: Entrepreneurship and Regional Development 4, S. 1-20.

Management Lexikon 2006 : Sunk Costs (verlorene Kosten) In: www.manalex.de/d/sunk-costs/sunk-costs.php am 25.05.2006

Marshall, A. 1920: Industry and Trade. London (Macmillian and Co).

Mecklenburg-Vorpommern (Hg.) 2005: Bericht über die Strukturfondsintervention nach Artikel 37 des Rates zur Umsetzung der Gemeinschaftsinitiative INTERREG III A für das Berichtsjahr 2004 – Jährlicher Durchführungsbericht (EG) Nr. 1260/ 1999 de.

Meert, H./ van Huylenbroeck, G./ Vernimmen, T. et al. 2005: Farm household survival strategies and diversication on marginal farms. In: Journal of Rural Studies 21, S. 81–97.

Milbert, A. 2005: Transformation in Rural Areas of Germany. In: Geographische Rundschau International Edition 1, H. 1, S. 23-29.

MLLE = Minister für Landwirtschaft und ländliche Entwicklung Polen 2004: Land und Ernährungswirtschaft in Polen. Warschau. In: www.wirtschaft-polen.de/de/pdf/landwirtschaft_pl_2004.pdf, am 20.04.2006.

MLUR = Ministerium für Landwirtschaft, Umweltschutz und Raumordnung des Landes Brandenburg 2002: Agrarbericht 2002: Bericht zur Lage der Land- und Ernährungswirtschaft des Landes Brandenburg. Potsdam.

Morgan, K./ Murdoch, J. 2000: Organic vs. Conventional agriculture: knowledge, power and innovation in the food chain. In: Geoforum 31, S. 159-173.

Morgan, W./ Munton, R. 1978: Agricultural Geography. London (TCP).

Mothes, V./ Pirscher, F. 1999: Wettbewerbsfähigkeit landwirtschaftlicher Unternehmen in Transformationsländern, dargestellt an Beispielen aus Lettland, Litauen und Polen. Halle (IAMO).

Müller, K./ Toussaint, V./ Hagedorn K. et al. (Hg.) 2002: Nachhaltigkeit und Landschaftsnutzung – Neue Wege kooperativen Handelns. Weikersheim (Margraf Verlag).

Munnich, L. 2002: The Power of Industry Clusters. Minnesota Hydrogen Initiative Forum, March 7, 2002. In: www.moea.state.mn.us/p2/forum/030307munnich.ppt, am 20.04.2006.

Myrdal, G., 1959: Ökonomische Theorie und unterentwickelte Regionen. Stuttgart (Fischer).

NASA Landsat Program 2006: Global Landsat Cover Facility In: http://glcf.umiacs.umd.edu/data/landsat/ am 05.06.2006.

Neiberger, C. 1998: Standortvernetzung durch neue Logistiksysteme. Hersteller und Händler im Wettbewerb: Beispiele aus der deutschen Nahrungsmittelwirtschaft. Wirtschaftsgeographie Bd. 15, Münster (Lit).

Nuhn, H. 1993a: Konzepte zur Beschreibung und Analyse des Produktionssystems unter besonderer Berücksichtigung der Nahrungsmittelindustrie. In: Zeitschrift für Wirtschaftsgeographie 37, H. 3-4, S. 137-142.

Nuhn, H. 1993b: Auflösung regionaler Marktsysteme und Konzentrationsprozesse in der Milchwirtschaft der BRD. In: Zeitschrift für Wirtschaftsgeographie 37, H. 3-4, S. 143-150.

Nuhn, H. 2004: Konzentrationsprozesse in der Wirtschaft. In: Leibniz-Institut für Länderkunde (Hrsg.): Nationalatlas Bundesrepublik Deutschland: Unternehmen und Märkte. München (Spektrum Akademischer Verlag), S. 54-55.

OECD = Organisation for Economic Cooperation and Development 2001: Multifunctionality: Towards An Analystical Framework. Paris (OECD).

Pawlak, Z. 2004: Strukturwandel der Landwirtschaft in Westpolen in den Jahren 1991-2000. In: Stoll, M. (Hg.): Strukturwandel in Ostdeutschland und Westpolen. ARL Arbeitsmaterial 311, Hannover, S. 91-102.

Petrick, M./ Spychalski, G./ Świtłyk, M. et al. 2002: Economic Situation and Development Perspectives of Farms in Poland. An analysis based on survey data from selected Polish voivodships and a comparison with German farms. In: Agrarwirtschaft 51, H. 4, S. 203-214.

Pfeiffer, J. 2004: Strukturwandel der Landwirtschaft Brandenburg. In: Stoll, M. (Hg.) Strukturwandel in Ostdeutschland und Westpolen. ARL Arbeitsmaterial 311, Hannover, S. 103-115.

Piore, M. J./ Sabel, C. F. 1989: Das Ende der Massenproduktion. Stuttgart (Fischer TB).

Porter, M. E. 1991: Nationale Wettbewerbsvorteile. München (Ueberreuter Wirtschaft).

Porter, M. E. 1998: Clusters and the New Economics of Competition. In: Harvard Business Review 76, H. 6, S. 77-90.

Pospeschill, M. 2002: SPSS für Fortgeschrittene. Hannover (Spektrum Verlag).

Prus, P. 2005: Characteristics of Farmers Cooperating with Agricultural Counseling Centers. In: Dobrzynski, Z., E. Herbut, P. Kluczek et al.: Prace Kominsji Nauk Rolniczych I Biologicznych XLIII. Bydgoszcz. (Bydgoki Towartzystwo Naukowe), S. 627-632.

Raikes, P./ Jensen, M. F./ Ponte, S. 2000: Global Commodity Chain Analysis and the French Filière Approach: Comparison and Critique. CDR Working Paper Subseries, ix – 00.3. Kopenhagen (CDR).

Rehfeld, D. 2005: Perspektiven des Clusteransatzes – Neujustierung der Strukturpolitik zwischen Wachstum und Ausgleich. Gelsenkirchen (IAT-Report). In: www.iatge.de/iat-report/2005/report2005-06.pdf, am 20.04.2006.

Revilla Diez, J./ Brandt, O. 2005: Clusterstudie Ernährungswirtschaft Schleswig-Holstein. Kiel (Ministerium für Wirtschaft, Wissenschaft und Verkehr des Landes Schleswig-Holstein).

Rippberger, T. 1998: Ökonomik des Vertrauens – Analyse eines Organisationsprinzips. Tübingen (Mohr Siebeck Verlag).

Rodrigue, J.-P./ Comtois, C./ Slack, B. 2005: The Geography of Transport Systems. Hofstra University, Department of Economics & Geography. In: http://people.hofstra.edu/geotrans, am 20.04.2006.

Romero, A. (Hg.) 2005: Wissen und Kreativität Zukunft in München – 2030. Schlussbericht des Teilprojekts „Wissen und Kreativität" im Forschungsprojekt „Zukunft München 2030 – Visionen und Strategien für Stadt und Region.

Rosenfeld, S. A. 1997: Bringing business clusters into the mainstream of economic development. In: European Planning Studies 5, H. 1, S. 3-23.

Rothenauer, A./ Schöbl, R./ Schulz, G. et al. (Hg.) 1987: Aufgaben der sozialistischen Landwirtschaft und die Einordnung der LPG und VEG in die Volkswirtschaft der DDR. In: Sozialistische Betriebswirtschaft der Landwirtschaft – Handbuch (2. Auflage). Berlin (VEB Deutscher Landwirtschaftsverlag), S. 15-38.

Sabel, C. F. 1989: The Reemergence of Regional Economies. Discussion Papers des WZB FS I 89 3, Berlin.

Schäkel, W. 1996: Die wirtschaftliche Bedeutung des Agrarkomplexes in ländlichen Regionen. Kiel (Vauk).

Schamp, E. W. 2000: Vernetzte Produktion. Industriegeographie aus institutioneller Perspektive. Darmstadt (Wissenschaftliche Buchgesellschaft).

Schamp, E. W. 2005: Cluster und Netzwerke als Werkzeuge regionaler Entwicklungspolitik. In: Cernavin, O./ Führ, M./ Kaltenbach, M. et al. (Hg.): Cluster und Wettbewerbsfähigkeit von Regionen. Berlin (Duncker & Humblot), S. 91-110.

Schätzl, L. 2000: Wirtschaftsgeographie 2 – Empirie. Paderborn (UTB).

Schätzl, L. 2001: Wirtschaftsgeographie 1 – Theorie. Paderborn (UTB).

Schraden e.V. 2006: In: www.schraden.de letzter Zugriff am 04.05.2006.

Schrader, J.-V. 1991: Anpassungsprozesse in der ostdeutschen Landwirtschaft: Analyse und Bewertung. Kieler Diskussionsbeiträge 171/172, Kiel (Institut für Weltwirtschaft der Universität Kiel).

Scott, A. J. 1988: New Industrial Spaces. Flexible Production Organisation and Regional Development in North America and Western Europe. London (Pion).

Sick, W. 1993: Agrargeographie. Braunschweig (Westermann).

Stamer, H./ Fratzscher, G. (Hg.) 1995: Johann Heinrich von Thünen: Seine Erkenntnisse aus wissenschaftlicher Sicht. Berichte über Landwirtschaft 210, Sonderheft, Münster-Hiltrup (Landwirtschaftsverlag).

Statistische Ämter des Bundes und der Länder 2005: Statistik regional. Daten für die Kreise und kreisfreie Städte Deutschlands (CD). Düsseldorf.

Statistisches Amt Stettin 2004: Schriftliche Auskunft. Am 03.12.2004.

Statistisches Amt in Warschau 2005: In: http://www.stat.gov.pl/komunikaty/25a.htm am 12.02.2005.

Statistisches Amt Warschau 2005: Schriftliche Auskunft. Am 28.02.2005.

Sternberg, R. 2005: Clusterbasierte Regionalentwicklung der Zukunft. In: Cernavin, O./ Führ, M./ Kaltenbach, M. et al. (Hg.): Cluster und Wettbewerbsfähigkeit von Regionen. Berlin (Duncker & Humblot), S. 119-138.

Sternberg, R./ Kiese, M./ Schätzl, L. 2004: Clusteransätze in der regionalen Wirtschaftsförderung – Theoretische Überlegungen und empirische Beispiele aus Wolfsburg und Hannover. In: Zeitschrift für Wirtschaftsgeographie 48, H. 3-4, S. 164-181.

Storper, M./ Walker, R. 1989: The Capitalist Imperative – Territory, Technology, and Industrial Growth. Cambridge (Blackwell).

Stryjakiewicz, T. 1993: Das System der Nahrungsmittelindustrie im Posener Raum und seine strukturellen und räumlichen Veränderungen während der Transformationsperiode. In: Zeitschrift für Wirtschaftsgeographie 37, H. 3-4, S. 176-183.

Swann, G./ Prevezer, M. 1998: Introduction. In: Swann/ G., Prevezer, M./ Stout, D. (Hg): The Dynamics of Industrial Clustering – International Comparisons in Computing and Biotechnology. Oxford (Oxford University Press), S. 1-12.

Taubmann, W. 2000: Transformation of agriculture in the new Länder. In: Beiträge zur Regionalen Geographie 52, S. 80-91.

Thomi, W./ Werner, R. 2001: Regionale Innovationssysteme – Zur territorialen Dimension von Wissen und Innovation. In: Zeitschrift für Wirtschaftsgeographie 45, H. 3-4, S. 202-218.

Tomczak, T./ Belz, C./ Schögel, M. et al. (Hg.) 1999: Alternative Vertriebswege – Factory Outlet Center, Convenience Stores, Direct Distribution, Multi Level Marketing, Electronic Commerce, Smart Shopping. Stuttgart (Schäffer-Poeschel).

Uzzi, B. 1999: Embeddedness in the Making of Financial Capital – How Social Relations and Networks benefit Firms seeking Financing. In: American Sociological Review 64, H. 8, S. 481–505.

van der Linde, C. 2005: Cluster und regionale Wettbewerbsfähigkeit. In: Cernavin, O./ Führ, M./ Kaltenbach, M. et al. (Hg.): Cluster und Wettbewerbsfähigkeit von Regionen. Berlin (Duncker & Humblot), S. 15-34.

Vatne, E./ Taylor, M. 2000: The Networked Firm in a Global World – Small firms in new environments. Burlington (Ashgate).

Vorley, B. 2001: The Chains of Agriculture: Sustainability and the Restructuring of Agri-food Markets. In: IIED Opinion World Summit on Development. London (IIED).

Wawrzyniak, M. 2005: Position of the Polish Farmers in the European Union. In: Dobrzynski, Z., E. Herbut, P. Kluczek et al.: Prace Kominsji Nauk Rolniczych I Biologicznych XLIII. Bydgoszcz. (Bydgoki Towartzystwo Naukowe), S. 813-820.

Whatmore, S. 1994: Global Agro-Food Complexes and the Refashioning of Rural Europe. In: Amin, A./ Thrift, N. (Hg.): Globalization, Institutions, and Regional Development in Europe. New York (Oxford University Press).

Wessel, K. 1996: Empirisches Arbeiten in der Wirtschafts- und Sozialgeographie. Paderborn (UTB, Verlag Ferdinand Schöningh).

WFG = Regionale Wirtschaftsförderungsgesellschaft Elbe-Elster 2006: Agrar/Regionale Produkte. In: www.wfg-elbe-elster.de/agrar/index.php?id=2&key=0&href=nawaro, am 27.03.2006.

Wießner, R. 1999: Ländliche Räume in Deutschland. In: Geographische Rundschau 51, H. 6, S. 300-304.

Wiggering, H./ Müller, K./ Werner, A. et al. 2002: The Concept of Multifunctionality in Sustainable Land Development. In: Helming, K./ Wiggering, H.: Sustainable Development of Multifunctional Landscapes. Berlin (Springer), S. 3-19.

Windhorst, H.-W. 2004: Geflügelhaltung – die Dominanz agrarindustrieller Unternehmen. In: Leibniz-Institut für Länderkunde (Hg.): Nationalatlas Bundesrepublik Deutschland: Unternehmen und Märkte. München (Spektrum Akademischer Verlag), S. 80-81.

WMMV = Wirtschaftsministerium Mecklenburg-Vorpommern (Hg.) 2005: Regionales Programm für den deutsch – polnischen Grenzraum im Gebiet der Länder Mecklenburg – Vorpommern/ Brandenburg und der Wojewodschaft Zachodniopomorskie: Förderperiode 2000 – 2006. Schwerin.

Wollkopf, M. 1996: Struktureller und sozialer Wandel in der thüringischen Landwirtschaft. In: Geographische Rundschau 48, H. 1, S. 18-24.

Zawisza, S./ Kuras, A. 2005: Transformation of the rural areas and agriculture in the opinion of farmers cooperating with agricultural counselling centers in Kujawsko-Pomorksie Province. In: Dobrzynski, Z., E. Herbut, P. Kluczek et al.: Prace Kominsji Nauk Rolniczych I Biologicznych XLIII. Bydgoszcz. (Bydgoki Towartzystwo Naukowe), S. 881-886.

VII Anhang

Anhang 1 Liste der befragten lokalen Funktionsträger, Fachwissenschaftler, allgemeinen Experten und besuchten Tagungen und Workshops

Neben der Betriebsbefragung und den Interviews mit den landwirtschaftlichen Betriebsleitern erfolgten Expertengespräche mit lokalen Funktionsträgern und Fachwissenschaftlern. Diese dienten nicht nur der Sammlung inhaltlicher Erkenntnisse sondern vor allem zur Diskussion der theoretischen und methodischen Aspekte der Arbeit. Um die Anonymität der Experten zu wahren, erfolgt keine Zuordnung der im Text verwendeten Aussagen. Die zugehörigen Einrichtungen und Funktionen der Experten entsprechen dem Zeitpunkt des Gesprächs. Darüber hinaus wurden das Konzept und die Ergebnisse der Arbeit auf verschiedenen Tagungen und Workshops vorgestellt und diskutiert.

Lokale Funktionsträger im Landkreis Elbe-Elster und Ostdeutschland:

Brantsch, H., Landesbauerverband Brandenburg (Pressesprecher)

Dehmel, K., LAG-Geschäftsstelle Wirtschaftsraum Schraden e. V. (Geschäftsstellenleiterin)

Führer, H., Landwirtschaftsamt des Landkreises Elbe-Elster (Amtsleiter)

Gürgen, D., Verband der Landwirte im Nebenberuf e.V. Brandenburg-Berlin (Vorsitzender)

Kestin, D., Kreisbauernverband Herzberg/Bad Liebenwerda e. V. (Vorsitzender)

Rohloff, H., Campina in Elsterwerda (Produktberater)

Schaar, H., Mischfutterwerk Deuka in Herzberg (regionaler Verkaufsleiter)

Schmidt, H., Bauernverband "Niederlausitz-Spreewald" e.V. (Vorsitzender)

Thieme, G., Stadt- und Regionalmarketing der Gemeinde Bad Liebenwerda (Leiter)

Vaupel, K., BUND Brandenburg (Öffentlichkeitsarbeit)

Lokale Funktionsträger im Powiat Pyrzyce und Polen:

Buda, H., Stettiner Saatgut Zentrale GmbH (Berater und Handelsvertreter)

Budynek, H., Landwirtschaftsamt Pyrzyce (landwirtschaftliche Beratung)

Herweg, H.-A., Ritmo GmbH (Geschäftsführer)

Jakubiak, M., Restrukturierungsagentur Zachodniopomorskie, (Büroleiter Pyrzyce)Kaminski, K., MIHG Polska GmbH (Betriebsleiter Pyrzyce)

Klukowski, W., Abgeordnete des Parlaments der Republik Polens (unabhängiger Abgeordneter)

Kosmal, E., Landwirtschaftsbetrieb Kosmal Zachodniopomorskie (Betriebsleiter)

Marszalek, W., Dorf Turze (Dorfvorsteher)

Michalski, H., Dorf Turze (Vize-Dorfvorsteher)

Pietrzak, S., Institute for Land Reclamation and Grassland Farming at Falenty (wissenschaftlicher Mitarbeiter)

Puzerewski, H., Dorf Obromino (Dorfvorsteher)

Zabiszak, P., Gemeinde Mysliborz (Stadtsekretär)

Fachwissenschaftler und allgemeine Experten:

Eggers, J., Humboldt-Universität zu Berlin Institut für Wirtschafts- und Sozialwissenschaften des Landbaus Fachgebiet Ressourcenökonomie (wissenschaftlicher Mitarbeiter)

Elworthy, C., Universität Stettin Institut für Politik und Europäische Integration (Professor)

Feser, E., University of Illinois at Urbana-Champaign Department of Urban and Regional Planning (Faculty Excellence Associate Professor)

Grabski-Kieron, U., Westfälische Wilhelms-Universität Münster Geographisches Institut (Professorin im Arbeitsgebiet Orts-, Regional- und Landesentwicklung/Raumplanung)

Hinrichs, J., Humboldt-Universität zu Berlin Institut für Wirtschafts- und Sozialwissenschaften des Landbaus Fachgebiet Allgemeine Betriebslehre des Landbaus (wissenschaftlicher Mitarbeiter)

Jörgensen, J., Landwirtschaftskammer Hannover (Berater)

Krajewski, C., Westfälische Wilhelms-Universität Münster Geographisches Institut (wissenschaftlicher Mitarbeiter im Arbeitsgebiet Orts-, Regional- und Landesentwicklung/Raumplanung)

Kemper, F., Humboldt-Universität zu Berlin Geographisches Institut (Professur im Arbeitsbereich Bevölkerungsgeographie)

Kuzminski, W., Instytut Analiz Diagnoz i Prognoz Gospodarczych (wissenschaftlicher Mitarbeiter)

Lis, C., Instytut Analiz Diagnoz i Prognoz Gospodarczych (wissenschaftlicher Mitarbeiter)

Plagge, J., Andreas Hermes Akademie (Coach)

Rammstedt, B., Zentrum für Umfragen, Methoden und Analysen Mannheim (ZUMA) (Beraterin).

Schleyer, C., Humboldt-Universität zu Berlin Institut für Wirtschafts- und Sozialwissenschaften des Landbaus Fachgebiet Ressourcenökonomie (wissenschaftlicher Mitarbeiter)

Siebert, R., Leibnitzzentrum für Agrarlandschaftsforschung (ZALF) e.V. Institut für Sozioökonomie in Müncheberg (Sozialwissenschaftlerin)

Wessel, K. Humboldt-Universität zu Berlin Geographisches Institut (wissenschaftliche Mitarbeiterin im Arbeitsbereich Wirtschaftsgeographie)

Liste der Tagungen und Workshops auf den das Konzept und die Ergebnisse dieser Arbeit vorgestellt und diskutiert wurden:

Internationaler Auftaktworkshop der DFG-Forschergruppe 497 „Strukturwandel und Transformation im Agrarbereich“ in Berlin 6.-7.11.2003. Leitung: Dieter Kirschke (Humboldt-Universität Berlin)

2. Doktorandenworkshop zur Agrarentwicklung in Mittel- und Osteuropa in Halle (Saale) 17.-19.6.2004. Leitung: Martin Petrick und Alfons Balmann (Institut für Agrarentwicklung in Mittel- und Osteuropa)

Workshop „Stand und Perspektiven der deutschsprachigen Geographie des ländlichen Raumes“ in Münster 27.-28.5.2004. Leitung: Ulrike Grabski-Kieron, Christian Krajewski und Frank Bröckling (Westfälische Wilhelms-Universität Münster)

1. Teilprojektübergreifender Workshop „Regionale Vernetzung in der Landwirtschaft“ im Rahmen der DFG-Forschergruppe 497 „Strukturwandel und Transformation im Agrarbereich“ in Bad Liebenwerda (Landkreis Elbe-Elster) 13.01.2005. Leitung: Peter Dannenberg, Christian Schleyer, Henry Wüstemann (Humboldt-Universität Berlin)

2. Teilprojektübergreifender Workshop „Regionale Vernetzung in der Landwirtschaft“ im Rahmen der DFG-Forschergruppe 497 „Strukturwandel und Transformation im Agrarbereich“ in Letnin (Powiat Pyrzyce) 05.03.2005. Leitung: Peter Dannenberg, Christian Schleyer, Henry Wüstemann (Humboldt-Universität Berlin)

3. Doktorandenworkshop zur Agrarentwicklung in Mittel- und Osteuropa in Halle (Saale) 11.-13.7.2005. Leitung: Martin Petrick und Alfons Balmann (Institut für Agrarentwicklung in Mittel- und Osteuropa)

XXI Congress a Common European Countryside? In Keszthely Ungarn Working Group 02: The Small Worlds of Rural Europe 22.-27.08.2005. Leitung: Allan Butler und Matt Reed University of Exeter (Großbritannien)

55. Deutschen Geographentag in Trier Fachsitzung 8 Ländliche Räume in der EU- 25.9-08.10.2005. Leitung: Ulrike Grabski-Kieron (Westfälische Wilhelms-Universität Münster)

Polnisch-Deutsches-Symposium „Strukturwandel und Transformation im Agrarbereich in Polen und Deutschland: „Regionale Vernetzungen, Multifunktionale Landwirtschaft und Wasserregulierung“ im Rahmen der Teilprojekte 3, 4 und 8 in Stettin (Polen) 28.02.2006. Leitung: Peter Dannenberg, Christian Schleyer, Henry Wüstemann (Humboldt-Universität Berlin)

VII Anhang

Anhang 2 Fragebogen

Befragung der landwirtschaftlichen Betriebe im Landkreis Elbe-Elster

1. Zunächst eine Einführungsfrage:

Welche Formen der Zusammenarbeit und des Kontaktes gibt es zwischen Ihrem Betrieb und anderen landwirtschaftlichen Betrieben?

	Ja	Nein
allgemeinen Informationsaustausch	O	O
konkreten, wirtschaftlich relevanten Informationsaustausch	O	O
Hilfe bei anfallenden Arbeiten	O	O
konkrete Zusammenarbeit (z.B. gemeinsame Nutzung von Räumlichkeiten oder Maschinen, gemeinsame Werbeaktionen oder Vermarktung)	O	O
Sonstiges:	O	O

____

2. Es folgen Fragen zu den Ihnen vorgelagerten Betriebe:

2.1 Wo sind Ihre Zulieferer angesiedelt (z.B. für Saatgut, Dünger, Futter, Nutzmaschinen etc.)? Bitte geben Sie grob die Anteile der Verteilung in Prozent an, so dass die Summe 100% ergibt.

im Landkreis ____%

landesweit ____%

in Ostdeutschland ____%

bundesweit ____%

EU weit ____%

über die EU hinaus ____%

2.2 Haben Sie Zulieferverträge?

ja, überwiegend langfristige O

ja, überwiegend kurzfristige (von Jahr zu Jahr wechselnd) O

nein O

2.3 Wie oft ergibt sich bei Geschäften mit Zulieferbetrieben für Sie auch eine Zusammenarbeit, die über die Lieferung von Produkten hinausgeht (z.B. der Austausch von geschäftsrelevanten Informationen, gemeinsame Projekte, gemeinsame Strategien)?

O sehr häufig O häufig O manchmal O selten O nie

Bitte nur beantworten, wenn Frage 2.3 nicht mit "nie" beantwortet wurde, ansonsten weiter mit 2.6.

2.4 Wie wichtig ist diese Zusammenarbeit für die Wettbewerbsfähigkeit Ihres Betriebes?

O sehr wichtig O wichtig O mittel O weniger wichtig O unwichtig

2.5 Welcher Art sind diese Kontakte (z.B. gemeinsame Projekte, Informationsaustausch etc.)?

____

2.6 Bei einem Geschäft zwischen Ihnen und einem Zulieferbetrieb: Wie beurteilen Sie im Durchschnitt Ihre Verhandlungsposition (z.B. beim Preis) gegenüber der Ihres Geschäftspartners?

O deutlich stärker O stärker O etwa gleich O schwächer O deutlich schwächer

3. Es folgen Fragen zu den Ihrem Betrieb nachgelagerten Betrieben:

3.1 Wie vertreiben Sie Ihre Produkte? Bitte nennen Sie grob die Verteilung in Prozent.

Großhändler ____%

Einzelhändler ____%

direkt zur weiteren Verarbeitung ____%

direkt zum Endverbraucher ____%

Sonstiges:

______________________________ ____%

3.2 Haben Sie Abnehmerverträge?

ja, überwiegend langfristige O

ja, überwiegend kurzfristige (von Jahr zu Jahr wechselnd) O

nein O

3.3 Wie verteilen sich Ihre Abnehmer regional? Bitte geben Sie grob die Anteile in Prozent an, so dass die Summe 100% ergibt.

im Landkreis ____%

landesweit ____%

in Ostdeutschland ____%

bundesweit ____%

EU weit ____%

über die EU hinaus ____%

3.4 Wie oft ergibt sich bei Geschäften mit Abnehmern für Sie auch eine Zusammenarbeit, die über die Lieferung von Produkten hinausgeht (z.B. der Austausch von geschäftsrelevanten Informationen, gemeinsame Projekte, gemeinsame Strategien)?

O sehr häufig O häufig O manchmal O selten O nie

Bitte nur beantworten, wenn Frage 3.4 nicht mit " nie" beantwortet wurde, ansonsten weiter mit 3.7.

3.5 Wie wichtig ist diese Zusammenarbeit für die Wettbewerbsfähigkeit Ihres Betriebes?

O sehr wichtig O wichtig O mittel O weniger wichtig O unwichtig

3.6 Welcher Art sind diese Kontakte (z.B. gemeinsame Projekte, Informationsaustausch etc.)?

____

3.7 Bei einem Geschäft zwischen Ihnen und einem nachgelagerten Unternehmen: Wie beurteilen Sie im Durchschnitt Ihre Verhandlungsposition (z.B. beim Preis) gegenüber der Ihres Geschäftspartners?

O deutlich stärker O stärker O etwa gleich O schwächer O deutlich schwächer

4. Es folgen Fragen zu privaten Dienstleistern:

4.1 Wie wichtig sind die Leistungen der folgenden Dienstleister für Ihren Betrieb?

	sehr wichtig	wichtig	mittel	weniger wichtig	unwichtig	nicht zutreffend
landwirtschaftl. Betriebsberatung	O	O	O	O	O	O
Banken/Sparkassen	O	O	O	O	O	O
Versicherungen	O	O	O	O	O	O
Handwerk/Reparatur	O	O	O	O	O	O
Marketing	O	O	O	O	O	O
Recht	O	O	O	O	O	O
EDV	O	O	O	O	O	O
Sonstiges:	O	O	O	O	O	O

____

4.2 Wo sind die Dienstleister mit denen Sie zusammenarbeiten zumeist angesiedelt (jeweils nur ein Kreuz)?

	Landkreis	Brandenburg	Ostdeutschland	weiter	nicht zutreffend
landwirtschaftl. Betriebsberatung	O	O	O	O	O
Banken/Sparkassen	O	O	O	O	O
Versicherungen	O	O	O	O	O
Handwerk/Reperatur	O	O	O	O	O
Marketing	O	O	O	O	O
Recht	O	O	O	O	O
EDV	O	O	O	O	O
Sonstiges:	O	O	O	O	O

____

4.3 Wie wichtig ist bei den beschriebenen Kontakten mit den Dienstleistern für Sie der Austausch von über den direkten Geschäftsablauf hinausgehenden Informationen (z.B. Informationen zu Marktentwicklungen und andere wirtschaftlich relevante Neuigkeiten)?

	sehr wichtig	wichtig	mittel	weniger wichtig	unwichtig	nicht zutreffend
landwirtschaftl. Betriebsberatung	O	O	O	O	O	O
Banken/Sparkassen	O	O	O	O	O	O
Versicherungen	O	O	O	O	O	O
Handwerk/Reparatur	O	O	O	O	O	O
Marketing	O	O	O	O	O	O
Recht	O	O	O	O	O	O
EDV	O	O	O	O	O	O
Sonstiges:	O	O	O	O	O	O

____

4.4 Fehlt an Ihrem Standort ein bestimmter Dienstleister? Wenn ja, welcher?

____

____

4.5 An welche Dienstleister leisteten Sie in den vergangenen fünf Jahren die höchsten Zahlungen ***(es reicht die Branche)***?

1.____

2.____

3.____

4.6 Bei einem Geschäft zwischen Ihnen und den folgenden Dienstleitungsunternehmen: Wie beurteilen Sie im Durchschnitt Ihre Verhandlungsposition gegenüber der Ihres Geschäftspartners?

	deutl. stärker	stärker	gleich	schwächer	deutl. schwächer	nicht zutreffend
landwirtschaftl. Betriebsberatung	O	O	O	O	O	O
Banken/Sparkassen	O	O	O	O	O	O
Versicherungen	O	O	O	O	O	O
Handwerk/Reparatur	O	O	O	O	O	O
Marketing	O	O	O	O	O	O
Recht	O	O	O	O	O	O
EDV	O	O	O	O	O	O
Sonstiges: ________________	O	O	O	O	O	O

5. Nun folgen ein paar Fragen zur Informationsbeschaffung Ihres Betriebes:

5.1 Von wem holen Sie sich bei wichtigen betrieblichen Entscheidungen Rat (z.B. Familie, bestimmte Dienstleister, Bauernverband, Zulieferer, etc.):

____

____

____

5.2 Für wie wichtig halten Sie den Zugang zu wirtschaftlichen Informationen (Preisentwicklungen, technische Neuerungen etc.) für die Wettbewerbsfähigkeit Ihres Betriebes?

sehr wichtig O   wichtig O   mittel O   weniger wichtig O   unwichtig O

5.3 Wie bewerten Sie Ihren Zugang zu wirtschaftlichen Informationen ?

sehr gut O   gut O   ausreichend O   mangelhaft O   ungenügend O

6. Zum Abschluss ein paar Fragen zur Einordnung Ihres Betriebes:

6.1 Um was für eine Rechtsform handelt es sich bei Ihrem Unternehmen?

Einzelunternehmen O

Personengesellschaft O

Juristische PersonO

6.2 Um welche Betriebsform handelt es sich bei Ihrem Unternehmen im Wesentlichen?

Veredelung O

Futterbau O

Marktfrucht O

Mischbetrieb O

Sonstiges O

6.3 Ist Ihr Unternehmen ein Haupterwerbs- oder Nebenerwerbsunternehmen?

Haupterwerb O

Nebenerwerb O

6.4 Wie groß ist die Fläche ihres Betriebs?

0-5ha O

6-10ha O

11-20ha O

21-50ha O

51-200ha O

201-500ha O

>500ha O

6.5 Wie viele festangestellte Mitarbeiter haben Sie?

____

6.6 Wie groß ist ungefähr der Anteil der Arbeit, der pro Jahr durch Saisonkräfte getätigt wird?

0-25% O

26-50% O

51-75% O

76-100% O

>100% O

6.7 Wie alt ist der Betriebsvorstand (in Jahren)? ***Bei mehreren Personen im Durchschnitt***

-30 O

31-40 O

41-50 O

51-60 O

>60 O

6.8 Wie lange gibt es Ihren Betrieb (inklusive seiner Vorgängerbetriebe) in dieser Region (in Jahren)?

0-5 O

6-14 O

15-29 O

>30 O

6.9 Wie hoch ist Ihr Maschinenneuwert pro ha? ____________________

6.10 Werden in Ihrem Betrieb Computer oder computergestützte Anlagen genutzt (Personal Computer, aber auch elektronische Melkanlagen, GPS etc.)

Ja O

Nein O

6.11 Wird in Ihrem Betrieb das Internet benutzt?

Ja O

Nein O

6.12 In welchen Vereinen, Verbänden und anderen Organisationen ist Ihr Betrieb bzw. der Betriebsleiter in seiner Funktion als Betriebsleiter Mitglied?

1. ____________________

2. ____________________

3. ____________________

4. ____________________

5. ____________________

6.13 Wie hoch ist Ihr durchschnittlicher Jahresumsatz in Euro (nur der Anteil der Landwirtschaft)?

< 20.000 O

20.000 – 49.999 O

50.000 - 99.999 O

100.000 - 499.999 O

500.000 – 999.999 O

1.000.000 – 4.999.999 O

über 5.000.000 O

6.14 Welche Berufsausbildung hat der Betriebsleiter genossen?

Fachhochschule/Hochschule O

Berufliche Ausbildung O

Keine Ausbildung O

Keine Aussage O

Vielen Dank für Ihre Unterstützung!!

VII Anhang

Anhang 3 Tabellen

1. Welche Formen der Zusammenarbeit und des Kontaktes gibt es zwischen Ihrem Betrieb und anderen landwirtschaftlichen Betrieben?

	Elbe-Elster		Pyrzyce		gesamt	
	abs.	in %	abs.	in %	abs.	in %
allgemeiner Informationsaustausch	131	83,4	146	83,4	277	83,4
konkreter, wirtschaftl. Informationsaustausch	60	38,2	41	23,4	101	30,4
Hilfe bei anfallenden Arbeiten	107	68,2	87	49,7	194	58,4
konkrete Zusammenarbeit (z.B. gemeinsame Nutzung von Räumlichkeiten; gemeinsame Werbeaktionen)	51	32,5	50	28,6	101	30,4
sonstiges	10	6,4	8	4,6	18	5,4

(Die Spalte „gesamt" in % bezieht sich auf den Anteil an den insgesamt Befragten.)

2.1. Wo sind Ihre Zulieferer angesiedelt (z.B. für Saatgut, Dünger, Futter, Nutzmaschinen etc.)? Bitte geben Sie grob die Anteile der Verteilung in Prozent an, so dass die Summe 100% ergibt.

	Landkreis/ Powiat		Bundesland/ Woiwodschaft		Ostdeutschland/ Westpolen		national		inter-national		gesamt	
	abs.	in %	abs.	in %	abs.	in %	abs.	in %	abs.	in %	abs.	in %
gesamt	204	65,0	51	16,2	35	11,1	20	6,4	4	1,3	314	100
Elbe-Elster	88	61,1	14	9,7	24	16,7	15	10,4	3	2,1	144	100
Pyrzyce	116	68,2	37	21,8	11	6,5	5	2,9	1	0,6	170	100

keine Aussage: 18

Gezählt wurde nur, wenn ein Betrieb einen Anteil von größer/gleich 50% in einer Regionalkategorie angab. Dies war bei 314 von 332 Betrieben der Fall. Die Regionalkategorien wurden nicht kumuliert. Das heißt, die Regionalkategorie „Bundesland" zeigt das Bundesland ohne Kreis.

2.2. Haben Sie Zulieferverträge?

	Elbe-Elster		Pyrzyce		gesamt	
	abs.	in %	abs.	in %	abs.	in %
kurzfristige Zulieferverträge	57	37,3	70	40,7	127	39,1
langfristige Zulieferverträge	8	5,2	17	9,9	25	7,7
keine Zulieferverträge	88	57,5	85	49,4	173	53,2

keine Aussage: 7

2.3. Wie oft ergibt sich bei Geschäften mit Zulieferbetrieben für Sie auch eine Zusammenarbeit, die über die Lieferung von Produkten hinausgeht (z.B. der Austausch von geschäftsrelevanten Informationen, gemeinsame Projekte, gemeinsame Strategien)?

	sehr häufig		häufig		manchmal		selten		nie		gesamt	
	abs.	in %	abs.	in %	abs.	in %	abs.	in %	abs.	in %	abs.	in %
gesamt	8	2,4	53	16,2	76	23,2	111	33,8	80	24,4	328	100
Elbe-Elster	4	2,6	15	9,8	36	23,5	48	31,4	50	32,7	153	100
Pyrzyce	4	2,3	38	21,7	40	22,9	63	36,0	30	17,1	175	100

keine Aussage: 4

2.4. Wie wichtig ist diese Zusammenarbeit für die Wettbewerbsfähigkeit Ihres Betriebes?

	sehr wichtig		wichtig		mittel		weniger wichtig		unwichtig		gesamt	
	abs.	in %	abs.	in %	abs.	in %	abs.	in %	abs.	in %	abs.	in %
gesamt	39	17,3	68	30,2	63	28,0	45	20,0	10	4,4	225	100
Elbe-Elster	7	8,6	21	25,9	20	24,7	25	30,9	8	9,9	81	100
Pyrzyce	32	22,2	47	32,6	43	29,9	20	13,9	2	1,4	144	100

keine Aussage: 107

2.5. Welcher Art sind diese Kontakte (z.B. gemeinsame Projekte, Informationsaustausch etc.)?

	Elbe-Elster		Pyrzyce		gesamt	
	abs.	in %	abs.	in %	abs.	in %
Informationsaustausch	45	67,2	96	71,6	141	70,1
konkrete Beratung/Weiterbildung	5	7,5	28	20,9	33	16,4
gemeinsame Projekte	17	25,4	10	7,5	27	13,4

keine Aussage: 155

2.6. Bei einem Geschäft zwischen Ihnen und einem Zulieferbetrieb: Wie beurteilen Sie im Durchschnitt Ihre Verhandlungsposition (z.B. beim Preis) gegenüber der Ihres Geschäftspartners?

	deutlich stärker		stärker		etwa gleich		schwächer		deutlich schwächer		gesamt	
	abs.	in %	abs.	in %	abs.	in %	abs.	in %	abs.	in %	abs.	in %
gesamt	2	0,6	23	7,4	127	40,8	112	36,0	47	15,1	311	100
Elbe-Elster	1	0,7	9	6,5	73	52,9	40	29,0	15	10,9	138	100
Pyrzyce	1	0,6	14	8,1	54	31,2	72	41,6	32	18,5	173	100

keine Aussage: 21

3.1. Wie vertreiben Sie Ihre Produkte? Bitte nennen Sie grob die Verteilung in Prozent.

	Großhändler		Einzelhändler		Verarbeiter		Endverbraucher		sonstiges		gesamt	
	abs.	in %	abs.	in %	abs.	in %	abs.	in %	abs.	in %	abs.	in %
gesamt	135	42,3	18	5,6	125	39,2	31	9,7	10	3,1	319	100
Elbe-Elster	47	32,2	12	8,2	52	35,6	26	17,8	9	6,2	146	100
Pyrzyce	88	50,9	6	3,5	73	42,2	5	2,9	1	0,6	173	100

keine Aussage, bzw. ungültig: 13. Es zählen nur die Betriebe mit über 50% Anteil in einer Abnehmergruppe.

3.2. Haben Sie Abnehmerverträge?

	Elbe-Elster		Pyrzyce		gesamt	
	abs.	in %	abs.	in %	abs.	in %
kurzfristige Abnehmerverträge	54	35,3	98	56,6	152	46,6
langfristige Abnehmerverträge	21	13,7	23	13,3	44	13,5
keine Zulieferverträge	78	51,0	52	30,1	130	39,9

keine Aussage: 6

3.3. Wie verteilen sich Ihre Abnehmer regional? Bitte geben Sie grob die Anteile in Prozent an, so dass die Summe 100% ergibt.

	Landkreis/ Powiat		Bundesland/ Woiwodschaft		Ostdeutschland/ Westpolen		national		international		gesamt	
	abs.	in %	abs.	in %	abs.	in %	abs.	in %	abs.	in %	abs.	in %
gesamt	186	57,6	62	19,2	54	16,7	21	6,5	0	0,0	323	100
Elbe-Elster	71	47,7	18	12,1	43	28,9	17	11,4	0	0,0	149	100
Pyrzyce	115	66,1	44	25,3	11	6,3	4	2,3	0	0,0	174	100

keine Aussage: 9

3.4. Wie oft ergibt sich bei Geschäften mit Abnehmern für Sie auch eine Zusammenarbeit, die über die Lieferung von Produkten hinausgeht (z.B. der Austausch von geschäftsrelevanten Informationen, gemeinsame Projekte, gemeinsame Strategien)?

	sehr häufig		häufig		manchmal		selten		nie		gesamt	
	abs.	in %	abs.	in %	abs.	in %	abs.	in %	abs.	in %	abs.	in %
gesamt	4	1,2	45	14,0	70	21,8	122	38,0	80	24,9	321	100
Elbe-Elster	3	2,0	16	10,7	33	22,0	51	34,0	47	31,3	150	100
Pyrzyce	1	0,6	29	17,0	37	21,6	71	41,5	33	19,3	171	100

keine Aussage: 11

3.5. Wie wichtig ist diese Zusammenarbeit für die Wettbewerbsfähigkeit Ihres Betriebes?

	sehr wichtig		wichtig		mittel		weniger wichtig		unwichtig		gesamt	
	abs.	in %	abs.	in %	abs.	in %	abs.	in %	abs.	in %	abs.	in %
gesamt	23	10,4	68	30,8	71	32,1	52	23,5	7	3,2	221	100
Elbe-Elster	5	6,3	20	25,3	22	27,8	27	34,2	5	6,3	79	100
Pyrzyce	18	12,7	48	33,8	49	34,5	25	17,6	2	1,4	142	100

keine Aussage: 111

3.6. Welcher Art sind diese Kontakte (z.B. gemeinsame Projekte, Informationsaustausch etc.)?

	Elbe-Elster		Pyrzyce		gesamt	
	abs.	in %	abs.	in %	abs.	in %
Informationsaustausch	39	70,9	99	77,3	138	75,4
konkrete Beratung/Weiterbildung	4	7,3	18	14,1	22	12,0
gemeinsame Projekte	12	21,8	11	8,6	23	12,6

keine Aussage: 167

3.7. Welcher Art sind diese Kontakte (z.B. gemeinsame Projekte, Informationsaustausch etc.)?

	deutlich stärker		stärker		etwa gleich		schwächer		deutlich schwächer		gesamt	
	abs.	in %	abs.	in %	abs.	in %	abs.	in %	abs.	in %	abs.	in %
gesamt	2	0,7	14	4,6	122	40,4	121	40,1	43	14,2	302	100
Elbe-Elster	1	0,8	3	2,4	62	48,8	51	40,2	10	7,9	127	100
Pyrzyce	1	0,6	11	6,3	60	34,3	70	40,0	33	18,9	175	100

keine Aussage: 30

4.1. Wie wichtig sind die Leistungen der folgenden Dienstleister für Ihren Betrieb?

	sehr wichtig		**wichtig**		**mittel**		**weniger wichtig**		**unwichtig**		**gesamt**	
	abs.	in %	abs.	in %	abs.	in %	abs.	in %	abs.	in %	abs.	in %
landwirtschaftliche Betriebsberatung												
Elbe-Elster	24	19,4	42	33,9	29	23,4	14	11,3	15	12,1	124	100
Pyrzyce	22	18,6	30	25,4	29	24,6	23	19,5	14	11,9	118	100
gesamt	46	19,0	72	29,8	58	24,0	37	15,3	29	12,0	242	100
Banken/Sparkassen												
Elbe-Elster	21	17,1	44	35,8	24	19,5	13	10,6	21	17,1	123	100
Pyrzyce	52	31,7	58	35,4	34	20,7	20	12,2	0	0,0	164	100
gesamt	73	25,4	102	35,5	58	20,2	33	11,5	21	7,3	287	100
Versicherungen												
Elbe-Elster	15	11,0	61	44,9	29	21,3	23	16,9	8	5,9	136	100
Pyrzyce	45	28,3	64	40,3	32	20,1	16	10,1	2	1,3	159	100
gesamt	60	20,3	125	42,4	61	20,7	39	13,2	10	3,4	295	100
Handwerk/Reparatur												
Elbe-Elster	15	10,9	57	41,3	33	23,9	27	19,6	6	4,3	138	100
Pyrzyce	10	7,8	41	32,0	40	31,3	29	22,7	8	6,3	128	100
gesamt	25	9,4	98	36,8	73	27,4	56	21,1	14	5,3	266	100
Marketing												
Elbe-Elster	4	3,8	15	14,2	29	27,4	32	30,2	26	24,5	106	100
Pyrzyce	2	2,6	7	9,1	15	19,5	31	40,3	22	28,6	77	100
gesamt	6	3,3	22	12,0	44	24,0	63	34.4	48	26,2	183	100
Recht												
Elbe-Elster	12	10,3	42	35,9	23	19,7	25	21,4	15	12,8	117	100
Pyrzyce	9	9,4	20	20,8	20	20,8	24	25.0	23	24,0	96	100
gesamt	21	9,9	62	29,1	43	20,2	49	23,0	38	17,8	213	100
EDV												
Elbe-Elster	12	11,0	36	33,0	33	30,3	16	14,7	12	11,0	109	100
Pyrzyce	5	7,2	11	15,9	12	17,4	16	23,2	25	36,2	69	100
gesamt	17	9,6	47	26,4	45	25,3	32	18,0	37	20,8	178	100
sonstiges												
Elbe-Elster	0	0	5	23,8	6	28,6	4	19,0	6	28,6	21	100
Pyrzyce	0	0	4	22,2	3	16,7	3	16,7	8	44,4	18	100
gesamt	0	0	9	23,1	9	23,1	7	17,9	14	35,9	39	100

keine Aussage: 15

4.2. Wo sind die Dienstleister mit denen Sie zusammenarbeiten zumeist angesiedelt (jeweils nur ein Kreuz)?

	Landkreis/ Po-wiat		**Bundesland/ Woiwodschaft**		**Ostdeutschland/ Westpolen**		**weiter**		**gesamt**	
	abs.	in %	abs.	in %	abs.	in %	abs.	in %	abs.	in %
landwirtschaftliche Betriebsberatung										
Elbe-Elster	53	45,7	44	37,9	17	14,7	2	1,7	116	73,9
Pyrzyce	73	59,8	45	36,9	1	0,8	3	2,5	122	69,7
gesamt	126	52,9	89	37,4	18	7,6	5	2,1	238	71,7
Banken										
Elbe-Elster	84	68,9	24	19,7	8	6,6	6	4,9	122	77,7
Pyrzyce	131	80,9	26	16,0	4	2,5	1	0,6	162	92,6
gesamt	215	75,7	50	17,6	12	4,2	7	2,5	284	85,5
Versicherungen										
Elbe-Elster	69	51,1	27	20,0	20	14,8	19	14,1	135	86,0
Pyrzyce	131	81,9	27	16,9	1	0,6	1	0,6	160	91,4
gesamt	200	67,8	54	18,3	21	7,1	20	6,8	295	88,9
Handwerker										
Elbe-Elster	115	83,9	15	10,9	7	5,1	0	0,0	137	87,3
Pyrzyce	94	77,7	20	16,5	7	5,8	0	0,0	121	69,1
gesamt	209	81,0	35	13,6	14	5,4	0	0,0	258	77,7
Marketing										
Elbe-Elster	27	42,9	19	30,2	11	17,5	6	9,5	63	40,1
Pyrzyce	23	40,4	27	47,4	4	7,0	3	5,3	57	32,6
gesamt	50	41,7	46	38,3	15	12,5	9	7,5	120	36,1
Recht										
Elbe-Elster	35	36,1	37	38,1	18	18,6	7	7,2	97	61,8
Pyrzyce	39	48,1	37	45,7	4	4,9	1	1,2	81	46,3
gesamt	74	41,6	74	41,6	22	12,4	8	4,5	178	53,6
EDV										
Elbe-Elster	37	40,2	26	28,3	17	18,5	12	13,0	92	58,6
Pyrzyce	30	58,8	17	33,3	4	7,8	0	0,0	51	29,1
gesamt	67	46,9	43	30,1	21	14,7	12	8,4	143	43,1
sonstiges										
Elbe-Elster	6	40,0	3	20,0	6	40,0	0	0,0	15	9,6
Pyrzyce	13	68,4	6	31,6	0	0,0	0	0,0	19	10,9
gesamt	19	55,9	9	26,5	6	17,6	0	0,0	34	10,2

keine Aussage: 15 (Die Spalte „gesamt" in % bezieht sich auf den Anteil an den insgesamt Befragten.)

4.3. Wie wichtig ist bei den beschriebenen Kontakten mit den Dienstleistern für Sie der Austausch von über den direkten Geschäftsablauf hinausgehenden Informationen (z.B. Informationen zu Marktentwicklungen und andere wirtschaftlich relevante Neuigkeiten)?

	sehr wichtig		wichtig		mittel		weniger wichtig		unwichtig		gesamt	
	abs.	in %	abs.	in %	abs.	in %	abs.	in %	abs.	in %	abs.	in %
landwirtschaftliche Betriebsberatung												
Elbe-Elster	36	30,0	48	40,0	20	16,7	7	5,8	9	7,5	120	100
Pyrzyce	20	16,7	34	28,3	26	21,7	30	25,0	10	8,3	120	100
gesamt	56	23,3	82	34,2	46	19,2	37	15,4	19	7,9	240	100
Banken/Sparkassen												
Elbe-Elster	9	8,0	52	46,4	23	20,5	16	14,3	12	10,7	112	100
Pyrzyce	26	19,0	48	35,0	32	23,4	22	16,1	9	6,6	137	100
gesamt	35	14,1	100	40,2	55	22,1	38	15,3	21	8,4	249	100
Versicherungen												
Elbe-Elster	5	4,2	45	37,5	37	30,8	22	18,3	11	9,2	120	100
Pyrzyce	19	14,5	48	36,6	33	25,2	23	17,6	8	6,1	131	100
gesamt	24	9,6	93	37,1	70	27,9	45	17,9	19	7,6	251	100
Handwerk/Reparatur												
Elbe-Elster	12	9,9	40	33,1	36	29,8	21	17,4	12	9,9	121	100
Pyrzyce	13	11,9	29	26,6	29	26,6	29	26,6	9	8,3	109	100
gesamt	25	10,9	69	30,0	65	28,3	50	21,7	21	9,1	230	100
Marketing												
Elbe-Elster	9	9,6	21	22,3	29	30,9	22	23,4	13	13,8	94	100
Pyrzyce	7	10,1	12	17,4	17	24,6	21	30,4	12	17,4	69	100
gesamt	16	9,8	33	20,2	46	28,2	43	26,4	25	15,3	163	100
Recht												
Elbe-Elster	12	10,3	42	35,9	23	19,7	25	21,4	15	12,8	117	100
Pyrzyce	9	9,4	20	20,8	20	20,8	24	25.0	23	24,0	96	100
gesamt	21	9,9	62	29,1	43	20,2	49	23,0	38	17,8	213	100
EDV												
Elbe-Elster	12	11,5	35	33,7	25	24,0	22	21,2	10	9,6	104	100
Pyrzyce	7	8,5	24	29,3	20	24,4	21	25,6	10	12,2	82	100
gesamt	19	10,2	59	31,7	45	24,2	43	23,1	20	10,8	186	100
sonstiges												
Elbe-Elster	1	5,9	6	35,3	5	29,4	2	11,8	3	17,6	17	100
Pyrzyce	2	8,3	2	8,3	5	20,8	11	45,8	4	16,7	24	100
gesamt	3	7,3	8	19,5	10	24,4	13	31,7	7	17,1	41	100

keine Aussage: 56

4.4. Fehlt an Ihrem Standort ein bestimmter Dienstleister? Wenn ja welcher?

	Elbe-Elster		Pyrzyce		gesamt	
	abs.	in %	abs.	in %	abs.	in %
Ja	22	15,6	49	32,0	71	24,1
Nein	119	84,4	104	68,0	223	75,9

keine Aussage: 38; Die Frage „Wenn ja welcher?“ wurde von insgesamt 14 Betrieben ausgefüllt. Häufigste Antwort: fehlende Betriebsberatung mit fünf Nennungen.

4.5. An welche Dienstleister leisteten Sie in den vergangenen fünf Jahre die höchsten Zahlungen ***(es reicht die Branche)***?

	Elbe-Elster		Pyrzyce		gesamt	
	abs.	in %	abs.	in %	abs.	in %
Handwerk/Reparatur	57	44,2	27	16,7	84	28,9
Banken	19	14,6	57	35,2	76	26,0
Versicherungen	35	26,9	20	12,3	55	18,8
Lohnarbeit	9	7,0	31	19,1	40	13,7
landwirtschaftliche Beratung	20	15,5	12	7,4	32	11,0
EDV	8	6,2	3	1,9	11	3,8
sonstiges	45	34,9	34	21,0	79	27,1

keine Aussage: 69 (Mehrfachnennungen waren möglich. Die Spalte „gesamt" in % bezieht sich auf den Anteil an den insgesamt Befragten.)

4.6. Bei einem Geschäft zwischen Ihnen und den folgenden Dienstleitungsunternehmen: Wie beurteilen Sie im Durchschnitt Ihre Verhandlungsposition gegenüber der Ihres Geschäftspartners?

	deutlich stärker		stärker		etwa gleich		schwächer		deutlich schwächer		gesamt	
	abs.	in %	abs.	in %	abs.	in %	abs.	in %	abs.	in %	abs.	in %
landwirtschaftliche Betriebsberatung												
Elbe-Elster	2	1,9	10	9,5	68	64,8	20	19,0	5	4,8	105	100
Pyrzyce	3	2,7	7	6,3	48	42,9	40	35,7	14	12,5	112	100
gesamt	5	2.3	17	7,8	116	53,5	60	27,6	19	8,8	217	100
Banken/Sparkassen												
Elbe-Elster	1	0,9	8	7,3	32	29,1	44	40,0	25	25,7	110	100
Pyrzyce	0	0,0	10	6,4	27	17,3	73	46,8	46	29,5	156	100
gesamt	1	0,4	18	6,8	59	22,2	117	44,0	71	26,7	266	100
Versicherungen												
Elbe-Elster	0	0,0	21	17,1	49	39,8	39	31,7	14	11,4	123	100
Pyrzyce	4	2,6	8	5,3	44	28,9	62	40,8	34	22,4	152	100
gesamt	4	1,5	29	10,5	93	33,8	101	36,7	48	17,5	275	100
Handwerk/Reparatur												
Elbe-Elster	5	4,1	25	20,3	60	48,8	29	23,6	4	3,3	123	100
Pyrzyce	4	3,5	12	10,5	66	57,9	29	25,4	3	2,6	114	100
gesamt	9	3,8	37	15,6	126	53,3	58	24,5	7	3,0	237	100
Marketing												
Elbe-Elster	1	1,7	5	8,5	26	44,1	24	40,7	3	5,1	59	100
Pyrzyce	0	0,0	3	6,4	17	36,2	22	46,8	5	10,6	47	100
gesamt	1	0,9	8	7,5	43	40,6	46	43,4	8	7,5	106	100
Recht												
Elbe-Elster	1	1,2	2	2,4	34	41,5	38	46,3	7	8,5	82	100
Pyrzyce	0	0,0	6	8,8	21	30,9	26	38,2	15	22,1	68	100
gesamt	1	0,7	8	5,3	55	36,7	64	42,7	22	14,7	150	100
EDV												
Elbe-Elster	1	1,2	8	9,6	45	54,2	24	28,9	5	6,0	83	100
Pyrzyce	0	0,0	3	6,7	17	37,8	16	35,6	9	20,0	45	100
gesamt	1	0,8	11	8,6	62	48,4	40	31,3	14	10,9	128	100
sonstiges												
Elbe-Elster	0	0,0	0	0,0	4	36,4	6	54,5	1	9,1	11	100
Pyrzyce	0	0,0	0	0,0	7	53,8	4	30,8	2	15,4	13	100
gesamt	0	0,0	0	0,0	11	45,8	10	41,7	3	12,5	24	100

keine Aussage: 33

5.1. Von wem holen Sie sich bei wichtigen betrieblichen Entscheidungen Rat (z.B. Familie, bestimmte Dienstleister, Bauernverband, Zulieferer, etc.):

	Elbe-Elster		Pyrzyce		gesamt	
	abs.	in %	abs.	in %	abs.	in %
Familie	65	41,4	103	58,9	168	50,6
Zulieferer	23	14,6	39	22,3	62	18,7
Bauernverband	43	27,4	17	9,7	60	18,1
andere Landwirte	27	17,2	27	15,4	54	16,3
öffentliche landwirtschaftliche Beratung	5	3,2	37	21,1	42	12,7
spezielle private Dienstleister	29	18,5	6	3,4	35	10,5
Fachliteratur/Fachzeitschriften	20	12,7	14	8,0	34	10,2
private landwirtschaftliche Beratung	23	14,6	0	0,0	23	6,9
Presse	11	7,0	9	5,1	20	6,0
Fachverbände	9	5,7	10	5,7	19	5,7
Genossenschaftsverbände	8	5,1	2	1,1	10	3,0
sonstiges	37	23,6	14	8,0	51	15,4

keine Aussage: 21 (Die Spalte „gesamt" in % bezieht sich auf den Anteil an den insgesamt Befragten.)

5.2. Für wie wichtig halten Sie den Zugang zu wirtschaftlichen Informationen (Preisentwicklungen, technische Neuerungen etc.) für die Wettbewerbsfähigkeit Ihres Betriebes?

	sehr wichtig		wichtig		mittel		weniger wichtig		unwichtig		gesamt	
	abs.	in %	abs.	in %	abs.	in %	abs.	in %	abs.	in %	abs.	in %
gesamt	118	36,3	117	36,0	58	17,8	19	5.8	13	4,0	325	100
Elbe-Elster	70	46,7	45	30,0	24	16,0	2	1,3	9	6,0	150	100
Pyrzyce	48	27,4	72	41,1	34	19,4	17	9,7	4	2,3	175	100

keine Aussage: 7

5.3. Wie bewerten Sie Ihren Zugang zu wirtschaftlichen Informationen?

	sehr gut		gut		ausreichend		mangelhaft		ungenügend		gesamt	
	abs.	in %	abs.	in %	abs.	in %	abs.	in %	abs.	in %	abs.	in %
gesamt	21	6,5	138	42,6	88	27,2	65	20,1	12	3,7	324	100
Elbe-Elster	7	4,7	68	45,3	55	36,7	17	11,3	3	2,0	150	100
Pyrzyce	14	8,0	70	40,2	33	19,0	48	27,6	9	5,2	174	100

keine Aussage: 8

6.1. Um was für eine Rechtsform handelt es sich bei Ihrem Unternehmen?

	Elbe-Elster		Pyrzyce		gesamt	
	abs.	in %	abs.	in %	abs.	in %
Einzelunternehmen	103	66,5	167	96,5	270	82,3
Juristische Person	42	27,1	6	3,5	48	14,6
Personengesellschaft	10	6,5	0	0	10	3,0

keine Aussage: 4

6.2. Um welche Betriebsform handelt es sich bei Ihrem Unternehmen im Wesentlichen?

	Elbe-Elster		Pyrzyce		gesamt	
	abs.	in %	abs.	in %	abs.	in %
Futterbau	2	1,3	8	4,6	10	3,0
Marktfrucht	19	12,2	20	11,5	39	11,8
Mischbetrieb	88	56,4	130	74,7	218	66,1
Veredlung	20	12,8	7	4,0	27	8,2
sonstiges	27	17,3	9	5,2	36	10,9

keine Aussage: 2

6.3. Ist Ihr Unternehmen ein Haupterwerbs- oder Nebenerwerbsunternehmen?

	Elbe-Elster		Pyrzyce		Gesamt	
	abs.	in %	abs.	in %	abs.	in %
Haupterwerb	97	62,2	157	91,8	254	77,7
Nebenerwerb	59	37,8	14	8,2	73	22,3

keine Aussage: 5

6.4. Wie groß ist die Fläche ihres Betriebs?

	Elbe-Elster		Pyrzyce		Gesamt	
	abs.	in %	abs.	in %	abs.	in %
0-5ha	34	21,9	6	3,4	40	12,1
6-10ha	15	9,7	25	14,3	40	12,1
11-20ha	14	9,0	47	26,9	61	18,5
21-50ha	19	12,3	52	29,7	71	21,5
51-200ha	18	11,6	33	18,9	51	15,5
201-500ha	12	7,7	6	3,4	18	5,5
>500ha	43	27,7	6	3,4	49	14,8

keine Aussage: 2

6.5. Wie viele festangestellte Mitarbeiter haben Sie?

	Elbe-Elster		Pyrzyce		gesamt	
	abs.	in %	abs.	in %	abs.	in %
keine	92	58,6	43	24,6	135	40,7
1-5	30	19,1	129	73,7	159	47,9
6-10	6	3,8	1	0,6	7	2,1
11-20	14	8,9	1	0,6	15	4,5
>20	15	9,6	1	0,6	16	4,8

keine Aussage: 0

6.6. Wie groß ist ungefähr der Anteil der Arbeit, der pro Jahr durch Saisonkräfte getätigt wird?

	Elbe-Elster		Pyrzyce		gesamt	
	abs.	in %	abs.	in %	abs.	in %
0-25%	126	92,6	127	80,4	253	86,1
26-50%	5	3,7	22	13,9	27	9,2
51-75%	2	1,5	6	3,8	8	2,7
76-100%	3	2,2	3	1,9	6	2,0

keine Aussage: 38

6.7. Wie alt ist der Betriebsvorstand (in Jahren)? ***Bei mehreren Personen im Durchschnitt***

	Elbe-Elster		**Pyrzyce**		**gesamt**	
	abs.	in %	abs.	in %	abs.	in %
<30	3	2,2	20	12,6	23	7,7
31-40	25	18,0	38	23,9	63	21,1
41-50	50	36,0	79	49,7	129	43,3
51-60	38	27,3	20	12,6	58	19,5
>60	23	16,5	2	1,3	25	8,4

keine Aussage: 34

6.8. Wie lange gibt es Ihren Betrieb (inklusive seiner Vorgängerbetriebe) in dieser Region (in Jahren)?

	Elbe-Elster		**Pyrzyce**		**gesamt**	
	abs.	in %	abs.	in %	abs.	in %
0-5	4	2,6	18	10,3	22	6,7
6-14	74	47.7	32	18,3	106	32,1
15-29	12	7,7	43	24,6	55	16,7
>30	65	41,9	82	46,9	147	44,5

keine Aussage: 2

6.9. Wie hoch ist Ihr Maschinenneuwert pro ha?

	Elbe-Elster		**Pyrzyce**		**gesamt**	
	abs.	in %	abs.	in %	abs.	in %
0-250 Euro	24	31,6	19	15,6	43	21,7
251-500 Euro	10	13,2	24	19,7	34	17,2
501-1000 Euro	18	23,7	39	32,0	57	28,8
1001-2000 Euro	14	18,4	22	18,0	36	18,2
>2000 Euro	10	13,2	18	14,8	28	14,1

keine Aussage: 134

6.10. Werden in Ihrem Betrieb Computer oder computergestützte Anlagen genutzt?

	Elbe-Elster		**Pyrzyce**		**gesamt**	
	abs.	in	abs.	in	abs.	in
Ja	104	67,5	40	23,5	144	44,4
Nein	50	32,5	130	76,5	180	55,6

keine Aussage: 8

6.11. Wird in Ihrem Betrieb das Internet benutzt?

	Elbe-Elster		**Pyrzyce**		**gesamt**	
	abs.	in %	abs.	in %	abs.	in %
Ja	103	66,0	36	21,2	139	42,6
Nein	53	34,0	134	78,7	187	57,4

keine Aussage: 6

6.12. In welchen Vereinen, Verbänden und anderen Organisationen ist Ihr Betrieb bzw. der Betriebsleiter in seiner Funktion als Betriebsleiter Mitglied?

	Elbe-Elster		Pyrzyce		gesamt	
	abs.	in %	abs.	in %	abs.	in %
Mitglieder in mindestens einem Verein	104	66,2	75	42,9	179	53,9
Fachverbände/Erzeugergemeinschaften	60	38,2	52	29,7	112	33,7
Bauernverband	57	36,3	21	12,0	78	23,5
Genossenschaftsverbände	12	7,6	4	2,3	16	4,8
sonstiges	40	25,5	5	2,9	45	13,6

keine Aussage: 58 (Mehrfachnennungen waren möglich. Die Spalte „gesamt“ in % bezieht sich auf den Anteil an den insgesamt Befragten.)

6.13. Wie hoch ist Ihr durchschnittlicher Jahresumsatz in Euro (nur der Anteil der Landwirtschaft)?

	Elbe-Elster		Pyrzyce		gesamt	
	abs.	in %	abs.	in %	abs.	in %
<20000 Euro	63	43,5	91	52,6	154	48,4
20000-49999 Euro	14	9,7	52	30,1	66	20,8
50000-99999 Euro	11	7,6	15	8,7	26	8,2
100000-499999 Euro	23	15,9	12	6,9	35	11,0
500000-999999 Euro	8	5,5	1	0,6	9	2,8
1000000-4999999 Euro	24	16,6	2	1,2	26	8,2
>5000000 Euro	2	1,4	0	0	2	0,6

keine Aussage: 14

6.14. Welche Berufsausbildung hat der Betriebsleiter genossen?

	Elbe-Elster		Pyrzyce		gesamt	
	abs.	in %	abs.	in %	abs.	in %
Berufliche Ausbildung	60	39,7	109	63,0	169	52,2
Fachhochschule/Hochschule	83	55,0	33	19,1	116	35,8
Keine Ausbildung	8	5,3	31	17,9	39	12,0

keine Aussage: 8

Wirtschaftsgeographie
hrsg. von Prof. Dr. Boris Braun,
Prof. Dr. Martina Fromhold-Eisebith,
Prof. Dr. Johannes Glückler und
Prof. Dr. Rolf Sternberg

Martina Fromhold-Eisebith
Technologieregionen in Asiens Newly Industrialized Countries
Strukturen und Beziehungssysteme am Beispiel von Bangalore, Indien, und Bandung, Indonesien
Bd. 18, 2001, 440 S., 35,90 €, br.,
ISBN 3-8258-5355-1

Knut Koschatzky
Räumliche Aspekte im Innovationsprozess
Ein Beitrag zur neuen Wirtschaftsgeographie aus Sicht der regionalen Innovationsforschung
Bd. 19, 2001, 464 S., 35,90 €, br.,
ISBN 3-8258-5651-8

Reinhold Grotz; Ludwig Schätzl (Hg.)
Regionale Innovationsnetzwerke im internationalen Vergleich
Bd. 20, 2001, 216 S., 25,90 €, br.,
ISBN 3-8258-5683-6

Michael Plattner
Clusterevolution im Produktionssystem der ostdeutschen Halbleiterindustrie
Bd. 21, 2003, 240 S., 24,90 €, br.,
ISBN 3-8258-6014-0

Javier Revilla Diez
Betrieblicher Innovationserfolg und räumliche Nähe
Zur Bedeutung innovativer Kooperationsverflechtungen in metropolitanen Verdichtungsregionen. Die Beispiele Barcelona, Stockholm und Wien
Bd. 22, 2002, 336 S., 24,90 €, br.,
ISBN 3-8258-6166-x

Barbara Lenz
Verkettete Orte: Filières in der Blumen- und Zierpflanzenproduktion
Bd. 23, 2005, 176 S., 24,90 €, 24,90,
ISBN 3-8258-6510-x

Vivien Lo; Eike W. Schamp (eds.)
Knowledge, Learning, and Regional Development
Bd. 24, 2003, 208 S., 24,90 €, br.,
ISBN 3-8258-6553-3

Boris Braun
Unternehmen zwischen ökologischen und ökonomischen Zielen
Konzepte, Akteure und Chancen des industriellen Umweltmanagements aus wirtschaftsgeographischer Sicht
Bd. 25, 2003, 360 S., 25,90 €, br.,
ISBN 3-8258-6925-3

Marion Eich-Born
Transformation der ostdeutschen Schiffbauindustrie
Anpassungsprozesse in einem global-lokalen Institutionengefüge
Bd. 26, 2005, 392 S., 34,90 €, gb.,
ISBN 3-8258-7751-5

Christine Tamásy
Determinanten des regionalen Gründungsgeschehens
Bd. 27, 2005, 368 S., 33,90 €, br.,
ISBN 3-8258-8193-8

Anne Otto
Junge technologiebasierte Dienstleistungsbetriebe
Bd. 28, 2006, 248 S., 23,90 €, br.,
ISBN 3-8258-8379-5

LIT Verlag Berlin – Hamburg – London – Münster – Wien – Zürich
Fresnostr. 2 48159 Münster
Tel.: 0251 – 62 032 22 – Fax: 0251 – 23 19 72
e-Mail: vertrieb@lit-verlag.de – http://www.lit-verlag.de

Susanne Albrecht
Arbeitsmärkte in großstädtischen Agglomerationen
Auswirkungen der Deregulierung und Flexibilisierung am Beispiel der Regionen Stuttgart und Lyon
Bd. 29, 2005, 304 S., 26,90 €, br.,
ISBN 3-8258-8483-x

Cornelius Pieper
Banken im Umbruch
Strukturwandel im deutschen Bankensektor und regionalwirtschaftliche Implikationen
Bd. 30, 2005, 224 S., 24,90 €, br.,
ISBN 3-8258-8684-0

Björn Sautter
Einflussfaktoren auf die Gründungsaktivität im Cluster
Eine Längsschnittanalyse des Tuttlinger Medizintechnik-Clusters 1870 – 2002
Bd. 31, 2006, 216 S., 19,90 €, br.,
ISBN 3-8258-9005-8

Gerhard Halder
Strukturwandel in Clustern am Beispiel der Medizintechnik in Tuttlingen
Bd. 32, 2006, 272 S., 24,90 €, br.,
ISBN 3-8258-9243-3

Thomas Stahlecker
Regionale Bindungen im Gründungs- und Entwicklungsprozess wissensintensiver Dienstleistungsunternehmen
Dargestellt am Beispiel der Regionen Bremen und Stuttgart
Bd. 33, 2006, 208 S., 24,90 €, br.,
ISBN 3-8258-9271-9

Ingo Liefner
Ausländische Direktinvestitionen und internationaler Wissenstransfer nach China
Untersucht am Beispiel von Hightech-Unternehmen in Shanghai und Beijing
Bd. 34, 2006, 232 S., 19,90 €, br.,
ISBN 3-8258-9440-1

Stefan Hennemann
Technologischer Wandel und wissensbasierte Regionalentwicklung in China
Kooperationen im Innovationsprozess zwischen Hightech-Unternehmen und Forschungseinrichtungen/Universitäten
Bd. 35, 2006, 240 S., 24,90 €, br.,
ISBN 3-8258-9441-X

Henning Kroll
Entstehung und Entwicklung universitärer Spin-off-Aktivitäten in China
Eine regional vergleichende Analyse
Bd. 36, 2006, 208 S., 19,90 €, br.,
ISBN 3-8258-9442-8

Daniel Schiller
Universitäre Industriekooperationen in Thailand
Auswirkungen des Wandels im thailändischen Hochschulsystem auf Kommerzialisierungsstrategien der Hochschulen und Wissenstransfers im Innovationssystem
Bd. 37, 2006, 264 S., 24,90 €, br.,
ISBN 3-8258-9598-X

Rolf Sternberg (Hg.)
Deutsche Gründungsregionen
Bd. 38, 2006, 360 S., 29,90 €, br.,
ISBN 3-8258-9646-3

Andreas Koch
Evolution, Innovation und Raum
Spin-off-Gründungen aus privaten Unternehmen
Bd. 39, 2006, 216 S., 19,90 €, br.,
ISBN 3-8258-9689-7

Martin Berger
Upgrading the System of Innovation in Late-Industrialising Countries – The Role of Transnational Corporations in Thailand's Manufacturing Sector
vol. 40, 2006, 320 pp., 24,90 €,
br., ISBN-DE 978-3-8258-0118-2,
ISBN-AT 978-3-7000-0610-7

LIT Verlag Berlin – Hamburg – London – Münster – Wien – Zürich
Fresnostr. 2 48159 Münster
Tel.: 0251 – 62 032 22 – Fax: 0251 – 23 19 72
e-Mail: vertrieb@lit-verlag.de – http://www.lit-verlag.de